Direito de Família

PROBLEMAS E PERSPECTIVAS

2022

Adisson Leal
Atalá Correia
Venceslau Tavares Costa Filho

ALMEDINA

DIREITO DE FAMÍLIA
PROBLEMAS E PERSPECTIVAS
© Almedina, 2022
AUTORES: Adisson Leal, Atalá Correia, Venceslau Tavares Costa Filho

DIRETOR ALMEDINA BRASIL: Rodrigo Mentz
EDITORA JURÍDICA: Manuella Santos de Castro
EDITOR DE DESENVOLVIMENTO: Aurélio Cesar Nogueira
ASSISTENTES EDITORIAIS: Isabela Leite e Larissa Nogueira

DIAGRAMAÇÃO: Almedina
DESIGN DE CAPA: Roberta Bassanetto

ISBN: 9786556273914
Janeiro, 2022

Dados Internacionais de Catalogação na Publicação (CIP)
(Câmara Brasileira do Livro, SP, Brasil)

Leal, Adisson
Direito de família : problemas e perspectivas / Adisson Leal, Atalá Correia, Venceslau Tavares Costa Filho. -- São Paulo : Almedina, 2022..

Bibliografia.
ISBN 978-65-5627-391-4

1. Direito civil - Brasil 2. Direito de família - Brasil 3. Direito de família - Legislação - Brasil I. Correia, Atalá. II. Costa Filho, Venceslau Tavares. III. Título.

21-85778 347.6(81)

Índices para catálogo sistemático:
1. Brasil : Direito de família : Direito civil 347.6(81)
Cibele Maria Dias – Bibliotecária – CRB-8/9427

EDITORA: Almedina Brasil
Rua José Maria Lisboa, 860, Conj.131 e 132, Jardim Paulista | 01423-001 São Paulo | Brasil
editora@almedina.com.br
www.almedina.com.br

Direito de Família

SOBRE OS AUTORES

Adisson Leal

Mestre em Ciências Jurídico-Políticas pela Universidade de Lisboa e doutorando em Direito Civil pela Universidade de São Paulo. Professor e Coordenador do Curso de Direito da Universidade Católica de Brasília. Foi pesquisador-visitante da Ludwig-Maximilians-Universität München (Alemanha). Foi Assessor de Ministro do Supremo Tribunal Federal. Advogado.

Atalá Correia

Doutor e Mestre em Direito Civil pela Faculdade de Direito do Largo São Francisco da Universidade de São Paulo. É professor do Instituto Brasileiro de Ensino, Desenvolvimento e Pesquisa (IDP). É Juiz de Direito no Tribunal de Justiça do Distrito Federal e Territórios. É Presidente da Seção Estadual do Distrito Federal da Associação de Direito de Família e das Sucessões (ADFAS).

Venceslau Tavares Costa Filho

Doutor e Mestre em Direito pela Universidade Federal de Pernambuco--UFPE. Professor do Curso de Graduação em Direito da Universidade de Pernambuco-UPE. Professor Permanente dos Cursos de Mestrado e Doutorado do Programa de Pós-graduação em Direito da UFPE. Professor Permanente do Curso de Mestrado do Programa interdisciplinar de Pós-Graduação em Direitos Humanos da UFPE. Advogado.

NOTA DOS AUTORES

O Direito de Família é um dos ramos jurídicos mais suscetíveis ao tempo. Seja pelas transformações sociais, seja pelo impacto de novos rumos jurídico-políticos, as relações familiares vão assumindo novos contornos e desafiando novas reflexões.

No Brasil, as mudanças de paradigmas históricos e sociais representam uma transição que, no âmbito das relações privadas, ensejou inclusive a edição de um novo Código Civil, profundamente impactado pelo novo marco jurídico-político da Constituição Federal de 1988.

Essas transições evidenciam novos problemas e exigem o amadurecimento dos institutos jurídicos familiaristas, mas de um modo que se assegure que um pretenso progressismo cultural não represente uma verdadeira ruptura axiológica do Direito de Família e mesmo do Direito Civil como um todo.

A presente obra se presta a contextualizar os principais tópicos do Direito de Família atual com as condições dogmáticas que estão na base do florescimento da matéria. Trata-se, pois, de um compromisso de reflexão comedida e ponderada em uma seara tão sensível para o desenvolvimento social e, ao mesmo tempo, tão carente de aprofundamentos críticos e responsáveis. Em cada tópico, um mesmo desafio: trabalhar os temas com atualidade e sem anacronismos, mas mantendo a linha dogmática do direito de família brasileiro.

Este livro reúne diversos escritos dos autores, publicados e inéditos, temas que já compuseram cursos ministrados para magistrados. A pretensão era simplesmente arrolar pontos que servissem para convidar os juízes e juízas à reflexão sobre os novos rumos do direito de família no Brasil.

Com o passar do tempo, percebemos que os temas atuais normalmente vinham acompanhados de um desprezo pelo processo de evolução dos institutos jurídicos, como se a cada dia pudesse surgir um direito de família inteiramente dissociado de suas origens. Tem-se aqui, portanto, um aprofundamento dessas reflexões, sempre na tentativa de evitar um esgarçamento da matéria, mantendo-se a sua juridicidade, a sua normatividade, reafirmando-a como uma disciplina jurídica permeada por questões sociológicas e não o contrário.

O leitor receberá, de início, subsídios para uma reflexão sobre o impacto dos novos arranjos sociais nas relações familiares, seguindo-se imediatamente para um dos tópicos mais controvertidos no direito de família, o afeto, afirmando-se a sua inegável relevância jurídica, mas negando-se o principiologismo que vulgar e acriticamente o acompanha.

Ao longo da obra, são abordados temas ainda bastante controvertidos, tais como o estatuto jurídico do concubinato, as situações jurídicas do cônjuge e do companheiro, as relações familiares no contexto do Estatuto da Pessoa com Deficiência, a posição dos animais na ordem jurídica e no direito de família, e um apanhado de reflexões sobre violência doméstica e ações de família, tópico de discussão sempre necessária e que trouxe inclusive novas implicações e um lamentável aumento de ocorrências ao longo da pandemia do coronavírus.

Mais do que informações triviais sobre cada um dos temas abordados, esperamos que o leitor encontre nas linhas desta obra pontos de partida para reflexões críticas e aprofundamentos teóricos e práticos, sempre com vistas a um desenvolvimento técnico e responsável do direito de família.

Uma ótima leitura e bons estudos!

Com os cumprimentos dos autores,

Adisson Leal
Atalá Correia
Venceslau Tavares Costa Filho

Setembro de 2021.

SUMÁRIO

1
A FAMÍLIA NA HISTÓRIA E OS NOVOS RUMOS DA CONTEMPORANEIDADE

Em um remoto momento histórico, o homem, sentindo a necessidade de se proteger dos predadores e de tornar-se mais forte em face das intempéries da natureza, agrega-se, experimentando o que o Friedrich Engels aponta ter sido a transição da animalidade para a humanidade. "Para sair da animalidade, para realizar o maior progresso que a natureza conhece, era preciso mais um elemento: substituir a falta de poder defensivo do homem isolado pela união de forças e pela ação comum da horda"[1], aduz.

Neste primeiro contexto histórico de agregação humana, por óbvio, não há falar-se em grandes grupos, mas em microassociações, notadamente casais e, em seguida, tribos, grupos, gens. Todas essas formatações nos remetem, de modo mais ou menos direto, à ideia de família.

Obviamente, até chegarmos à conformação sociojurídica de família que hoje conhecemos – se é que conhecemos alguma –, as agregações humanas experimentaram uma infinidade de variações e de circunstâncias. Como já dissemos em outra oportunidade, no turbilhão evolutivo da família houve espaço para a promiscuidade, para a poligamia, a poliandria e a monogamia, para linhagens maternas, linhagens paternas, com a submissão da mulher ao homem, para a definição do parentesco bilateral (equalizando a descendência paterna e a materna), para a consanguinidade e a afetividade.[2] Raramente é possível identificar os marcos históricos dessas transições,

[1] ENGELS, Friedrich. *A origem da família, da propriedade privada e do Estado*, p. 35.

[2] LEAL, Adisson. A substância cristã do casamento e a rotularização secular do instituto. In: *Direito Civil:* Estudos em homenagem a José de Oliveira Ascensão, p. 206/207.

principalmente por ser a família uma instituição que vai encontrando novas conformações de acordo com mudanças de paradigma socioculturais, que, pelo menos na antiguidade e na idade média, tendiam a ocorrer muito paulatinamente. Sendo assim, é preciso encarar a família como um instituto que vai sendo moldado muito lentamente, no ritmo de uma sociedade aversa a mudanças bruscas.

Com o passar dos tempos, um instituto vai lentamente assumindo o protagonismo das relações familiares: o casamento. Pelo menos em seu percurso histórico, dificilmente se concebe o casamento sem as ideias de ritual e de religião, sendo tal instituto frequentemente apontado como o mais importante de todos os ritos religiosos[3]. Contudo, o viés formal e público do casamento levaria bastante tempo para se impor.

Segundo John Gilissen,

> No direito romano do Baixo Império, o casamento é um acto essencialmente privado e contratual; existe a partir do momento em que os esposos estão de acordo em serem, daí para o futuro, marido e mulher. Trata-se de uma convenção puramente consensual, despida de qualquer formalismo, não sendo exigida a coabitação.[4]

Nos idos da idade média, as celebrações eram privadas, sem uma autoridade condutora do rito, seja ela estatal ou eclesiástica, e sem testemunhas. Sem as amarras do formalismo, naturalmente surgem constantes problemas de prova dos casamentos. E é justamente no sentido de conferir-lhe alguma ostensividade que

> (...) o casamento era frequentemente rodeado duma certa pompa (por exemplo, o cortejo dos esposos e das suas famílias pelas ruas da cidade) e acompanhado de certos ritos: entrega de um anel, redacção de um documento escrito (nomeadamente para registrar a entrega do dote: *instrumentum dotale*.[5]

Este inconveniente prático da prova foi determinante para que a Igreja Católica, que naquele contexto histórico concentrava os poderes político e eclesiástico, reivindicasse o papel de única autoridade com legitimidade

[3] Urlin, Ethel. *A short history of marriage*, p. 23.

[4] Gilissen, John. *Introdução Histórica ao Direito*, p. 565.

[5] Idem.

para realizar a celebração do casamento. Era a formalização do casamento e a decisiva fusão do seu caráter sociocultural com o seu viés religioso institucional. É assim que se constrói uma verdadeira hegemonia do casamento no âmbito das relações familiares, assumindo o instituto o monopólio da constituição de família. É dizer: sem casamento, não há família; uma máxima que sobreviveu até bem pouco tempo.

Na contemporaneidade o casamento vai lentamente se desvinculando do seu viés religioso, dando-se início a um processo de dualização do casamento, que passa a ter duas modalidades, o civil e o religioso. De todo modo, o casamento mantém-se como centro das relações familiares e, por conseguinte, do direito de família. Apenas para citar a recente história constitucional brasileira, a Constituição da República dos Estados Unidos do Brasil de 1934 prelecionava, em seu art. 144: "a família, constituída pelo casamento indissolúvel, está sob a proteção especial do Estado". O texto seria praticamente repetido pela Constituição dos Estados Unidos do Brasil de 1946[6], marcada, por um lado, pelo dualismo fático entre casamento civil e religioso, mas, por outro, pela equivalência jurídica de ambos, desde que o religioso observe os impedimentos e as prescrições da lei. Por seu turno, a Constituição da República Federativa do Brasil de 1967, inclusive com a redação que lhe foi dada pela Emenda Constitucional nº 1, de 17 de outubro de 1969, manteve o espírito de suas antecessoras[7].

Mas esta hegemonia do casamento também iria mudar com os novos tempos.

O primeiro grande marco no sentido de uma reorientação do instituto do casamento – e, com ele, uma reorientação do próprio direito de família – foi a consagração da sua dissolubilidade. No contexto religioso, a indissolubilidade do casamento imperava desde o Concílio de Trento, em 1563, que vedou terminantemente o divórcio. Não por acaso, a indissolubilidade se impôs também no campo jurídico, mesmo em um contexto de dualismo entre o casamento civil e religioso. A título ilustrativo, o Código Civil português de 1867, conhecido como Código de Seabra, apesar de consagrar o casamento como um contrato, paradoxalmente considerava-o "perpétuo".

[6] Art. 163. A família é constituída pelo casamento de vínculo indissolúvel e terá direito à proteção especial do Estado.

[7] 1967: Art. 167. A família é constituída pelo casamento e terá direito à proteção dos Poderes Públicos. §1º O casamento é indissolúvel. A Emenda de 1969 repetiria, no art. 175, o teor do art. 167.

Em Portugal, a dissolubilidade viria em 1910, por força do Decreto de 3 de novembro, conhecido como "Lei do Divórcio".

No Brasil, o debate em torno da implementação do instituto do divórcio gerou grande clamor público e calorosos debates, com repercussão muito maior do que aquela gerada pela discussão em torno do reconhecimento das uniões estáveis homossexuais, de que trataremos mais adiante. Saíram vencedores os anseios de uma sociedade que há muito não mais conseguia conviver com a indissolubilidade do vínculo matrimonial. Limitadas ao desquite, que punha termo apenas à sociedade conjugal, permanecendo o vínculo matrimonial, muitas pessoas chegavam a buscar escritórios de advocacia que providenciavam o divórcio e um novo casamento no exterior, em países que naquela altura já consagravam a dissolubilidade, tais como o México, o Uruguai e a Bolívia[8].

É nesse contexto de turbulência social que o Congresso Nacional promulga, em 28 de junho de 1977, a Emenda Constitucional (EC) nº 9, que dá nova redação ao §1º do art. 175 da Constituição de 1967(69): "o casamento somente poderá ser dissolvido, nos casos expressos em lei, desde que haja prévia separação judicial por mais de três anos". A emenda não inseriu o divórcio na ordem jurídica brasileira, apenas abriu as portas para isso, deixando para a lei infraconstitucional o encargo de especificar os casos em que o casamento poderia ser dissolvido. A Constituição impôs apenas um limite ao legislador infraconstitucional: para que o casamento fosse dissolvido, fazia-se mister a prévia separação judicial por mais de três anos.

Na sequência, em 26 de dezembro de 1977, o Presidente Ernesto Geisel sanciona a Lei nº 6.515, arrolando como causas de dissolução do casamento a morte de um dos cônjuges e o divórcio. Na esteira da abertura dada pela Constituição, concretizava-se, assim, a inserção da dissolubilidade do casamento pelo divórcio na ordem jurídica brasileira.

Após a consagração da dissolubilidade, o passo seguinte seria a quebra do monopólio para a constituição de família, historicamente conferido ao casamento. Novos rumos jurídicos trazidos por novos ventos sociais.

Adequando-se a novos paradigmas socioculturais, a Constituição da República Federativa do Brasil de 1988 (CF/88) traria consigo uma verdadeira ruptura com a ordem jurídica anterior, o que se faria sentir de modo muito claro nas disposições constitucionais acerca da família.

[8] Acervo Estadão. *Divórcio acabou com o amor fora da lei.* Disponível em: http://acervo.estadao.com.br/noticias/acervo,divorcio-acabou-com-o-amor-fora-da-lei,8617,0.htm. Acesso em nov. 2021.

De início, em seu art. 226, a CF/88 consagra a família como base da sociedade, atribuindo-lhe especial proteção do Estado. Na sequência do *caput*, traz oito parágrafos que representam a espinha dorsal do novo direito de família brasileiro. Os parágrafos 1º e 2º seguem o tradicional dualismo fático entre casamento civil e religioso, conferindo-lhes, no entanto, a também tradicional equivalência em termos de efeitos jurídicos. Consagra-se, assim, um dualismo fático, mas um monismo jurídico.

Na sequência, os parágrafos 3º e 4º representam o ponto alto da nova ordem jurídica familiar. São eles que alçam ao patamar de entidade familiar outras conformações, expressamente a união estável e a família monoparental, que até então ou existiam somente no plano social ou recebiam proteção jurídica diminuta. Sobre elas falaremos mais à frente, no capítulo dedicado às novas famílias. Por ora, nos basta a noção de uma reorientação jurídica do direito de família, que quebra o (suposto) monopólio do casamento enquanto via para a constituição de uma entidade familiar. Voltaremos ao tema logo mais, não sem antes concluir a análise dos restantes parágrafos do art. 226 da CF/88.

Os parágrafos 5º e 6º prestam-se, respectivamente, a estabelecer a igualdade de direitos e deveres entre os cônjuges e a dissolubilidade do casamento pelo divórcio. A propósito, destaque-se que a redação do §6º recebeu alterações substanciais trazidas pela EC nº 66, de 2010. O texto original dispunha: "o casamento civil pode ser dissolvido pelo divórcio, após prévia separação judicial por mais de um ano nos casos expressos em lei, ou comprovada separação de fato por mais de dois anos". Com a nova redação ("o casamento civil por ser dissolvido pelo divórcio"), o divórcio passou a poder ser pedido e decretado sem a necessidade de prévia separação judicial (por mais de um ano) ou de fato (por mais de dois anos).

Diga-se de passagem, a permanência ou a extinção da separação judicial da ordem jurídica brasileira, na sequência da EC nº 66/2010, gerou bastante polêmica, tendo sido o instituto reavivado pela Lei 13.105, de 16 de março de 2015, o CPC/2015. Sem embargo de louváveis opiniões contrárias, entendemos que a separação, seja ela judicial ou extrajudicial, permanece viva na ordem jurídica brasileira.

Parece-nos que a EC nº 66/2010 implementou uma nova sistemática para o divórcio, mas não retirou a possibilidade anterior, a separação. Existe uma distância substancial entre permitir o divórcio sem qualquer exigência de prazo e impô-lo. No plano infraconstitucional, o Código Civil (CC) continua asseverando que a sociedade conjugal termina pela morte de um dos cônjuges, pela nulidade ou anulação do casamento, pela separação judicial ou pelo divórcio (art. 1.571) e que qualquer dos cônjuges poderá propor ação de separação judicial em diversas situações, a exemplo de quando houver grave violação dos deveres do casamento que torne insuportável a vida em comum (art. 1.572, *caput*); quando houver ruptura da vida em comum há mais de um ano, sendo impossível a sua reconstituição (art. 1.572, §1º); ou no caso em que o outro cônjuge esteja acometido de doença mental grave, manifestada após o casamento, que torne impossível a continuação da vida em comum (art. 1.572, §2º). Também permanece intacto o dispositivo que trata da separação judicial consensual (art. 1.574 do Código Civil).

Ademais, de fato, o CPC/2015 fortalece o argumento "pró separação", ao dispor reiteradamente sobre o instituto ao longo de todo o seu texto, nomeadamente no capítulo dedicado às ações de família, cujas normas "aplicam-se aos processos contenciosos de divórcio, separação, reconhecimento e extinção de união estável, guarda, visitação e filiação" (art. 693). Além de dispor sobre a separação judicial, o CPC/2015 também prevê a possibilidade de separação extrajudicial – necessariamente consensual – em seu art. 733.

Destaque-se que o CPC/2015 não recria a separação, apenas fortalece o argumento de que o instituto subsiste no direito brasileiro.[9] Não nos parece prudente considerar, ao arrepio da lei, que um instituto dessa importância tenha sido extirpado da ordem jurídica brasileira, fazendo-se uma interpretação excessivamente extensiva do teor e da *ratio* do §6º do art. 226, com redação dada pela EC nº 66/2010.

Assim, apesar de reconhecermos que, com o advento da nova sistemática do divórcio, a recorrência prática da separação foi sensivelmente reduzida, não nos parece que este fato deponha a favor da extinção do instituto, que permanece útil em situações em que os cônjuges pretendam pôr termo à sociedade conjugal sem extinguir o vínculo matrimonial, seja por enxergarem a possibilidade de reconciliação ou até mesmo por razões de foro íntimo, inclusive religiosas[10].

[9] Neste sentido, Cf: COSTA FILHO, Venceslau Tavares; CASTRO JUNIOR, Torquato da Silva. Ao regular a separação judicial, o novo CPC tira dúvidas sobre o instituto. *Consultor Jurídico* (30 de novembro de 2014). Disponível em: http://www.conjur.com.br/2014-nov-30/regular-separacao-judicial-cpc-tira-duvidas-instituto Acesso em: 10 de abril de 2015.

[10] No sentido da subsistência da separação, cfr. Regina Beatriz Tavares da Silva, *Separação judicial e extrajudicial*: a retomada de argumentos falsos. Disponível em: <http://politica.

Destarte, não faz sentido sustentar um suposto "interdito" constitucional à regulação do divórcio pelo legislador. A abstração e vagueza próprias do texto constitucional não se prestam a atender às exigências quanto à necessidade de uma regulação minuciosa da dissolução do casamento. Seria desnecessário, por exemplo, fazer constar do texto constitucional regras tais sobre o procedimento do divórcio como as sobre a resolução parcial e antecipada do mérito da demanda, que são de grande utilidade para as ações de divórcio, e que foram objeto de regulação específica no CPC/2015.

Ademais, parece-nos que o escopo específico da Emenda Constitucional em questão foi proceder com a eliminação dos prazos para a concessão do divórcio. A redução e/ou eliminação de prazos

> parece ser uma tendência do direito civil e processual civil atual. Vive-se hoje uma nova "velocidade" do direito. Se antes se recomendava a observância de longos anos de separação judicial ou de fato para que os separandos pudessem avaliar a conveniência da ruptura definitiva plasmada no divórcio, observe-se que a Emenda Constitucional nº 66/2010 simplesmente aboliu a observância de qualquer lapso temporal. O Código Civil brasileiro também parece seguir esta tendência, quando reduziu o prazo geral de prescrição de 20 (vinte) para 10 (dez) anos.[11]

estadao.com.br/blogs/fausto-macedo/separacao-judicial-e-extrajudicial-a-retomada-de-argumentos-falsos/> e Elpídio Donizetti, Separação judicial: o fim da controvérsia gerada pela EC 66/2010. Disponível em: <http://genjuridico.com.br/2016/03/09/separacao-judicial-o-fim-da-controversia-gerada-pela-ec-662010/>. Em sentido contrário, cfr. Paulo Lôbo, Novo CPC não recriou ou restaurou a separação judicial. Disponível em: <http://www.conjur.com.br/2015-nov-08/processo-familiar-cpc-nao-recriou-ou-restaurou-separacao-judicial>. No sentido da extinção da separação: "Após a EC 66/10 não mais existe no ordenamento jurídico brasileiro o instituto da separação judicial. Não foi delegado ao legislador infraconstitucional poderes para estabelecer qualquer condição que restrinja o direito à ruptura do vínculo conjugal" (TJDFT Acórdão n.575942, 20080110004768APC, Relator: Sérgio Rocha, Revisor: CARMELITA BRASIL, 2ª Turma Cível, Data de Julgamento: 21/03/2012, Publicado no DJE: 30/03/2012. Pág.: 100).

[11] Costa Filho, Venceslau Tavares. Sobre a prescrição e a boa-fé no exercício da pretensão executiva: breves reflexões a partir da reforma do direito obrigacional alemão. In: Adonias, Antonio; Didier Jr, Fredie; Cunha, Leonardo Carneiro da (coords.). Execução e Cautelar – Estudos em homenagem a José de Moura Rocha. Salvador: Juspodivm, 2012, p. 610-611.

Ou ainda, pode-se inserir esta questão no contexto de uma luta secular dos juristas contra a "legalidade arbitrária"[12]; diante da falta de razoabilidade na imposição do cumprimento de certos prazos para a aquisição e o exercício de certos direitos.

Deve-se ter em mira, portanto, que a questão da interpretação da EC nº 66/2010 não reside, certamente, apenas nas oito palavras que ficaram na Constituição. Sozinhas, elas não dizem muito além da garantia de que o legislador não pode proibir o divórcio – o que, em si, por outro lado, já é bastante.

A melhor interpretação, portanto, parece ser no sentido de considerar que a reforma teria eliminado os prazos para o divórcio, mas não eliminado a separação judicial do sistema, que permaneceria inalterado, no mais.[13]

Arrematando a celeuma, o Superior Tribunal de Justiça decidiu pela permanência da separação judicial como opção aos cônjuges. Na ocasião, a relatora, Min. Isabel Gallotti, consignou que a alteração trazida pela EC nº 66 representou tão somente a supressão do requisito temporal e do sistema bifásico para que o casamento possa ser dissolvido pelo divórcio. E mais:

> O texto constitucional dispõe que o casamento civil pode ser dissolvido pelo divórcio, imprimindo faculdade aos cônjuges, e não extinguindo a possibilidade de separação judicial. Ademais, sendo o divórcio permitido sem qualquer restrição, forçoso concluir pela possibilidade da separação ainda subsistente no Código Civil, pois quem pode o mais, pode o menos também.[14]

De volta aos consectários do art. 226 da CF/88, temos o §7º, que traça linhas fundamentais acerca do planejamento familiar:

[12] Mozos, José Luis de Los. Naturalis et civilis ratio dans le droit privé moderne. *In*: Le raisonnement juridique. Actes du congrés mondial de philosophie du droit et de philosophie sociale: Bruxelles, 30 août – 3 septembre 1971. Bruxelles: Hubert Hubien, 1971, p. 101.

[13] A tendência sem dúvida é pela facilitação do divórcio, evidenciada na extrajudicialização do instituto. Cf: Costa Filho, Venceslau Tavares. Divórcio extrajudicial e separação extrajudicial no código de processo civil de 2015. In: Roberto Paulino de Albuquerque Junior. (Org.). Direito Notarial e Registral. Salvador: Juspodivm, 2016, p. 163-176.

[14] Quarta Turma define que separação judicial ainda é opção à disposição dos cônjuges. Disponível em: https://www.stj.jus.br/sites/portalp/Paginas/Comunicacao/Noticias-antigas/2017/2017-03-22_08-43_Quarta-Turma-define-que-separacao-judicial-ainda-e-opcao-a-disposicao-dos-conjuges.aspx

> Art. 226 (...)
>
> §7º fundado nos princípios da dignidade da pessoa humana e da paternidade responsável, o planejamento familiar é livre decisão do casal, competindo ao Estado propiciar recursos educacionais e científicos para o exercício desse direito, vedada qualquer forma coercitiva por parte de instituições oficiais ou privadas.

Aqui, cabe uma nota: o planejamento familiar é frequentemente definido de maneira bastante restritiva, inclusive pela própria Lei 9.263, de 12 de janeiro de 1996, que o regulamenta. Em seu art. 2º, a referida lei entende por planejamento familiar "o conjunto de ações de regulação da fecundidade que garanta direitos iguais de constituição, limitação ou aumento da prole pela mulher, pelo homem ou pelo casal".

Na verdade, é preciso que se diga, a lei brasileira segue a perspectiva da Organização Mundial de Saúde (OMS), que resume o planejamento familiar ao aspecto reprodutivo, ocupando-se nomeadamente dos meios anticoncepcionais[15].

Trata-se, contudo, de visão reducionista do instituto. Uma visão mais ampla da noção de planejamento familiar englobaria uma série de outros fatores de condução dos rumos da entidade familiar que não dizem respeito unicamente à opção de ter filhos, de quantos filhos ter, ou de não os ter. O texto constitucional é amplo, não podendo sua eficácia limitar-se à reprodução no âmbito da família. A noção de planejamento familiar deve comportar outros aspectos, como por exemplo a condução da educação dos filhos, abrindo-se espaço para inserir no contexto do §7º do art. 226 temas da maior relevância, como o *homeschooling*.

Por fim, o §8º impõe ao Estado o dever de prestar assistência à família na pessoa de cada um dos seus membros, e de criar mecanismos que coíbam a violência no âmbito de suas relações.

Feito este panorama, voltemos aos §§ 3º e 4º. Da guinada empreendida por eles resulta um pluralismo no direito de família nunca antes visto, o que se faz sentir até mesmo no modo como a doutrina e a jurisprudência encaram as entidades familiares e o direito de família. Inclusive, vozes

[15] Cfr. Organização Mundial de Saúde, Planejamento familiar: um manual global para profissionais e serviços de saúde. Disponível em: <http://apps.who.int/iris/bitstream/10665/44028/6/9780978856304_por.pdf>

autorizadas chegaram a abandonar a própria nomenclatura "direito de família", preferindo falar em "direito das famílias", supostamente mais adequado ao novo contexto plural. Nisso foram e são seguidos em larga escala. A questão se resolve se compreendermos que a preposição *de* indica tão somente que *família* é o objeto do *direito* em questão. Assim, direito de família significa simplesmente que se trata de um ramo do direito cujo objeto é a família.

Como a própria noção de família é agora plural, ela não se restringe a uma ou outra modalidade de família. Consequentemente, o direito de família não tem por objeto uma ou outra modalidade de família, mas a família enquanto fenômeno social e jurídico em toda a sua pluralidade e complexidade.

Só faz algum sentido falar em "direito das famílias" se se pretender enfatizar o pluralismo. No entanto, estando este já consolidado nos corações e mentes, não cremos ser necessária a alteração do rótulo tradicionalmente utilizado, o que nos parece mero preciosismo gramatical, mero discurso formal. Na verdade, há uma série de outros problemas – estes, sim, reais – que devem merecer a nossa atenção.

A quebra do monopólio do casamento, o pluralismo jurídico que se impôs ao direito de família, traz consigo pontos de reflexão extremamente sensíveis, tais como a suposta hierarquia entre as diversas modalidades de entidades familiares. Na sequência do advento da CF/88, e com os fervorosos debates e avanços em prol da constitucionalização do direito civil, houve quem defendesse – e há quem defenda até hoje – que a Constituição manteve o casamento como paradigma de entidade familiar, ao tratar sobre tal instituto de forma inaugural e mais pormenorizada, e ao facilitar a conversão da união estável em casamento, indicando uma suposta preferência do constituinte pela família formalizada pelo casamento.

Os argumentos se fortaleceram com o advento do Código Civil de 2002, que conferiu, em muitos aspectos, tratamento jurídico privilegiado aos casados, principalmente quando comparado ao regime jurídico da união estável. Os direitos sucessórios conferidos aos casados, comparados àqueles atribuídos aos conviventes, eram prova disso, e esse tratamento sucessório diferenciado foi repudiado pelo Supremo Tribunal Federal ao declarar inconstitucional o art. 1.790 do Código Civil, nos autos do Recurso Extraordinário nº 646.721, de relatoria do Min. Marco Aurélio (redator do Acórdão Min. Roberto Barroso). Na ementa do julgado, a Corte fez constar justamente que a "hierarquização entre entidades familiares é incompatível com a Constituição de 1988".

De fato, uma hierarquia das entidades familiares é inconcebível. Quanto ao fato de ter a Constituição inaugurado o rol de parágrafos do art. 226 com a disciplina do casamento, isto decorre do fato de que historicamente era o casamento a única preocupação do constituinte. Vindo novas entidades familiares se somarem a ele, é natural que viessem na sequência. Quanto ao tratamento mais pormenorizado conferido ao casamento, isto não depõe no sentido do privilégio, mas da repetição de um regramento que se convencionou como parte dos nossos textos constitucionais ao longo da história. Um regramento mais analítico, pois, também não pode ser encarado como sinal de superioridade hierárquica. Por fim, a facilitação da conversão da união estável em casamento dá-se tão somente em razão de já existir, na união estável, a essência da entidade familiar. Facilita-se, assim, a conversão de uma modalidade de entidade familiar em outra. Não se trata, de modo algum, de considerar o casamento como modalidade juridicamente superior, ainda que se o considere paradigma cultural de família.

Neste contexto plural, o que esperar das famílias e do direito de família?

Temos vivenciado de forma cada vez mais frequente um anacronismo sociojurídico, uma dissociação entre a dinâmica típica das relações sociais e a hermeticidade típica das nossas estruturas normativas. Vivemos a contemporaneidade usufruindo de um patrimônio jurídico com ares medievais, mesmo antigos. As revoluções pelas quais passamos – nomeadamente a cognitiva e a tecnológica – mudaram significativamente o modo como nos comportamos e nos relacionamos. Hoje, a nota mais marcante do ser humano é o dinamismo de sua rede de relacionamentos.

Na outra ponta, os institutos jurídicos que se prestam a regular tais redes de relacionamentos advém de um patrimônio cultural construído ao longo dos séculos. E cada vez mais esse desencontro reverte-se em conflito. No campo da personalidade jurídica, por exemplo, ainda há resquícios do espírito romano que considerava o feto parte das vísceras da mãe, já que ainda não logramos atribuir um estatuto jurídico pleno ao nascituro. Neste ponto, o máximo que conseguimos atingir foi uma fórmula esquizofrênica segundo a qual a personalidade jurídica – grosso modo, a aptidão para titularizar direitos e contrair deveres – tem início com o nascimento com vida, mas o não nascido dispõe de uma "salvaguarda" de direitos (art.

2º do Código Civil). Na verdade, para que se possa falar em ter direitos, é preciso ser pessoa; no entanto, nós reconhecemos direitos ao nascituro – apesar do discurso da mera salvaguarda –, mas não o reconhecemos como pessoa. No campo dos contratos, apesar do dirigismo contratual, apesar dos *contratos de adesão* e dos ditos *contratos obrigatórios*, apesar dos contratos não mais poderem ser encarados "como relações de troca econômica entre pessoas, mas como um espaço de compatibilidade entre diferentes projetos discursivos, diferentes mundos contratuais", como um vínculo que de uma só vez conecta indivíduos, comunidades e o próprio poder em uma relação dialógica, insistimos na fórmula clássica da autonomia e na visão unidimensional dos contratos e do direito privado.[16]

Com o direito de família não é diferente. Permanecemos apostando em molduras normativas rígidas para enquadrar relações intersubjetivas que são cada vez menos constantes e previsíveis. O caráter predominantemente cogente do direito de família confirma este modelo, sobre o qual é preciso refletir.

Como afirma Zygmunt Bauman, fizemos a passagem da modernidade "sólida" para a "líquida", em que as formas sociais não se mantém por muito tempo:

> A sociedade é crescentemente vista e tratada como uma rede, mais do que como uma estrutura (...): ela é vista e tratada como uma matriz de conexões e desconexões randômicas e de um volume essencialmente infinito de possíveis permutações.[17]

Portanto, o futuro do direito de família está na liquidez, na sua capacidade de apreensão da realidade e de regulação das referidas formas sociais líquidas. Mas o que vem a ser *liquidez*, e como alcançá-la?

Aqui, usamos *liquidez* no sentido de *fluidez*, como uma qualidade adaptativa. E uma das possibilidades mais factíveis de realização de um direito de família líquido está na redução da heteronomia e na consequente ampliação da autonomia, aproximando-se sobremaneira da figura dos contratos, enquanto instrumentos relacionais complexos e multidimensionais.

[16] TEUBNER, Gunther. *Contracting worlds*: the many autonomies of private law. Disponível em: <https://www.jura.uni-frankfurt.de/42852689/contracting_worlds.pdf>. Acesso em: ago. 2021.

[17] BAUMAN, Zygmunt. Liquid times: living in an age of uncertainty. (e-book).

Quanto à parentalidade, de fato, a heteronomia ainda se mostra mais razoável. Contudo, o campo da conjugalidade é terreno fértil para essa discussão. Ora, nas relações familiares horizontais os contratos podem cumprir muito bem o papel de traduzir o projeto de vida comum que, em última análise, é a razão de ser da família.

E não cabe aqui o argumento de que, nas relações familiares, os contratos viabilizariam um desequilíbrio relacional e a submissão de um contratante a outro. O Código de Defesa do Consumidor parte do paradigma de um contrato paritário, mas, ao mesmo tempo, coloca uma série de instrumentos que coíbem a verticalização da relação. Do mesmo modo, os nortes cogentes do direito de família podem coibir o exercício abusivo de posições jurídicas.

Uma tal guinada do direito de família no sentido da autonomia representaria, pois, a adesão a um modelo de *direito de família mínimo*.[18] Possivelmente, em razão do estado de insegurança jurídica familiar que vivenciamos no momento, uma reorientação normativa da área no sentido da autonomia seria razoável, desde que, logicamente, preservado um núcleo cogente que se preste à tutela de pessoas juridicamente mais sensíveis, como os filhos.

No entanto, o estado da arte do direito de família brasileiro mantém-se marcado pela "ordem pública", pelo que as considerações aqui feitas são, na verdade, prognósticas e propositivas.

[18] ALVES, Leonardo Barreto Moreira. *Direito de Família Mínimo*. Belo Horizonte: Lumen Juris, 2010.

2
O AFETO

No dia 9 de maio de 1979 o Professor João Baptista Villela, da Universidade Federal de Minas Gerais, proferia palestra intitulada "desbiologização da paternidade", na própria UFMG, em curso de extensão sobre "direito do menor". Provavelmente, naquela altura, o professor sequer podia imaginar que as suas palavras ecoariam de forma tão marcante, inaugurando uma nova forma de enxergar as relações familiares e o direito de família. Era o início de uma mudança de paradigma sem precedentes.

Segundo Vilella, a prevalência biológica do conceito de paternidade se deve à "precedência histórica da natureza sobre a cultura". No entanto, a ampliação e a consolidação dos valores culturais fariam com que o determinismo biológico presente na origem cedesse espaço para a consagração da paternidade enquanto fato cultural: "ser pai ou ser mãe não está tanto no fato de gerar quanto na circunstância de amar e servir"[19].

Apesar de centrar-se na paternidade, Villela faz breves considerações sobre as mudanças por que passou a família, que não mais se apresenta como "unidade de caráter econômico, social e religioso", mas como "grupo de afetividade e companheirismo"[20].

Com essa abordagem, estava aberto o caminho para uma reorientação do direito de família, que elegeria o afeto como pedra fundamental das relações familiares, sejam elas de parentalidade ou de conjugalidade.

[19] João Baptista Villela, *Desbiologização da paternidade*, p. 400.
[20] João Baptista Villela, *Desbiologização da paternidade*, p. 412.

Em relação à conjugalidade, este novo paradigma de superação de formalidades e determinismos atinge seu ápice no debate em torno do reconhecimento das uniões homossexuais como entidades familiares, que chegou ao Supremo Tribunal Federal (STF) em 2011. Ali, todo o debate centrou-se no afeto.

Mas o que significa o afeto, e até que ponto ele é adequado a funcionar como elemento central para reconhecer o caráter familiar de relações humanas?

O afeto é basicamente um vínculo de afeição, de empatia, que redunda em dedicação interpessoal. O problema é o alto grau de abstração da ideia de afeto, o que depõe contra o seu valor jurídico. Principalmente quando é interpretado como sinônimo de "amor", o afeto perde qualquer viés objetivo, e logo, qualquer possibilidade de verificação, de aferição.

Desde o início, foi neste sentido, como sinônimo de amor, que o afeto foi encarado. O próprio João Baptista Villela segue esta linha: em "desbiologização da paternidade", assevera que "a paternidade reside antes no serviço e no amor que não procriação", que "é o triunfo do amor sobre a biologia o que se celebra", e endossa as palavras de Cyril Hegnauer, ao dispor que "não é 'a voz mítica do sangue' que indica à criança quem são seus pais, 'senão o amor e o cuidado, que conduzem do desvalimento para a autonomia'"[21]. O autor também segue o mesmo sentido em "as novas relações de família", dispondo que "a teoria e a prática das instituições de família dependem, em última análise, de nossa competência em dar e receber amor"[22].

Mais adiante, o afeto como amor ganha mais adeptos: a título exemplificativo, Maria Berenice Dias afirma que "a identificação da presença de um vínculo amoroso, o enlaçamento de vidas, é o que basta para que se reconheça a existência de uma família"[23]. Por sua vez, diante de sessão plenária do STF, no julgamento do caso do reconhecimento das uniões homossexuais como entidades familiares, o então Procurador do Estado do Rio de Janeiro, Luís Roberto Barroso, empreendeu sustentação oral durante dezessete minutos e fez referência indistinta a *afeto* e *amor* por vinte e sete vezes, fazendo deste tema a pedra-de-toque da sua argumen-

[21] João Baptista Villela, *Desbiologização da paternidade*, p. 414.

[22] João Baptista Villela, *As novas relações de família*, p. 645.

[23] Maria Berenice Dias, *Amor não tem sexo*, p. 2.

tação. O consagrado constitucionalista, que hoje compõe o STF, chegou a afirmar que os requisitos de configuração da união estável são o afeto e o projeto de vida em comum, olvidando-se do teor do art. 1.723 do CC, que consagra a publicidade, a continuidade e a durabilidade da convivência, o objetivo de constituição de família e a ausência de impedimentos como requisitos da união estável.

O amor é um mundo pelo qual o jurista não deve se aventurar. Noção anímica, enclausurada na psique das pessoas, pode ser um fértil objeto para análise por parte de outras ciências, tais como a psicologia, e um objeto de inspiração para as artes. Para o Direito, o amor é um terreno inapreensível, é um tema ajurídico. Assim, se se pretender reconhecer valor jurídico e certa utilidade ao afeto, o primeiro passo é afastá-lo da ideia de amor.

É justamente reconhecendo a fragilidade jurídica da ideia originária de afeto, atrelada à noção de amor, que algumas vozes na doutrina compreendem o afeto como *afetação*. De fato, somente neste sentido pode ter alguma plausibilidade jurídica. José Fernando Simão, por exemplo, consigna que a noção de afeto como sinônimo de amor é ultrapassada, e complementa, recorrendo à psicanálise, que o "afeto decorre da noção de afetar, conviver, criar laços. Afeto não se opõe a ódio, pois ódio é uma manifestação do afeto. Afeto se opõe à indiferença"[24].

Em uma relação interpessoal verificar-se-á o afeto onde houver comunhão de vida. Neste sentido, enxergamos o afeto como uma mera releitura, um neologismo para a ideia de *comunhão plena de vida*, consagrado critério de identificação de relações familiares, nomeadamente conjugais. Tal critério está tanto na definição legal de casamento, presente no art. 1.511 do CC[25], quanto na noção de união estável, trazida pelo art. 1.723[26], embutido nas noções de publicidade, continuidade, durabilidade e de constituição de família. Ademais, destaque-se que a ideia de comunhão plena de vida não se restringe à conjugalidade, já que também nas famílias monoparentais, configuradas na parentalidade entre pai e filho, verifica-se a afetação, a comunhão de vida.

[24] José Fernando Simão, *Afetividade e responsabilidade*, p. 4.

[25] Art. 1.511. O casamento estabelece comunhão plena de vida, com base na igualdade de direitos e deveres dos cônjuges.

[26] Art. 1.723. É reconhecida como entidade familiar a união estável entre o homem e a mulher, configurada na convivência pública, contínua e duradoura e estabelecida com o objetivo de constituição de família.

Mas é preciso notar que o afeto, a comunhão de vida, não é o único requisito a estar presente para que se reconheça uma relação interpessoal como entidade familiar, como pretende Maria Berenice Dias, ao consignar que, "se basta o afeto para se ver uma família, nenhum limite há para o seu reconhecimento"[27]. Por exemplo, a monogamia, que ainda se impõe como barreira ao reconhecimento de famílias simultâneas e do poliamor.

Muito se diz sobre o papel do afeto no direito de família. Os autores que a ele se referem, quase que uniformemente, o fazem desde uma perspectiva pós-positivista, reconhecendo-o como princípio. Deve-se, por isso, revisitar os conceitos mais difundidos sobre o tema, para avaliar se há uma razão de decidir, comum nos diversos precedentes jurisprudenciais, que aponte para a afetividade com critério justo de solução de controvérsias.

2.1. A afetividade na doutrina e jurisprudência de direito de família[28]

Embora o tema não seja unívoco, os principais manuais universitários contemporâneos se referem, de maneira mais ampla ou não, ao tema da afetividade[29]. Pioneira nesse tipo de abordagem, Maria Berenice Dias indica que o Estado assumiu diversos deveres para com seus cidadãos, de forma a lhes garantir dignidade. Isso, em seu pensamento, "nada mais é do que o

[27] Maria Berenice Dias, *Amor não tem sexo*, p. 2.

[28] O presente item e os seguintes apresentam uma adaptação daquilo que se vê em CORREIA, Atalá. *Insuficiência da afetividade como critério de determinação da paternidade*. Revista de Direito Civil Contemporâneo, v. 14, p. 335-366, 2018.

[29] A referência aos manuais é feita para que se demonstre o lugar comum sobre o tema. Note-se, todavia, que Caio Mário da Silva Pereira não trata da afetividade como princípio, mas dá destaque ao caráter socioafetivo da paternidade (PEREIRA, Caio Mário da Silva. *Instituições de Direito Civil*. Vol. V. Atualizador: Tânia da Silva Pereira. 18ª Ed. Rio de Janeiro: Forense, 2010). Paulo Nader tampouco trata da afetividade como princípio (NADER, Paulo. *Curso de Direito Civil*: Direito de Família. Vol. 5. 5a Ed. Rio de Janeiro: Forense, 2011). Roberto Senise Lisboa não traz a afetividade entre os princípios do direito de família (LISBOA, Roberto Senise. *Manual de Direito Civil:* direito de família e sucessões. 8ª Ed. São Paulo: Saraiva, 2013). Arnoldo Wald não trata da afetividade como princípio. Aduz que "com a promulgação do Código Civil de 2002, alargou-se igualmente o conceito de parentesco, o qual deixa de ser definido apenas pelo liame da consaguineidade, pautando-se também pelo critério socioafetivo, ou seja, aquele fundado no afeto e não na origem biológica. O afeto, com efeito, revela-se hoje muito mais significativo para o direito do que a mera ciência genérica. Chega-se atualmente a afirmar que o registro de nascimento deve espelhar muito mais verdade socioafetiva do que a biológica" (WALD, Arnoldo e FONSECA, Priscila M.P. Corrêa da. *Direito Civil:* Direito de Família. Vol. V. 19ª Ed. São Paulo: Saraiva, 2015, p. 26).

compromisso de assegurar afeto: o primeiro obrigado a assegurar o afeto por seus cidadãos é o próprio Estado". Conquanto reconheça que a palavra afeto não consta do texto constitucional, o afeto teria sido consagrado como direito fundamental. Esclarece, então, que

> os laços de afeto e de solidariedade derivam da convivência familiar, não do sangue. Assim, a posse de estado de filho nada mais é que o reconhecimento jurídico do afeto, como o claro objetivo de garantir a felicidade, como um direito a ser alcançado.

A família e o casamento adquiriram, no sentir da ilustre autora, perfil eudemonista, voltado "a realizar os interesses afetivos e existenciais de seus integrantes"[30].

[30] DIAS, Maria Berenice. *Manual de Direito das Famílias.* 7ª. Ed. São Paulo: RT, 2010, *passim*, p. 70-72. Paulo Lôbo destaca que o afeto é um fato social e psicológico e importa ao direito relações sociais que tomem por base o afeto. Nas palavras do referido autor, "o afeto, em si, não pode ser obrigado juridicamente, mas sim as condutas que o direito impõe tomando-o como referência", reconhecendo a existência de um princípio normativo da afetividade (LÔBO, Paulo. *Famílias.* 5ª Ed. São Paulo: Saraiva, 2014, p. 25). Para Pablo Stolze Gagliano e Rodolfo Pamplona Filho, "todo o moderno direito de família gira em torno do princípio da afetividade" e "a comunidade de existência formada pelos membros de uma família é moldada pelo liame socioafetivo que os vincula, sem aniquilar as suas individualidades". Esse reconhecimento, sob sua doutrina, não representa uma tentativa de definição do amor. Contudo, os autores dizem que "daí não se conclua inexistir aquilo que não pode ser racionalmente delineado. Isso seria um lamentável erro. (...) Mas o fato é que o amor – a afetividade – tem muitas faces e aspectos e, nessa multifária complexidade, temos apenas a certeza inafastável de que se trata de uma força elementar, propulsora de todas as nossas relações de vida" (GAGLIANO, Pablo Stolze e PAMPLONA FILHO, Rodolfo. *Novo Curso de Direito Civil.* Vol. VI. São Paulo: Saraiva, p. 142-143). Já Carlos Roberto Gonçalves afirma que "os novos rumos conduzem à família socioafetiva, onde prevalecem os laços de afetividade sobre os elementos meramente formais", destacando que o divórcio tende a ser uma consequência da extinção da *affectio*, e não da culpa de qualquer dos cônjuges (GONÇALVES, Carlos Roberto. *Direito Civil Brasileiro.* Vol. 6. Direito de Família. 11ª Ed. São Paulo: Saraiva, 2014, p. 38-39). Em sentido similar, Maria Helena Diniz leciona que há "o princípio da *ratio* do matrimônio e da união estável, segundo o qual o fundamento básico do casamento, da vida conjugal e do companheirismo é a afeição entre os cônjuges ou conviventes e a necessidade de que perdure a completa comunhão de vida", razão pela qual considera que a ruptura da união estável, separação judicial e o divórcio são decorrência do fim da *affectio* (DINIZ, Maria Helena. *Curso de Direito Civil Brasileiro:* Direito de Família. 22ª. Ed. São Paulo: Saraiva, 2007, p. 18). Para Cristiano Chaves Farias e Nelson Rosenvald, "o afeto caracteriza-se (...) como o grande continente que recebe todos os mananciais do Direito das Famílias, podendo (*rectius,* devendo) ser o fundamento jurídico de soluções concretas para os mais variados conflitos de interesses estabelecidos nessa sede" (FARIAS, Cristiano Chaves; e ROSENVALD, Nelson. *Curso de Direito Civil:* Famílias. 7ª Ed. São Paulo: Atlas, 2015, p. 32). Por

A jurisprudência pátria secunda esse tipo de conclusão, conforme pesquisa realizada junto aos precedentes do Superior Tribunal de Justiça (STJ), órgão jurisdicional que aprecia disputas advindas de todo o Brasil e que tem por função precípua a uniformização das soluções judiciais.

Diz-se que o afeto permeia e fundamenta as relações familiares. O levantamento realizado revela que a menção à afetividade é mais frequente em quatro contextos delimitados[31], *hard cases* relacionados à justiça de se reconhecer: (i) famílias atípicas, como a homossexual ou homoafetiva[32], (ii)

fim, Flávio Tartuce dá destaque à afetividade como princípio (TARTUCE, Flávio. *Manual de Direito Civil:* volume único. 5a ed. São Paulo: Método, 2015).

[31] Em sentido análogo, vide RODRIGUES JUNIOR, Otavio Luiz. *A paternidade na visão do Superior Tribunal de Justiça.* Disponível em http://www.conjur.com.br/2012-set-05/direito-comparado-paternidade-visao-superior-tribunal-justica, acesso em 16.10.2016.

[32] "No Superior Tribunal de Justiça e no Supremo Tribunal Federal, são reiterados os julgados dando conta da viabilidade jurídica de uniões estáveis formadas por companheiros do mesmo sexo, sob a égide do sistema constitucional inaugurado em 1988, que tem como caros os princípios da dignidade da pessoa humana, a igualdade e repúdio à discriminação de qualquer natureza. O Supremo Tribunal Federal, no julgamento conjunto da ADPF n. 132/RJ e da ADI n. 4.277/DF, conferiu ao art. 1.723 do Código Civil de 2002 interpretação conforme à Constituição para dele excluir todo significado que impeça o reconhecimento da união contínua, pública e duradoura entre pessoas do mesmo sexo como entidade familiar, entendida esta como sinônimo perfeito de família; por conseguinte, 'este reconhecimento é de ser feito segundo as mesmas regras e com as mesmas conseqüências da união estável heteroafetiva'. A legislação que regula a união estável deve ser interpretada de forma expansiva e igualitária, permitindo que as uniões homoafetivas tenham o mesmo regime jurídico protetivo conferido aos casais heterossexuais, trazendo efetividade e concreção aos princípios da dignidade da pessoa humana, da não discriminação, igualdade, liberdade, solidariedade, autodeterminação, proteção das minorias, busca da felicidade e ao direito fundamental e personalíssimo à orientação sexual. A igualdade e o tratamento isonômico supõem o direito a ser diferente, o direito à autoafirmação e a um projeto de vida independente de tradições e ortodoxias, sendo o alicerce jurídico para a estruturação do direito à orientação sexual como direito personalíssimo, atributo inseparável e incontestável da pessoa humana. Em suma: o direito à igualdade somente se realiza com plenitude se for garantido o direito à diferença. Como entidade familiar que é, por natureza ou no plano dos fatos, vocacionalmente amorosa, parental e protetora dos respectivos membros, constituindo-se no espaço ideal das mais duradouras, afetivas, solidárias ou espiritualizadas relações humanas de índole privada, o que a credenciaria como base da sociedade (ADI n. 4277/DF e ADPF 132/RJ), pelos mesmos motivos, não há como afastar da relação de pessoas do mesmo sexo a obrigação de sustento e assistência técnica, protegendo-se, em última análise, a própria sobrevivência do mais vulnerável dos parceiros. (...)A conclusão que se extrai no cotejo de todo ordenamento é a de que a isonomia entre casais heteroafetivos e pares homoafetivos somente ganha plenitude de sentido se desembocar no igual direito subjetivo à formação de uma autonomizada família (ADI n. 4277/DF e ADPF

parentesco quando há vínculo socioafetivo, sem que haja vínculo genético entre parentes em linha reta; (iii) dano moral compensável quando há abandono do descendente pelo ascendente[33]; e (iv) concessão da guarda ou da adoção àqueles que mantém laços afetivos com os menores[34/35].

132/RJ), incluindo-se aí o reconhecimento do direito à sobrevivência com dignidade por meio do pensionamento alimentar (...)" (STJ, REsp 1302467/SP, Rel. Min. Luis Felipe Salomão, 4ª Turma, julgado em 03/03/2015, DJe 25/03/2015; vide ainda EDcl no REsp 633.713/RS, Rel. Min. Ricardo Villas Bôas Cueva, 3ª Turma, julgado em 11/02/2014, DJe 28/02/2014; REsp 1.381.609/MG, Rel. Min. Nancy Andrighi, Rel. p/ Acórdão Ministro Ricardo Villas Boas Cueva, 3ª Turma, julgado em 17/12/2013, DJe 13/02/2014; REsp 1183378/RS, Rel. Min. Luis Felipe Salomão, 4ª Turma, julgado em 25/10/2011, DJe 01/02/2012; REsp 1199667/MT, Rel. Min. Nancy Andrighi, 3ª Turma, julgado em 19/05/2011, DJe 04/08/2011); REsp 930.460/PR, Rel. Min. Nancy Andrighi, 3ª Turma, julgado em 19/05/2011, DJe 03/10/2011; REsp 1026981/RJ, Rel. Min. Nancy Andrighi, 3ª Turma, julgado em 04/02/2010, DJe 23/02/2010.

[33] Inicialmente, a jurisprudência do Superior Tribunal de Justiça afirmava que o pai que abandona o filho, sem lhe prestar carinho ou afeto, não pratica ilícito indenizável. Quando do julgamento do REsp 757.411/MG pela 4ª Turma daquela corte, o Ministro Relator, Fernando Gonçalves, asseverou que "a indenização por dano moral pressupõe a prática de ato ilícito, não rendendo ensejo à aplicabilidade da norma do art. 159 do Código Civil de 1916 o abandono afetivo, incapaz de reparação pecuniária" (julgado em 29/11/2005, DJ 27/03/2006, p. 299). Posteriormente, a situação se alterou. Confira-se: "CIVIL E PROCESSUAL CIVIL. FAMÍLIA. ABANDONO AFETIVO. COMPENSAÇÃO POR DANO MORAL. POSSIBILIDADE. 1. Inexistem restrições legais à aplicação das regras concernentes à responsabilidade civil e o consequente dever de indenizar/compensar no Direito de Família. 2. O cuidado como valor jurídico objetivo está incorporado no ordenamento jurídico brasileiro não com essa expressão, mas com locuções e termos que manifestam suas diversas desinências, como se observa do art. 227 da CF/88. 3. Comprovar que a imposição legal de cuidar da prole foi descumprida implica em se reconhecer a ocorrência de ilicitude civil, sob a forma de omissão. Isso porque o non facere, que atinge um bem juridicamente tutelado, leia-se, o necessário dever de criação, educação e companhia – de cuidado – importa em vulneração da imposição legal, exsurgindo, daí, a possibilidade de se pleitear compensação por danos morais por abandono psicológico. 4. Apesar das inúmeras hipóteses que minimizam a possibilidade de pleno cuidado de um dos genitores em relação à sua prole, existe um núcleo mínimo de cuidados parentais que, para além do mero cumprimento da lei, garantam aos filhos, ao menos quanto à afetividade, condições para uma adequada formação psicológica e inserção social. 5. A caracterização do abandono afetivo, a existência de excludentes ou, ainda, fatores atenuantes – por demandarem revolvimento de matéria fática – não podem ser objeto de reavaliação na estreita via do recurso especial. 6. A alteração do valor fixado a título de compensação por danos morais é possível, em recurso especial, nas hipóteses em que a quantia estipulada pelo Tribunal de origem revela-se irrisória ou exagerada. 7. Recurso especial parcialmente provido" (STJ, REsp 1159242/SP, Rel. Ministra Nancy Andrighi, 3ª Turma, julgado em 24/04/2012, DJe 10/05/2012).

[34] "(...) aos pais, com ampla liberdade de visitação, está dada a oportunidade de promoverem a transferência da guarda sem maiores transtornos ou prejuízos para o filho, de maneira

2.2. Socioafetividade

A pesquisa na doutrina e na jurisprudência revela, portanto, que a referência à afetividade se tornou verdadeiro lugar comum argumentativo. Entretanto, nem todos os doutrinadores se utilizam da expressão com o mesmo significado.

Como dissemos, a ideia de afetividade por vezes expressa o prestígio a fatores sentimentais na formação e desenvolvimento do ser humano[36].

espontânea, criando laços afetivos, estimulando a convivência com o irmão natural e mostrando compreensão, tolerância, conquistando sem ruptura brusca o coração do filho gerado, e, com isso, ampliando os afetos e tornando natural o retorno ao seio da família natural. A qualquer tempo isso pode ser feito, posto que mantida a guarda, nesse momento, com a tia, sem perda do poder familiar, que não está aqui envolvido" (STJ, REsp 518.562/RJ, Rel. Min. Carlos Alberto Menezes Direito, 3ª Turma, julgado em 15/09/2005, DJ 05/12/2005, p. 317; no mesmo sentido, vide REsp 1449560/RJ, Rel. Min. Marco Buzzi, 4ª Turma, julgado em 19/08/2014, DJe 14/10/2014; REsp 1423640/CE, Rel. Min. Marco Aurélio Bellizze, 3ª Turma, julgado em 04/11/2014, DJe 13/11/2014; REsp 837.324/RS, Rel. Ministro Humberto Gomes de Barros, 3ª turma, julgado em 18/10/2007, DJ 31/10/2007, p. 325; REsp 1356981/SC, Rel. Ministra Nancy Andrighi, 3ª Turma, julgado em 05/11/2013, DJe 08/11/2013; REsp 1217415/RS, Rel. Min. Nancy Andrighi, 3ª Turma, julgado em 19/06/2012, DJe 28/06/2012; REsp 1347228/SC, Rel. Ministro Sidnei Beneti, 3ª Turma, julgado em 06/11/2012, DJe 20/11/2012; REsp 945.283/RN, Rel. Min. Luis Felipe Salomão, 4ª Turma, julgado em 15/09/2009, DJe 28/09/2009; REsp 964.836/BA, Rel. Min. Nancy Andrighi, 3ª Turma, julgado em 02/04/2009, DJe 04/08/2009; REsp 889.852/RS, Rel. Min. Luis Felipe Salomão, 4ª Turma, julgado em 27/04/2010, DJe 10/08/2010; AgRg na MC 15.097/MG, Rel. Ministro Massami Uyeda, 3ª Turma, julgado em 05/03/2009, DJe 06/05/2009).

35 Há outras menções a afetividade, dignas de notas, mas que não são agrupáveis para fins de sistematização. "(...) Nas ações de reconhecimento de união estável, o objetivo é alcançar a declaração judicial da existência de uma sociedade afetiva de fato, e essa pretensão encontra amparo no ordenamento jurídico, ainda que seja de cunho meramente declaratório. (...) Compete exclusivamente aos titulares da relação que se pretende ver declarada, a demonstração do animus, ou seja, do elemento subjetivo consubstanciado no desejo anímico de constituir família. Ainda que possa haver algum interesse econômico ou financeiro de terceiro credor no reconhecimento da união estável, ele terá caráter reflexo e indireto, o que não justifica a sua intervenção na relação processual que tem por objetivo declarar a existência de relacionamento afetivo entre as partes" (STJ, REsp 1353039/MS, Rel. Min. Nancy Andrighi, 3ª Turma, julgado em 07/11/2013, DJe 18/11/2013)

36 "A afetividade pode ser entendida como a relação de carinho ou cuidado que se tem com alguém íntimo ou querido. Pode também ser considerada o laço criado entre os homens, mesmo que sem características sexuais. Nesse sentido, a afetividade pode ser entendida como uma atividade do psiquismo que constitui a vida emocional do ser humano (...) Partindo desses conceitos, e tendo em vista a importância da afetividade, temos que, na pós-modernidade, o afeto passou a ser considerado valor jurídico (...)" (Maluf, Carlos Alberto Dabus; e Maluf,

Nos conflitos familiares, haveria de se pautar pelo eudemonismo, ou seja, os juristas deveriam reconhecer a busca por felicidade como valor moral preponderante. Há quem tome a questão sob o ponto de vista psicológico, lembrando que os afetos não são apenas positivos, mas frequentemente negativos, constituindo prazeres e desprazeres[37].

Por outro lado, há autores que parecem dar preponderância ao sentido social da afetividade, que passa a ser vista, não em seu sentido subjetivo, mas sob uma perspectiva objetiva, como a posse no estado familiar. Ricardo Lucas Calderon, em monografia sobre o tema, destaca que a afetividade possui duas dimensões: uma objetiva e outra subjetiva. Para ele, "a dimensão objetiva envolve a presença de fatos tidos como representativos de uma expressão de afetividade, ou seja, fatos sociais que indiquem a presença de uma manifestação afetiva". Com isso, o sentimento de afeto propriamente dito "certamente escapa ao Direito", mas, "constatada a dimensão objetiva da afetividade, restará desde logo presumida a presença da sua dimensão subjetiva"[38].

Para distinguir um sentido do outro, é adequado valer-se da expressão socioafetividade, pois o prefixo *socio* conota melhor aquilo a que a jurisprudência toma como relevante nos diversos casos destacados[39]. Um sen-

Adriana Caldas do Rego Freitas Dabus. *Curso de Direito de Família*. São Paulo: Saraiva, 2013, p. 48). Para uma excelente visão sobre afetividade e amor, vide Pereira Junior, Antonio Jorge. Da afetividade à efetividade do amor nas relações de família. In: *Afeto e Estruturas Familiares*. Dias, Maria Berenice, Bastos, Eliene Ferreira e Martins, Naime Márcio (Coord.). Belo Horizonte: Del Rey, 2009, p. 57-78. O autor destaca que "gostar é próprio da afetividade; amar é ato de vontade (...) amar pressupõe conhecer, ou seja, possuir intelectualmente a forma do bem que nos atrai. Amar leva o sujeito a trabalhar *para o bem do ser amado*, a despeito de si próprio. Quem ama, gasta-se pelo bem do outro. Enquanto isso, gostar pressupõe experimentar, ou seja, viver a experiência sensorial de algo que nos deleita" (idem, p. 64).

[37] Groeninga, Giselle Câmara. A função do 'afeto' nos contratos familiares. In: *Afeto e Estruturas Familiares*. Dias, Maria Berenice, Bastos, Eliene Ferreira e Martins, Naime Márcio (Coord.). Belo Horizonte: Del Rey, 2009, p. 201-216.

[38] Calderon, Ricardo Lucas. *O percurso construtivo do princípio da afetividade no direito de família brasileiro contemporâneo:* contexto e efeitos. Curitiba: Dissertação de Mestrado, Universidade Federal do Paraná, 2011, p. 266.

[39] Danilo Porfírio de Castro Vieira afirma que "a socioafetividade é a publicidade da afetividade" (Castro Vieira, Danilo Porfírio de. Definição e Natureza Jurídica do Princípio da Afetividade. *Revista Crítica do Direito*. N. 4, vol. 64. Disponível em https://sites.google.com/a/criticadodireito.com.br/revista-critica-do-direito/todas-as-edicoes/numero-4-volume-63/danilo, acesso em 15.9.2015).

timento, como tal, é exclusivamente individual, podendo ser bem expresso por *afetividade*. Há, é verdade, diversos comportamentos típicos que expressam afeto, mas não é possível assegurar que haja sinceridade e reciprocidade nessas situações.

Na busca da família socioafetiva, muita ênfase se dá ao aspecto afetivo. Postula-se: onde há afetos, há família. Esse raciocínio é, no entanto, bastante simplificado e não reflete exatamente a complexidade do fenômeno. Os afetos são sentimentos personalíssimos, subjetivos e, por vezes, inexplicáveis ou, ao menos, não sujeitos a racionalizações ou categorizações.

Basta observar a vida em sociedade e se verá múltiplos exemplos de situações onde há amor sem família, como é a situação evidente da maior parte de pessoas que namoram. Muitas pessoas amam – sem limites – mas não querem ou, no que é mais relevante, não se comportam como se famílias fossem. De modo contrário, toda forma de amor traria consigo o fardo de uma obrigação jurídica.

Por outro lado, poderá haver família, em seu sentido formal, onde já não existe amor. As situações de desentendimento, discórdia, traição, frustração, ódio, vingança e violência são os motores propulsores dos inúmeros conflitos familiares que chegam aos fóruns todos os dias. Se, em regra, o afeto positivo constrói a situação familiar, é o desamor que a leva à Justiça. Com isso, não é possível estabelecer se em algum momento houve amor entre os entes daquela família ou, de modo diverso, em que ponto ele deixou de existir.

Deve-se desconfiar que haja pessoas que começam ou mantenham relacionamentos familiares por simples conveniência e, se aí não existe afeto, há de se questionar qual o tratamento jurídico que essas relações devem merecer. O casamento não pode ser anulado porque um dos nubentes, em reserva mental, não sentia efetivamente amor pelo outro, tendo consentido por mera conveniência econômica.

Do mesmo modo, ninguém postula, por certo, que o pai biológico deva desobrigar-se dos alimentos por jamais ter amado seu filho[40]. Isso significa

[40] "Em linha de princípio, a exoneração de prestação alimentar, estipulada quando da separação consensual, somente se mostra possível em uma das seguintes situações: a) convolação de novas núpcias ou estabelecimento de relação concubinária pelo ex-cônjuge pensionado, não se caracterizando como tal o simples envolvimento afetivo, mesmo abrangendo relações sexuais; b) adoção de comportamento indigno; c) alteração das condições econômicas dos ex-cônjuges em relação às existentes ao tempo da dissolução da sociedade conjugal" (STJ,

que, para fins de alimentos, é irrelevante qualquer avaliação sobre a situação sentimental entre as partes.

Talvez possa haver afeto em relações estáveis incestuosas, mas não se vê aí configuração jurídica de família[41].

Deve-se destacar, ainda, a situação das uniões familiares infantis. Pesquisa realizada pelo Instituto Promundo indicou que no Brasil, conforme dados tomados do Censo 2010, pouco mais de 88 mil meninas e meninos (idades entre 10 e 14 anos) estão em uniões consensuais, civis e/ou religiosas. Cerca de 877 mil mulheres com idades entre 20 e 24 anos se casaram até os 15 anos (11%)[42]. Diversas mazelas sociais levam a esse estado de coisas, mas, ainda que afeto genuíno houvesse, deve-se convir que crianças e adolescentes, antes da idade núbil, têm discernimento reduzido para compreender a relevância e consequências duradouras deste tipo de escolha. Conquanto a capacidade de afeto seja inata ao ser humano, não é por isso que se deve aceitar casamento a envolver crianças e adolescentes.

Em sentido análogo, a jurisprudência do STJ vem afastando a existência de famílias concomitantes, embora reconheça nesses casos a existência de afetividades paralelas[43].

REsp 111.476/MG, Rel. Min. Sálvio de Figueiredo Teixeira, DJ 10.05.1999; no mesmo sentido, vide AgRg no Ag 1159453/DF, Rel. Ministro Vasco della Giustina, 3ª Turma, julgado em 15/02/2011, DJe 21/02/2011).

[41] Vide, Correia, Atalá. Reflexões sobre a laicidade legal no direito de família. *Revista de Direito de Família e das Sucessões*. São Paulo: Thomson Reuters/RT, Ano 1, vol. 1, jul-set/2014, p. 13-42.

[42] Disponível em http://promundoglobal.org/wp-content/uploads/2015/07/SheGoesWithMeInMyBoat_ExecutiveSummary_PT_web.pdf, acesso em 11.9.2015.

[43] "DIREITO CIVIL. RECURSO ESPECIAL. FAMÍLIA. AÇÃO DE RECONHECIMENTO DE UNIÃO ESTÁVEL. RELAÇÃO CONCOMITANTE. DEVER DE FIDELIDADE. INTENÇÃO DE CONSTITUIR FAMÍLIA. AUSÊNCIA. ARTIGOS ANALISADOS: ARTS. 1º e 2º da Lei 9.278/96. 1. Ação de reconhecimento de união estável, ajuizada em 20.03.2009. Recurso especial concluso ao Gabinete em 25.04.2012. 2. Discussão relativa ao reconhecimento de união estável quando não observado o dever de fidelidade pelo de cujus, que mantinha outro relacionamento estável com terceira. 3. Embora não seja expressamente referida na legislação pertinente, como requisito para configuração da união estável, a fidelidade está ínsita ao próprio dever de respeito e lealdade entre os companheiros. 4. A análise dos requisitos para configuração da união estável deve centrar-se na conjunção de fatores presente em cada hipótese, como a affectio societatis familiar, a participação de esforços, a posse do estado de casado, a continuidade da união, e também a fidelidade. 5. Uma sociedade que apresenta como elemento estrutural a monogamia não pode atenuar o dever de fidelidade – que integra o conceito de lealdade e respeito mútuo – *para o fim de inserir no âmbito do Direito*

Essas constatações prestam-se a demonstrar que a afetividade subjetiva não é, e não pode ser, o parâmetro único ou exclusivo para que se reconheça a existência de uma família. Não se pode dizer que a afetividade é a fonte da família, mas apenas que há uma relação frequente, mas não necessária, entre uma coisa e outra. Nem toda família advém do afeto e, por outro lado, há afeto onde não há família.

O que parece certo, portanto, é que o amor, por vezes, leva certas pessoas a adotarem um comportamento socialmente típico de família. Elas estão – na linguagem jurídica – na posse do estado familiar. Na fórmula da socioafetividade deve haver equilíbrio entre comportamento típico, representado pelo prefixo *socio* da expressão em questão, e a afetividade propriamente dita. Em razão disto, deve-se tutelar a confiança gerada pelo comportamento daquele que age como pai. A confiança constitui-se em fato relevante para o desenvolvimento da personalidade da criança e do adolescente. Em razão disto, é de se exigir dos sujeitos inseridos no âmbito das relações familiares um comportamento probo e coerente, de modo a não gerar expectativas indevidas e esperanças em outrem. Por isso, entendemos que "esta confiança materializa-se na forma do afeto nas relações de família".[44]

de Família relações afetivas paralelas e, por consequência, desleais, sem descurar que o núcleo familiar contemporâneo tem como escopo a busca da realização de seus integrantes, vale dizer, a busca da felicidade. 6. Ao analisar as lides que apresentam *paralelismo afetivo*, deve o juiz, atento às peculiaridades multifacetadas apresentadas em cada caso, decidir com base na dignidade da pessoa humana, na solidariedade, na afetividade, na busca da felicidade, na liberdade, na igualdade, bem assim, com redobrada atenção ao primado da monogamia, com os pés fincados no princípio da eticidade. 7. Na hipótese, a recorrente não logrou êxito em demonstrar, nos termos da legislação vigente, a existência da união estável com o recorrido, podendo, no entanto, pleitear, em processo próprio, o reconhecimento de uma eventual uma sociedade de fato entre eles. 8. Recurso especial desprovido" (STJ, REsp 1348458/MG, Rel. Ministra Nancy Andrighi, 3ª Turma, julgado em 08/05/2014, DJe 25/06/2014) (g.n.). No mesmo sentido, vide STJ, AgRg no Ag 1130816/MG, Rel. Ministro Vasco della Giustina, 3ª Turma, julgado em 19/08/2010, DJe 27/08/2010; REsp 1107192/PR, Rel. Min. Massami Uyeda, Rel. p/ Acórdão Min. Nancy Andrighi, 3ª Turma, julgado em 20/04/2010, DJe 27/05/2010; REsp 1157273/RN, Rel. Min. Nancy Andrighi, 3ª Turma, julgado em 18/05/2010, DJe 07/06/2010; REsp 912.926/RS, Rel. Min. Luis Felipe Salomão, 4ª Turma, julgado em 22/02/2011, DJe 07/06/2011); AgRg no REsp 1170799/PB, Rel. Min. Massami Uyeda, Rel. p/ Acórdão Rel. Min. Nancy Andrighi, 3ª Turma, julgado em 03/08/2010, DJe 06/12/2010; REsp 872.659/MG, Rel. Ministra Nancy Andrighi, 3ª Turma, julgado em 25/08/2009, DJe 19/10/2009.

[44] COSTA FILHO, Venceslau Tavares. Função social da autoridade parental: algumas considerações. *Revista Síntese Direito de Família*, n. 67. a.XIII (ago.-set. 2011). São Paulo: Síntese, p. 15.

Assim, aquilo que entre nós era usualmente tratado por *posse no estado familiar* passou mais recentemente a ser designado por *socioafetividade* ou simplesmente por *afetividade*. A escolha das expressões pela doutrina talvez esconda, conscientemente ou não, algum romantismo. Ao colocar o afeto no centro das relações familiares, somos lembrados de que o amor deveria pautar a conduta humana nesse campo social, mas a ciência deve ser cética e é seu papel lembrar que o comum nem sempre é necessário.

Com todas essas considerações, é possível perceber que o afeto não dá substrato fático à existência de situações jurídicas de direito de família[45]. De nada vale se não for expresso. Não é a vontade ou o afeto, mas sua declaração que vincula. Na ausência de manifestações expressas, o comportamento social típico dá embasamento à família, tendo em vista a tutela da confiança nas relações de família.

2.3. Filiação biológica: ascensão e queda

Como se sabe, o Código Civil de 1916 regulava o direito de família a partir do conceito de casamento. Os filhos advindos do casamento eram considerados legítimos, mesmo que posteriormente houvesse nulidade (art. 337, CC/1916); os havidos fora do casamento eram considerados ilegítimos, podendo os naturais serem reconhecidos posteriormente (art. 355, CC/1916), faculdade não existente para os espúrios, fossem eles adulterinos ou incestuosos (art. 358, CC/1916). O casamento posterior legitimava os filhos comuns, antes dele nascidos ou concebidos (art. 229, CC/1916)[46].

O termo "filiação" tem origem na expressão latina *filiatio*; que significa procedência, laço de parentesco dos filhos com os pais. A filiação é um conceito relacional estabelecido pela relação de parentesco entre duas pessoas, sendo uma nascida da outra, ou adotada, ou mediante a posse de estado de filho e ainda por inseminação artificial heteróloga.[47] Para Clóvis Bevilaqua, um dos responsáveis pela elaboração do CC de 1916, a família consiste em um conjunto de pessoas unidas pelo vínculo da consanguinidade.[48] Tratar-se-ia de um vínculo biológico, portanto.

[45] No mesmo sentido, vide RODRIGUES JUNIOR, OTÁVIO LUIZ. As linhas que dividem amor e Direito nas constituições. Disponível em http://www.conjur.com.br/2012-dez-27/direito-comparado-linhas-dividem-amor-direito-constituicoes, acesso em 16.10.2016.

[46] Essa distinção deixou de existir com a Constituição Federal de 1988, que determinou a igualdade entre os filhos.

[47] LÔBO, Paulo. *Famílias*. São Paulo: Saraiva, 2008, p. 192.

[48] BEVILAQUA, Clóvis. *Direito de família*. Rio de Janeiro: Freitas Bastos, 1938, p. 16.

Presumiam-se legítimos os filhos que: (i) fossem nascidos, ao menos, 180 dias depois de estabelecida a convivência conjugal; (ii) fossem nascidos em até 300 dias após a dissolução da sociedade conjugal (art. 338, CC/1916). Dizia o art. 340, CC/1916, que

> A legitimidade do filho concebido na constância do casamento, ou presumido tal (arts. 338 e 339), só se pode contestar:
>
> I – Provando-se que o marido se achava fisicamente impossibilitado de coabitar com a mulher nos primeiros cento e vinte e um dias, ou mais, dos trezentos que houverem precedido ao nascimento do filho.
>
> II – Que a esse tempo estavam os cônjuges legalmente separados.

De modo contrário, a legitimidade dos filhos não poderia ser contestada se o marido, antes de casar, tinha ciência da gravidez da mulher ou se assinou o termo de nascimento do filho, sem contestar a paternidade (art. 339, CC). A prova do adultério sozinha não poderia alterar tal presunção, prevalecendo a idéia de que *pater is est quem nuptiae demonstrant* (conf. art. 343 e 346, CC/1916).

Eram essas as regras que, em tempos de escasso avanço tecnológico, buscavam solucionar dúvidas sobre a paternidade. Como não existiam meios científicos para provar ou excluir os vínculos de sangue, essa questão não se apresentava ao legislador ou ao julgador. Assim, apesar de se considerar que paternidade era sempre incerta, a lei não furtava a indicar quem haveria de ser o genitor. Não se pode dizer, contudo, que as leis prestigiavam, acima de qualquer outro valor, o vínculo consanguíneo, pois, se assim fosse, não haveria de se impedir, por exemplo, o reconhecimento de filhos adulterinos.

Entretanto, a aparente arbitrariedade normativa na atribuição da paternidade pode resultar em graves repercussões, tendo em vista a eventual dissociação entre a regulação e os costumes e valores sociais. Tal embate aparente entre os critérios biológico e afetivo na caracterização das famílias, todavia, é relativamente recente. O nascimento ou afeto, por exemplo, não foram base da família romana na antiguidade clássica. As relações eram baseadas no poder paterno ou do marido. A união da família era estabelecida por algo mais poderoso que o afeto, estava intimamente ligada pela religião do lar e dos antepassados.[49]

[49] COSTA FILHO, Venceslau Tavares. *Função social da autoridade parental*: algumas considerações. Revista Síntese de Direito de Família, n. 67. a.XIII (ago.-set. 2011). São Paulo: Síntese.

Mais que uma associação natural, a família antiga se mostrava como uma associação religiosa, onde o filho deixava de ser parte da família se renunciasse ao culto, enquanto um filho adotado se tornava verdadeiro filho, embora não tendo laços de sangue, aderisse ao culto daquele grupo familiar. O parentesco e o direito a herança não estavam regulamentados pelo nascimento, mas sim pela participação no culto de acordo com a religião estabelecida.[50] Na família romana, o filho é estranho à família de origem da mãe. Da própria mãe ele só é parente porque ela se acha sob o poder do pai.[51]

Ao longo do século XX, no afã tecnológico próprio dessa era, a jurisprudência e a doutrina passaram a prestigiar, largamente, a existência de laços biológicos como definitivos para o estabelecimento de paternidade. O advento de testes sanguíneos para exclusão da paternidade ou para confirmá-la com maior precisão é circunstância que definitivamente prestigiou a ideia de certeza em termos de filiação[52].

Ao longo da vigência do CC/1916, ampliaram-se os prazos prescricionais para a negação (Súmula 149, STF) e investigação de paternidade. Flexibili-

[50] COULANGES, Fustel de. *A cidade antiga*.Tradução de Jean Melville. São Paulo: Martin Claret, 2005, p. 45-46.

[51] MIRANDA, Pontes de. *Tratado de direito privado*. Tomo VII Direito de personalidade. Direito de família: direito matrimonial (Existência e validade do casamento). Rio de Janeiro: Borsoi, 1968, p. 77.

[52] "As normas jurídicas hão de ser entendidas, tendo em vista o contexto legal em que inseridas e considerando os valores tidos como válidos em determinado momento histórico. Não há como interpretar-se uma disposição, ignorando as profundas modificações por que passou a sociedade, desprezando os avanços da ciência e deixando de ter em conta as alterações de outras normas, pertinentes aos mesmos institutos jurídicos. Nos tempos atuais, não se justifica que a contestação da paternidade, pelo marido, dos filhos nascidos de sua mulher, se restrinja às hipóteses do artigo 340 do Código Civil, quando a ciência fornece métodos notavelmente seguros para verificar a existência do vínculo de filiação" (REsp 194.866/RS, Terceira Turma, Rel. Min. Eduardo Ribeiro, DJ 14.06.1999). No mesmo sentido, REsp 4987/RJ, Quarta Turma, Rel. Min. Sálvio de Figueiredo Teixeira, DJ 28.10.1991; REsp 146548/GO, Quarta Turma, Rel. Min. Barros Monteiro, Rel. p Acórdão, César Asfor Rocha, DJ 05.03.2001. Ao fundamentar o Recurso Especial n. 194.866/RS, o Superior Tribunal de Justiça destacava que: "não se percebe a quem possa interessar se tenha como intocável a situação de falsidade. A criança é que certamente não receberá carinho e apoio de alguém que sabe não ser seu pai, não deseja como tal ser tido e se vê compelido a sustentar o filho de outrem, fruto de infidelidade conjugal. Nada disso se modifica com uma certidão de registro civil que contém, substancialmente, uma falsidade ideológica. Poderá o filho receber alimentos, mas é profundamente injusto que a esse pagamento se veja obrigado quem não tem com ele vínculo algum verdadeiro".

zou-se a regra do *pater is est*, para permitir que filhos legítimos questionassem a relação sanguínea com seu pai[53]. A cientificidade da questão chegou ao ponto de impor a rescisão da coisa julgada em prol da verdade biológica[54].

Vê-se, assim, período de ascensão e apogeu daquilo que hoje se chama "verdade biológica" como critério de definição de vínculos de filiação.

De volta ao "Desbiologização da Paternidade", de João Baptista Villela[55], retornemos à premissa de que a paternidade não é um fato puramente biológico, mas essencialmente cultural. Conquanto a coabitação sexual para a fecundação seja um ato voluntário, após o nascimento os genitores podem escolher como se comportar diante da nova pessoa. Tanto assim que durante séculos, em vários sistemas, o genitor poderia excluir-se da responsabilidade pela criação sob o argumento da *exceptio plurium concubentium*, ou seja, a alegação de que a genitora havia coabitado com outros homens na época da concepção. A prática passou a ser combatida, em diversos países, como a França, que passou a permitir o ajuizamento de ação de alimentos contra todos aqueles que houvessem coabitado com a mãe, mas não pudessem provar a ausência de paternidade. Isto é, aqueles que, não sendo juridicamente pais, poderiam ser chamados a responder por alimentos. Lado outro, sempre houve diversas hipóteses em que aqueles que, não podendo ser pais, são ou eram assim tratados. A adoção talvez seja o maior exemplo dessa possibilidade.

Posteriormente, na década de 1990, o tema da "posse no estado de filiação" passou a chamar a atenção da doutrina. Nesse sentido, é preciso destacar que, no sistema do CC/1916, filho era quem fosse assim declarado na

53 "É verdade que a Lei n. 8.560, de 29 de dezembro de 1992, admitindo que a investigação da paternidade, mesmo adulterina, seja proposta contra o homem casado, ou pelo filho da mulher casada contra o seu verdadeiro pai, de certo modo ilidiu a presunção *pater is*" (RODRIGUES, Silvio. Direito Civil: Direito de Família. Vol. VI. São Paulo: Saraiva, 1999, p. 283).

54 "O laudo do exame de DNA, mesmo posterior ao exercício da ação de investigação de paternidade, considera-se 'documento novo' para aparelhar ação rescisória (CPC, art. 485, VII). É que tal exame revela prova já existente, mas desconhecida até então. A prova do parentesco existe no interior da célula. Sua obtenção é que apenas se tornou possível quando a evolução científica concebeu o exame intracitológico" (REsp 300.084/GO, Segunda Seção, Rel. Min. Humberto Gomes de Barros, DJ 06.09.2004) (No mesmo sentido, vide REsp 189306/MG, Quarta Turma, Rel. Min. Barros Monteiro, Rel. p. Acórdão Min. César Asfor Rocha, DJ 14.10.2002)

55 VILLELA, João Baptista. Desbiologização da Paternidade. *Revista da Faculdade de Direito da UFMG*, Belo Horizonte, v. 27, n. 21, maio de 1979, p. 400-418, disponível em http://www.direito.ufmg.br/revista/index.php/revista/article/view/1156, acesso em 21.9.2015.

certidão de nascimento. Entretanto, ciente da precariedade desses registros, sobretudo com relação a camadas mais pobres, o art. 349, CC/1916, estabelecia que

> na falta, ou defeito do termo de nascimentos poderá provar-se a filiação legítima, por qualquer modo admissível em direito: I – Quando houver começo de prova por escrito, proveniente dos pais, conjuntas ou separadamente; II – Quando existem veementes presunções resultantes de fato já certos.

Com base nessa regra, a doutrina asseverava que "a posse de estado consiste no desfrute público, por parte de alguém, daquela situação peculiar ao filho legítimo, tal o uso do nome familiar, o fato de ser tratado como filho pelos pretensos pais, aliado à persuasão geral de ser a pessoa, efetivamente, filho legítimo"[56]. Luiz Edson Fachin atualizou o tema da "posse no estado de filiação", destacando que, ao tratar dessa hipótese, o legislador não se prendeu a um conceito biológico[57]. Em determinadas situações estão presentes requisitos que fazem presumir o vínculo entre pai e filho, notadamente a *nominatio* (uso do patronímico), *tratactio* (tratamento pelo pai como filho) e *reputatio* (notoriedade social da filiação). Para o hoje Ministro do STF,

> a verdadeira paternidade pode também não se explicar apenas na autoria genética da descendência. Pai também é aquele que se revela no comportamento cotidiano, de forma sólida e duradoura, capaz de estreitar os laços de paternidade numa relação psico-afetiva"[58].

Desde então, o tema da posse no estado de filiação ganhou relevância nas cortes e nos manuais. A partir do século XXI, o conceito, no entanto, perdeu espaço para a idéia de afetividade, como se procurou demonstrar ao longo deste estudo. Trata-se, sem dúvida, da consagração de um critério não biológico para a filiação.

Do ponto de vista legislativo, é importante observar que o CC/2002 reconhece, em algumas situações, a existência de filiação jurídica ainda que faltem vínculos biológicos. O caso da adoção permanece sendo a situa-

[56] RODRIGUES, Silvio. *Direito Civil:* Direito de Família. Vol. VI. São Paulo: Saraiva, 1999, p. 293.

[57] FACHIN, Luiz Edson. *Estabelecimento da Filiação e Paternidade Presumida.* Porto Alegre: Sergio Antônio Fabris Editor, 1992.

[58] FACHIN, Luiz Edson. *Estabelecimento da Filiação e Paternidade Presumida.* Porto Alegre: Sergio Antônio Fabris Editor, 1992, p. 169

ção mais evidente. Mas a análise do art. 1.597, V, CC/2002 permite ir além. Segundo esta regra, presumem-se concebidos na constância do casamento os filhos havidos por inseminação artificial heteróloga se houver anuência expressa do outro cônjuge.

Se não coincidem os critérios biológico e socioafetivo, o direito haverá de fiar-se em um ou outro como critério de definição da paternidade. Conquanto possa parecer que hoje prevalece a socioafetividade, essa percepção não é exatamente correta. Os Tribunais pátrios, notadamente o STJ, priorizam o liame biológico quando a socioafetividade desapareceu ou nunca existiu. Não se deve impor dever de cuidado, de carinho e de sustento a quem, não sendo o pai biológico, também não deseja ser pai socioafetivo. De modo diverso, se o afeto persiste de forma que pais e filhos constroem uma relação de mútuo auxílio, respeito e amparo, é acertado desconsiderar o vínculo meramente biológico, para reconhecer a existência de vínculo jurídico.

2.4. Vontade e socioafetividade

Feito esse panorama sobre a evolução do conceito de filiação, pode-se ter claramente em vista que os critérios legais de reconhecimento desse parentesco concentram-se em torno de dois pólos, a saber o vínculo biológico e o vínculo socioafetivo. Muito se debate, em doutrina e em jurisprudência, sobre qual deles deve prevalecer.

A orientação jurisprudencial do STJ não traz alento à questão, pois apresenta certa dubiedade e ora prestigia a socioafetividade, ora deixa-a de lado. Com efeito, há uma primeira linha de precedentes nos quais o pai busca a nulidade da paternidade reconhecida no registro de nascimento. Em regra, está-se diante de situação chamada "adoção à brasileira", ou seja, o pai, sabendo não ter vínculo biológico com o recém-nascido, declara-o falsamente como seu filho. A nulidade do falso haveria de contaminar o ato, mas, nesses casos, a invalidade vem sendo afastada, sob o argumento de que, decorrido razoável tempo de convivência, forma-se evidente situação de socioafetividade, razão pela qual o pai não poderia se retratar[59]. Nes-

[59] "O assentamento no registro civil a expressar o vínculo de filiação em sociedade, nunca foi colocado tão à prova como no momento atual, em que, por meio de um preciso e implacável exame de laboratório, pode-se destruir verdades construídas e conquistadas com afeto. Se por um lado predomina o sentimento de busca da verdade real, no sentido de propiciar meios adequados ao investigante para que tenha assegurado um direito que lhe é imanente, por

sas situações, a verdade biológica de ancestralidade dá espaço ao sentido socioafetivo de paternidade. Contudo, se ainda não constatada a posse no estado[60] ou se demonstrado o vício de consentimento[61], a invalidade have-

outro, reina a curiosidade, a dúvida, a oportunidade, ou até mesmo o oportunismo, para que se veja o ser humano – tão falho por muitas vezes – livre das amarras não só de um relacionamento fracassado, como também das obrigações decorrentes da sua dissolução. Existem, pois, ex-cônjuges e ex-companheiros; não podem existir, contudo, ex-pais. (...) A fragilidade e a fluidez dos relacionamentos entre os adultos não deve perpassar as relações entre pais e filhos, as quais precisam ser perpetuadas e solidificadas. Em contraponto à instabilidade dos vínculos advindos das uniões matrimoniais, estáveis ou concubinárias, os laços de filiação devem estar fortemente assegurados, com vistas no interesse maior da criança, que não deve ser vítima de mais um fenômeno comportamental do mundo adulto" (REsp 1003628/DF, Rel. Min. Nancy Andrighi, 3ª Turma, julgado em 14/10/2008, DJe 10/12/2008). No mesmo sentido, vide REsp 932.692/DF, Rel. Min. Nancy Andrighi, 3ª Turma, julgado em 18/12/2008, DJe 12/02/2009; REsp 1383408/RS, Rel. Min. Nancy Andrighi, 3ª Turma, julgado em 15/05/2014, DJe 30/05/2014.

60 "(...) Em se tratando de adoção à brasileira, a melhor solução consiste em só permitir que o pai-adotante busque a nulidade do registro de nascimento, quando ainda não tiver sido constituído o vínculo de sócio-afetividade com o adotado (...)" (REsp 1088157/PB, Rel. Ministro Massami Uyeda, 3ª Turma, julgado em 23/06/2009, DJe 04/08/2009). "Em conformidade com os princípios do Código Civil de 2002 e da Constituição Federal de 1988, o êxito em ação negatória de paternidade depende da demonstração, a um só tempo, da inexistência de origem biológica e também de que não tenha sido constituído o estado de filiação, fortemente marcado pelas relações socioafetivas e edificado na convivência familiar. Vale dizer que a pretensão voltada à impugnação da paternidade não pode prosperar, quando fundada apenas na origem genética, mas em aberto conflito com a paternidade socioafetiva. No caso, as instâncias ordinárias reconheceram a paternidade socioafetiva (ou a posse do estado de filiação), desde sempre existente entre o autor e as requeridas. Assim, se a declaração realizada pelo autor por ocasião do registro foi uma inverdade no que concerne à origem genética, certamente não o foi no que toca ao desígnio de estabelecer com as então infantes vínculos afetivos próprios do estado de filho, verdade em si bastante à manutenção do registro de nascimento e ao afastamento da alegação de falsidade ou erro" (REsp 1059214/RS, Rel. Min. Luis Felipe Salomão, 4ª Turma, julgado em 16/02/2012, DJe 12/03/2012).

61 "(...) A realização do exame pelo método DNA apto a comprovar cientificamente a inexistência do vínculo genético confere ao marido a possibilidade de obter, por meio de ação negatória de paternidade, a anulação do registro ocorrido com vício de consentimento. O erro a que foi induzido o pai registral de criança nascida na constância do seu casamento com a genitora, com quem o suposto pai não estreitou afetividade suficiente para que desfrutasse da paternidade socioafetiva (posse de estado de filho), desafia a eficácia constitutiva negativa de estado pleiteada na inicial, com a consequente alteração do registro público de nascimento da criança, para fazer constar o nome do pai biológico, excluindo-se, consectariamente, o nome dos avós registrais paternos. O registro público tem por princípio conferir segurança jurídica às relações civis e deve espelhar a verdade real e não fictícia" (REsp 1328306/DF, Rel. Min.

ria de ser reconhecida. Não exime o pai a renitente desconfiança de que jamais houve vínculo biológico[62]. Se a nulidade não pode ser reconhecida pelo declarante, tampouco pode ser pleiteada por outros parentes seus[63].

Villas Boas Cueva, 3ª Turma, julgado em 14/05/2013, DJe 20/05/2013). No mesmo sentido, vide: REsp 1098036/GO, Rel. Ministro Sidnei Beneti, 3ª Turma, julgado em 23/08/2011, DJe 01/03/2012; REsp 1022763/RS, Rel. Min. Nancy Andrighi, 3ª Turma, julgado em 18/12/2008, DJe 03/02/2009, RDDP vol. 73, p. 160; REsp 1330404/RS, Rel. Min. Marco Aurélio Bellizze, 3ª Turma, julgado em 05/02/2015, DJe 19/02/2015.

62 "O ajuizar de uma ação negatória de paternidade com o intuito de dissipar dúvida sobre a existência de vínculo biológico, restando inequívoco nos autos, conforme demonstrado no acórdão impugnado, que o pai sempre suspeitou a respeito da ausência de tal identidade e, mesmo assim, registrou, de forma voluntária e consciente, a criança como sua filha, coloca por terra qualquer possibilidade de se alegar a existência de vício de consentimento, o que indiscutivelmente acarreta a carência da ação, sendo irreprochável a extinção do processo, sem resolução do mérito" (REsp 1067438/RS, Rel. Min. Nancy Andrighi, 3ª Turma, julgado em 03/03/2009, DJe 20/05/2009). No mesmo sentido, vide REsp 1078285/MS, Rel. Min. Massami Uyeda, 3ª Turma, julgado em 13/10/2009, DJe 18/08/2010; REsp 1433470/RS, Rel. Min. Nancy Andrighi, 3ª Turma, julgado em 15/05/2014, DJe 22/05/2014.

63 "Vê-se no acórdão recorrido que houve o reconhecimento espontâneo da maternidade, cuja anulação do assento de nascimento da criança somente poderia ocorrer com a presença de prova robusta de que a mãe teria sido induzida a erro, no sentido de desconhecer a origem genética da criança, ou, então, valendo-se de conduta reprovável e mediante má-fé, declarar como verdadeiro vínculo familiar inexistente. Inexiste meio de desfazer um ato levado a efeito com perfeita demonstração da vontade daquela que um dia declarou perante a sociedade, em ato solene e de reconhecimento público, ser mãe da criança, valendo-se, para tanto, da verdade socialmente construída com base no afeto, demonstrando, dessa forma, a efetiva existência de vínculo familiar. O descompasso do registro de nascimento com a realidade biológica, em razão de conduta que desconsidera o aspecto genético, somente pode ser vindicado por aquele que teve sua filiação falsamente atribuída e os efeitos daí decorrentes apenas podem se operar contra aquele que realizou o ato de reconhecimento familiar, sondando-se, sobretudo, em sua plenitude, a manifestação volitiva, a fim de aferir a existência de vínculo socioafetivo de filiação. Nessa hipótese, descabe imposição de sanção estatal, em consideração ao princípio do maior interesse da criança, sobre quem jamais poderá recair prejuízo derivado de ato praticado por pessoa que lhe ofereceu a segurança de ser identificada como filha. Some-se a esse raciocínio que, no processo julgado, a peculiaridade do fato jurídico morte impede, de qualquer forma, a sanção do Estado sobre a mãe que reconheceu a filha em razão de vínculo que não nasceu do sangue, mas do afeto. Nesse contexto, a filiação socioafetiva, que encontra alicerce no art. 227, § 6º, da CF/88, envolve não apenas a adoção, como também 'parentescos de outra origem', conforme introduzido pelo art. 1.593 do CC/02, além daqueles decorrentes da consanguinidade oriunda da ordem natural, de modo a contemplar a socioafetividade surgida como elemento de ordem cultural. Assim, ainda que despida de ascendência genética, a filiação socioafetiva constitui uma relação de fato que deve ser reconhecida e amparada juridicamente. Isso porque a maternidade que nasce de uma decisão espontânea deve ter guarida no Direito de Família, assim como os demais vínculos advindos da filiação. Como fundamento maior a

Conquanto a socioafetividade seja vinculante para o declarante da falsa paternidade e para seus parentes, deve-se perguntar se essa solução deve prevalecer quando, de modo contrário, é o filho que vem a juízo para desconstituí-la. Em tais casos, vê-se, em regra, a pretensão de invalidação trazida pelas mãos de uma pessoa que, durante boa parte da vida, acreditou ser filho daquele cujo nome se vê em seus registros, e por quem foi criado. Pode se imaginar que, na ampla gama de relações humanas, se esteja perante filhos verdadeiramente amados ou diante de filhos meramente tolerados por motivos diversos. Contudo, como se disse, o que está em jogo aqui não é o sentimento, mas a posse no estado de filiação, pois, na ampla maioria desses casos, o filho é tratado e visto como vinculado a seu pai.

Diante desse segundo quadro, como em diversos outros, a socioafetividade deixa de ser critério decisório relevante. Dizem esses precedentes:

> a tese segundo a qual a paternidade socioafetiva sempre prevalece sobre a biológica deve ser analisada com bastante ponderação, e depende sempre do exame do caso concreto. É que, em diversos precedentes desta Corte, a prevalência da paternidade socioafetiva sobre a biológica foi proclamada em um contexto de ação negatória de paternidade ajuizada pelo pai registral (ou por terceiros), situação bem diversa da que ocorre quando o filho registral é quem busca sua paternidade biológica, sobretudo no cenário da chamada 'adoção à brasileira[64].

consolidar a acolhida da filiação socioafetiva no sistema jurídico vigente, erige-se a cláusula geral de tutela da personalidade humana, que salvaguarda a filiação como elemento fundamental na formação da identidade do ser humano. (...)" (REsp 1000356/SP, Rel. Min. Nancy Andrighi, 3ª Turma, julgado em 25/05/2010, DJe 07/06/2010). No mesmo sentido, vide : REsp 1259460/SP, Rel. Ministra Nancy Andrighi, 3ª Turma, julgado em 19/06/2012, DJe 29/06/2012).

[64] REsp 1167993/RS, Rel. Min. Luis Felipe Salomão, 4ª Turma, julgado em 18/12/2012, DJe 15/03/2013. No mesmo sentido, "A prevalência da paternidade/maternidade socioafetiva frente à biológica tem como principal fundamento o interesse do próprio menor, ou seja, visa garantir direitos aos filhos face às pretensões negatórias de paternidade, quando é inequívoco (i) o conhecimento da verdade biológica pelos pais que assim o declararam no registro de nascimento e (ii) a existência de uma relação de afeto, cuidado, assistência moral, patrimonial e respeito, construída ao longo dos anos. Se é o próprio filho quem busca o reconhecimento do vínculo biológico com outrem, porque durante toda a sua vida foi induzido a acreditar em uma verdade que lhe foi imposta por aqueles que o registraram, não é razoável que se lhe imponha a prevalência da paternidade socioafetiva, a fim de impedir sua pretensão. O reconhecimento do estado de filiação constitui direito personalíssimo, indisponível e imprescritível, que pode ser exercitado, portanto, sem qualquer restrição, em face dos pais ou seus herdeiros. Ainda

Prevalece, nessa seara, a idéia de que a paternidade não pode ser imposta ao filho e que, além disso, ele detém direito personalíssimo ao conhecimento de suas origens genéticas. A solução é particularmente acertada naqueles casos em que o filho foi levado e mantido em erro durante anos de sua vida sobre sua genealogia[65]. Ainda se afirma que "é sempre possível o desfazimento da adoção à brasileira mesmo nos casos de vínculo socioafetivo, se assim decidir o menor por ocasião da maioridade"[66].

Esse conjunto de decisões, apesar do reiterado destaque ao tema da socioafetividade, deixa transparecer que, sem consenso, o afeto ou a posse no estado da filiação não se pode impor.

Essa constatação também é verdadeira quanto ao genitor, que pode desfazer a filiação quando comprova o erro. Todavia, esse vício de con-

que haja a consequência patrimonial advinda do reconhecimento do vínculo jurídico de parentesco, ela não pode ser invocada como argumento para negar o direito do recorrido à sua ancestralidade. Afinal, todo o embasamento relativo à possibilidade de investigação da paternidade, na hipótese, está no valor supremo da dignidade da pessoa humana e no direito do recorrido à sua identidade genética" (REsp 1.401.719/MG, Rel. Min. Nancy Andrighi, 3ª Turma, julgado em 08/10/2013, DJe 15/10/2013).

65 "Se é o próprio filho quem busca o reconhecimento do vínculo biológico com outrem, porque durante toda a sua vida foi induzido a acreditar em uma verdade que lhe foi imposta por aqueles que o registraram, não é razoável que se lhe imponha a prevalência da paternidade socioafetiva, a fim de impedir sua pretensão. O reconhecimento do estado de filiação constitui direito personalíssimo, indisponível e imprescritível, que pode ser exercitado, portanto, sem qualquer restrição, em face dos pais ou seus herdeiros" (REsp 1.274.240/SC, Rel. Min. Nancy Andrighi, 3ª Turma, julgado em 08/10/2013, DJe 15/10/2013).
"A investigante não pode ser penalizada pela conduta irrefletida dos pais biológicos, tampouco pela omissão dos pais registrais, apenas sanada, na hipótese, quando aquela já contava com 50 anos de idade. Não se pode, portanto, corroborar a ilicitude perpetrada, tanto pelos pais que registraram a investigante, como pelos pais que a conceberam e não quiseram ou não puderam dar-lhe o alento e o amparo decorrentes dos laços de sangue conjugados aos de afeto. Dessa forma, conquanto tenha a investigante sido acolhida em lar "adotivo" e usufruído de uma relação sócio-afetiva, nada lhe retira o direito, em havendo sua insurgência ao tomar conhecimento de sua real história, de ter acesso à sua verdade biológica que lhe foi usurpada, desde o nascimento até a idade madura. Presente o dissenso, portanto, prevalecerá o direito ao reconhecimento do vínculo biológico. Nas questões em que presente a dissociação entre os vínculos familiares biológico e sócio-afetivo, nas quais seja o Poder Judiciário chamado a se posicionar, deve o julgador, ao decidir, atentar de forma acurada para as peculiaridades do processo, cujos desdobramentos devem pautar as decisões" (REsp 833.712/RS, Rel. Min. Nancy Andrighi, 3ª Turma, julgado em 17/05/2007, DJ 04/06/2007, p. 347).

66 STJ, REsp 1.352.529/SP, Rel. Min. Luis Felipe Salomão, 4ª Turma, julgado em 24/02/2015, DJe 13/04/2015.

sentimento é interpretado de forma restritiva pelo Superior Tribunal de Justiça. Não é tratado como errôneo o reconhecimento voluntário de paternidade feito na presença de dúvidas sobre a existência de vínculo genético ou traição[67]. Confira-se:

> (...) O estabelecimento da filiação socioafetiva perpassa, necessariamente, pela vontade e, mesmo, pela voluntariedade do apontado pai, ao despender afeto, de ser reconhecido como tal. É dizer: as manifestações de afeto e carinho por parte de pessoa próxima à criança somente terão o condão de convolarem-se numa relação de filiação, se, além da caracterização do estado de posse de filho, houver, por parte daquele que despende o afeto, a clara e inequívoca intenção de ser concebido juridicamente como pai ou mãe daquela criança. Portanto, a higidez da vontade e da voluntariedade de ser reconhecido juridicamente como pai, daquele que despende afeto e carinho a outrem, consubstancia pressuposto à configuração de toda e qualquer filiação socioafetiva. Não se concebe, pois, a conformação desta espécie de filiação, quando o apontado pai incorre em qualquer dos vícios de consentimento (...) Sem proceder a qualquer consideração de ordem moral, não se pode obrigar o pai registral, induzido a erro substancial, a manter uma relação de afeto, igualmente calcada no vício de consentimento originário, impondo-lhe os deveres daí advindos, sem que, voluntária e conscientemente, o queira. Como assinalado, a filiação sociafetiva pressupõe a vontade e a voluntariedade do apontado pai de ser assim reconhecido juridicamente, circunstância, inequivocamente, ausente na hipótese dos autos. Registre-se, porque relevante: Encontrar-se-ia, inegavelmente, consolidada a filiação socioafetiva, se o demandante, mesmo após ter obtido ciência da verdade dos fatos, ou seja, de que não é pai biológico do requerido, mantivesse com este, voluntariamente, o vínculo de afetividade, sem o vício que o inquinava. Cabe ao marido (ou ao companheiro), e somente a ele, fundado em erro, contestar a paternidade de criança supostamente oriunda da relação estabelecida com a genitora desta, de modo a romper a relação paterno-filial então conformada, deixando-se assente, contudo, a possibilidade de o vínculo de afetividade vir a se sobrepor ao vício, caso, após o pleno conhecimento da verdade dos fatos, seja esta a vontade do consorte/companheiro (hipótese, é certo, que não comportaria posterior altera-

[67] Conf. STJ, AgRg no REsp 1562946/MG, Rel. Min. Raul Araújo, 4ª Turma, julgado em 03/05/2016, DJe 13/05/2016).

ção) (REsp 1330404/RS, Rel. Min. Marco Aurélio Bellize, 3ª Turma, julgado em 05/02/2015, DJe 19/02/2015)[68].

No confronto desses julgados, percebe-se que a socioafetividade diz respeito a um estado de coisas que, ou decorre do livre consentimento das partes, ou não é válido. Assim, o caráter vinculante da sociofetividade decorre da autonomia privada, como corolário da dignidade humana. Não há socioafetividade imposta contra vontade[69]. Vê-se que o recurso à idéia de afeto, num sentido objetivo ou subjetivo, tem mero caráter argumentativo, pois não explica, por si só, a realidade jurídica das relações familiares.

Isso é o que se vê, aliás, nas outras situações em que a discussão sobre o afeto surge. Não é necessário o recurso à esfera dos sentimentos para explicar por quais motivos passou-se a admitir a união estável e o casamento entre pessoas do mesmo sexo. Certamente isso não se dá em atenção aos sentimentos que possam existir em tais situações, mas apenas e tão somente por força da ideia de autodeterminação e de abstenção de interferência estatal na esfera exclusivamente privada. De igual modo, namorados ou noivos não se vinculam em termos de direito de família para além

[68] No mesmo sentido, vide: "RECONHECIMENTO DE FILIAÇÃO. AÇÃO DECLARATÓRIA DE NULIDADE. INEXISTÊNCIA DE RELAÇÃO SANGÜÍNEA ENTRE AS PARTES. IRRELEVÂNCIA DIANTE DO VÍNCULO SÓCIO-AFETIVO. (...) – O reconhecimento de paternidade é válido se reflete a existência duradoura do vínculo sócio-afetivo entre pais e filhos. A ausência de vínculo biológico é fato que por si só não revela a falsidade da declaração de vontade consubstanciada no ato do reconhecimento. A relação sócio-afetiva é fato que não pode ser, e não é, desconhecido pelo Direito. Inexistência de nulidade do assento lançado em registro civil. – O STJ vem dando prioridade ao critério biológico para o reconhecimento da filiação naquelas circunstâncias em que há dissenso familiar, onde a relação sócio-afetiva desapareceu ou nunca existiu. Não se pode impor os deveres de cuidado, de carinho e de sustento a alguém que, não sendo o pai biológico, também não deseja ser pai sócio-afetivo. A contrario sensu, se o afeto persiste de forma que pais e filhos constroem uma relação de mútuo auxílio, respeito e amparo, é acertado desconsiderar o vínculo meramente sanguíneo, para reconhecer a existência de filiação jurídica. Recurso conhecido e provido" (REsp 878.941/DF, Rel. Min. Nancy Andrighi, 3ª Turma, julgado em 21/08/2007, DJ 17/09/2007, p. 267).

[69] No mesmo sentido, vide CASTRO VIEIRA, Danilo Porfírio de. Definição e Natureza Jurídica do Princípio da Afetividade. *Revista Crítica do Direito.* N. 4, vol. 64. Disponível em https://sites.google.com/a/criticadodireito.com.br/revista-critica-do-direito/todas-as-edicoes/numero-4-volume-63/danilo, acesso em 15.9.2015. Para nós, portanto, a vontade que impulsiona a geração de uma vida é o substrato do ato jurídico da paternidade; de modo análogo, a vontade de acolher uma criança, como se filho fosse, é também substrato do ato jurídico da paternidade. Em ambos os casos, há ato jurídico em sentido estrito.

daquilo que efetivamente desejam. Os casados adquirem e perdem esse *status* familiar por manifestação de vontade, independentemente da existência e veracidade do afeto que possam nutrir um pelo outro[70].

É verdade que essa visão, que busca recolocar a ideia de declaração de vontade no centro do direito de família, não se mostra unânime. Em artigo sobre o tema[71], José Fernando Simão analisou diversos precedentes do Superior Tribunal de Justiça. O autor pode concluir que o afeto é um valor jurídico com prestígio no fundamento das decisões. Viu com perplexidade, contudo, as decisões que negam relevância à socioafetividade quando o filho decide investigar sua identidade biológica. Para ele, não se deve desfazer a paternidade socioafetiva nessas situações, pois "permitir que o filho opte em buscar a verdade biológica após ter tido um pai socioafetivo é colocar completamente o afeto em xeque negando-lhe os efeitos"[72].

A solução preconizada não é justa. Não é correto que o filho, enganado por anos, seja obrigado a suportar em seus registros o nome daquele que lhe cerceou a verdade por longo período. Se a doutrina pretende efetivamente prestigiar o afeto nas relações de direito de família, deve deixar que as partes falem por si, sem interferências heterônimas. Quando necessário, é relevante investigar o comportamento das partes, para não permitir retratações unilaterais. Entretanto, se o filho, que talvez nunca tenha vivenciado um gesto de carinho paterno, deseja ver excluído de seus registros o nome daquele que até então conhecia como pai, para incluir o nome de seu genitor biológico, não pode o julgador negar-lhe esse pedido. Não

70 Para uma crítica à afetividade, vide o parecer do Deputado Diego Garcia ao Projeto de Lei n. 6.583/2013 (Estatuto da Família).

71 http://www.conjur.com.br/2015-abr-12/processo-familiar-superior-tribunal-justica-afeto-valor-juridico2, acesso em 11.9.2015.

72 E continua: "A questão que se colocará é: mas se o filho foi enganado como se pode retirar seu direito a buscar a paternidade biológica? A resposta é não se pode. Então como resolver a situação? Se por sua exclusiva vontade, quiser o filho também a verdade biológica em sua certidão de nascimento, que não se desfaça a socioafetiva. Sim, aqui, admito eu a multiparentalidade exclusivamente por vontade e interesse do filho. Concluo as presentes linhas afirmando que essa ação só poderá ser movida pelo filho se relativamente capaz, jamais representado por sua mãe, e não desfará os vínculos jurídicos decorrentes da afetividade. Se assim não for, mantidas as decisões do STJ pela qual o pai enganado pode negar a paternidade de seu filho e o filho pode, conforme sua vontade, buscar a verdade biológica destruindo a afetiva, o afeto estará mais que em cheque e sim totalmente renegado" (idem).

pode o julgador dizer que aquilo que o filho recebeu de seu suposto pai era afeto para fins do direito.

2.5. Filhos de criação e afilhados. Pluriparentalidade ou multiparentalidade

No Brasil, sobretudo no passado recente, foi comum a figura dos filhos de criação. De maneira informal e normalmente com intuito benemérito, famílias acolhiam em seu lar crianças de origem humilde, contribuindo com sua criação e sustento. Muitas vezes esses menores recebiam o mesmo tratamento dado aos filhos, inclusive no aspecto afetivo, pois eram cuidados em igualdade de condições. Em comunidades carentes, ainda hoje, há arranjos sociais com núcleos familiares convivendo tão proximamente a ponto de confundirem-se os papéis tradicionais de pais, padrinhos, tios e avós.

Por outro lado, tornou-se comum a formação de famílias recompostas, ou seja, constituídas por pai e mãe anteriormente divorciados e filhos desses relacionamentos já findos. Nessa seara, é possível que aos filhos do cônjuge (enteados) seja dado o mesmíssimo tratamento, material e afetivo, dos filhos biológicos.

Formam-se nesses contextos situações claras de "posse no estado de filiação" cujos efeitos jurídicos, notadamente após a morte do genitor, passam a ser objeto de disputas judiciais.

Apesar de não ser possível igualar a figura da mãe (ou do pai) à madrasta (ou ao padastro), não se pode olvidar que a madrasta e o padrasto estão em situação que de fato é próxima da situação jurídica da maternidade e da paternidade. Isto se houver espaço para tal reconhecimento.[73]

Se já existe paternidade ou maternidade constituída, só se pode falar em convolação do padrasto/madrasta em pai/mãe caso se recorra à destituição do Poder Familiar, conforme prescreve o art. 155 do Estatuto da Criança e do Adolescente; também existindo posicionamento favorável ao reconhecimento da multiparentalidade. Neste caso, o padrasto e a madrasta detém legitimidade para a propositura da ação que visa tal destituição do Poder Familiar. Todavia, a cautela exige que se leve em consideração o caráter excepcional de tais medidas:

[73] Cfr. LEAL, Adisson. Reflexões sobre a posição sucessória de padrastos e enteados. *Revista de Direito Privado*. Ano 17. vol 71. novembro/2016. São Paulo: Revista dos Tribunais, 2016.

É preciso reiterar o caráter excepcionalíssimo de tais casos, que merecem cuidados redobrados por parte da comunidade jurídica. A título ilustrativo, a questão da paternidade única é tratada com tamanha importância pela ordem jurídica alemã, que esta questão vigora com *status* de princípio jurídico, o *Ein-Vater-Prinzip*, segundo o qual a paternidade só pode ser atribuída a uma pessoa, independentemente de haver ou não coincidência com o vínculo biológico. Também o Brasil deve seguir este norte, pois o reconhecimento de mais de um pai pode, em vez de fortalecer, banalizar a paternidade.[74]

Para bem solucionar esses litígios, muitos autores[75] e alguns precedentes[76] apontam para a necessidade de reconhecimento de paternidade ou

[74] LEAL, Adisson. Reflexões sobre a posição sucessória de padrastos e enteados. *Revista de Direito Privado*, v. 71 (nov. /2016). São Paulo: RT, p. 321-335.

[75] Vide uma compilação das opiniões favoráveis à multiparentalidade em FARIAS, Cristiano Chaves; e ROSENVALD, Nelson. *Curso de Direito Civil:* Famílias. 7ª Ed. São Paulo: Atlas, 2015, p. 597. Em amplo estudo sobre a família recomposta ou mosaica, Renata Malta Vilas-Boas trata de diversas unidades de convivência, dentre as quais a "comunidade afetiva formada com 'filhos de criação', segundo generosa e solidária tradição brasileira, sem laços de filiação natural ou adotiva regular, incluindo, nas famílias recompostas, as relações constituídas entre padrastos e madrastas e respectivos enteados, quando se realizem os requisitos da posse de estado de filiação". A autora defende que os padrastos ou madrastas possam ter poderes e deveres sobre seus enteados. Ela afirma que os parentes por afinidade não tem a finalidade única de criar impedimentos, sendo esta "posição doutrinária (...) já (...) alterada por jurisprudência dos nossos tribunais quando se reconhece a obrigação alimentar entre padrasto e enteada em decorrência da existência, além do vínculo de afinidade, a filiação socioafetiva, conforme recente decisão de Santa Catarina, ou mesmo, quando em decorrência acidente, verifica-se o falecimento, ou do padrasto ou do enteado, gerando danos morais. Assim, aos poucos a jurisprudência vem reconhecendo que essa relação entre padrasto/madrasta e enteado(a) não é somente excludente de direitos; ao contrário, vê m, também a conferir direitos" (VILAS-BOAS, Renata Malta. A inconstitucionalidade da parte final do artigo 1.636 do Código Civil: a autoridade parental nas famílias mosaicas. *Revista Síntese*: direito de família, São Paulo, v. 15, n. 79, p. 94-114, ago.set. 2013).

[76] "APELAÇÃO CÍVEL. AÇÃO DE ADOÇÃO. PADRASTO E ENTEADA. PEDIDO DE RECONHECIMENTO DA ADOÇÃO COM A MANUTENÇÃO DO PAI BIOLÓGICO. MULTIPARENTALIDADE. Observada a hipótese da existência de dois vínculos paternos, caracterizada está a possibilidade de reconhecimento da multiparentalidade. DERAM PROVIMENTO AO APELO. (Apelação Cível Nº 70064909864/RS, Relator Alzir Felippe Schmitz, 8ª Câmara Cível, julgado em 16/07/2015, DJ 22.07.2015)

"A ausência de lei para regência de novos – e cada vez mais ocorrentes – fatos sociais decorrentes das instituições familiares, não é indicador necessário de impossibilidade jurídica do pedido. É que 'quando a lei for omissa, o juiz decidirá o caso de acordo com a analogia, os costumes e os

maternidade múltipla, com registros de nascimento nos quais constem o nome de dois pais (o biológico e o socioafetivo) ou duas mães (a biológica e a socioafetiva).

Para além do caráter inusitado da pretensão, o que não é de se espantar em tempos de modernidade líquida, sobretudo porque o maior ou menor número de genitores nada nos diferencia em termos de dignidade[77], deve-se reconhecer que a aceitação dessas peculiares situações familiares não pode se dar contrariamente à vontade das partes envolvidas. Mais que isso, se houver algo a ensejar o reconhecimento jurídico de vínculos com múltiplos genitores, certamente estar-se-á no campo da autonomia privada,

princípios gerais de direito (artigo 4º da Lei de Introdução ao Código Civil). Caso em que se desconstitui a sentença que indeferiu a petição inicial por impossibilidade jurídica do pedido e desde logo se enfrenta o mérito, fulcro no artigo 515, § 3º do CPC. Dito isso, a aplicação dos princípios da 'legalidade', 'tipicidade' e 'especialidade', que norteiam os 'Registros Públicos', com legislação originária pré-constitucional, deve ser relativizada, naquilo que não se compatibiliza com os princípios constitucionais vigentes, notadamente a promoção do bem de todos, sem preconceitos de sexo ou qualquer outra forma de discriminação (artigo 3, IV da CF/88), bem como a proibição de designações discriminatórias relativas à filiação (artigo 227, § 6º, CF), 'objetivos e princípios fundamentais' decorrentes do princípio fundamental da dignidade da pessoa humana. Da mesma forma, há que se julgar a pretensão da parte, a partir da interpretação sistemática conjunta com demais princípios infra-constitucionais, tal como a doutrina da proteção integral o do princípio do melhor interesse do menor, informadores do Estatuto da Criança e do Adolescente (Lei 8.069/90), bem como, e especialmente, em atenção do fenômeno da afetividade, como formador de relações familiares e objeto de proteção Estatal, não sendo o caráter biológico o critério exclusivo na formação de vínculo familiar. Caso em que no plano fático, é flagrante o ânimo de paternidade e maternidade, em conjunto, entre o casal formado pelas mães e do pai, em relação à menor, sendo de rigor o reconhecimento judicial da 'multiparentalidade', com a publicidade decorrente do registro público de nascimento". (Apelação Cível Nº 70062692876/RS, Relator José Pedro de Oliveira Eckert, 8ª Câmara Cível, julgado em 12/02/2015, DJ 25/02/2015).

[77] Contrariamente ao reconhecimento de filiação socioafetiva entre enteados e padrastos ou madrastas, vide a lição de Paulo Lôbo: "Os parentes afins não são iguais ou equiparados aos parentes consanguíneos; são equivalentes, mas diferentes. Assim, o enteado não é igual ao filho, jamais nascendo para o primeiro, em virtude de tal situação, direitos e deveres que são próprios do estado de filiação. O parentesco afim tem por fito muito mais o estabelecimento de uma situação jurídica de impedimentos e deveres, por razões morais. O parentesco afim é normalmente considerado, pelo legislador e pela administração da justiça, para impedir a aquisição de algum direito ou situação de vantagem, em virtude da aproximação afetiva que termina por ocorrer entre os parentes afins e suas respectivas famílias" (Paulo Lôbo. *Direito Civil*: Famílias. 5ª Ed. São Paulo: Saraiva, 2014, p. 195).

do livre exercício da autodeterminação e da privacidade, e não no campo da afetividade[78].

Nesse contexto, tem-se que a decisão proferida pelo Supremo Tribunal Federal, nos autos do Recurso Extraordinário n. 898.060/SC (Tema 622), Relator Min. Luiz Fux, j. em 21 e 22.9.2016, passou a admitir a pluriparentalidade sob o argumento de que "não cabe decidir entre a filiação afetiva e a biológica quando o melhor interesse do descendente é o reconhecimento jurídico de ambos os vínculos". Para fins de repercussão geral, fixou-se a tese de que "a paternidade socioafetiva, declarada ou não em registro público, não impede o reconhecimento do vínculo de filiação concomitante baseado na origem biológica, com os efeitos jurídicos próprios".

O Ministro Luiz Fux, relator do julgamento sob o rito da repercussão geral, partindo de um "direito geral à felicidade" fundado na "dignidade da pessoa humana", conclui pela ampla liberdade na constituição das entidades familiares e da filiação a fundamentar o reconhecimento da relevância da filiação socioafetiva. Mas, para ele, é o princípio da paternidade responsável que justificaria o reconhecimento do duplo vínculo de filiação, porquanto o exercício da paternidade socioafetiva não poderia ser invocada como hipótese de exoneração da responsabilidade dos pais biológicos.[79]

[78] (...) 1. Cinge-se a controvérsia a verificar a possibilidade de registro de dupla paternidade, requerido unicamente pelo Ministério Público estadual, na certidão de nascimento do menor para assegurar direito futuro de escolha do infante. 2. Esta Corte tem entendimento no sentido de ser possível o duplo registro na certidão de nascimento do filho nos casos de adoção por homoafetivos. Precedente. 3. Infere-se dos autos que o pai socioafetivo não tem interesse em figurar também na certidão de nascimento da criança. Ele poderá, a qualquer tempo, dispor do seu patrimônio, na forma da lei, por testamento ou doação em favor do menor. 5. Não se justifica o pedido do Parquet para registro de dupla paternidade quando não demonstrado prejuízo evidente ao interesse do menor. 6. É direito personalíssimo e indisponível do filho buscar, no futuro, o reconhecimento do vínculo socioafetivo. Precedentes. 7. Recurso especial parcialmente conhecido e, nesta parte, não provido". (REsp 1333086/RO, Rel. Ministro Ricardo Villas Bôas Cueva, 3ª Turma, julgado em 06/10/2015, DJe 15/10/2015).

[79] Cf.: LEAL, Larissa Maria de Moraes; ARAGÃO, Maria Helena L. B de; ALBUQUERQUE JR, Roberto Paulino de; COSTA FILHO, Venceslau Tavares. Confundindo lupas e o limbo: razões da inconstitucionalidade da decisão do Supremo Tribunal Federal sobre a chamada "multiparentalidade" (Tema 622) no RE 898.060. In: PEREIRA JR, Antonio Jorge; BARBOSA, Milton Gustavo Vasconcelos (orgs.). *Supremos Erros:* decisões inconstitucionais do STF. Porto Alegre: Editora Fundação Fênix, 2020, p. 127 e ss.

Ademais, o Relator também ressaltou que – se o melhor interesse da criança não for atendido pelo reconhecimento da dupla paternidade – o caso seria de determinar a perda do direito à declaração de paternidade em relação ao genitor biológico, mas com a manutenção das obrigações de sustento.

Apesar da ampla discussão do tema, o Supremo Tribunal Federal não deixou claras as premissas de sua conclusão. Ainda não é possível afirmar se, na presença do conflito entre duas modalidades de paternidade, as duas sempre deverão prevalecer ou se o filho pode, por exemplo, negar uma delas. Também não versou sobre a possibilidade de extensão da pluriparentalidade para a situação de famílias recompostas, para a situação de filhos de criação, dentre outras situações.

Conforme já assinalado anteriormente, um dos principais fundamentos da decisão sob análise é o princípio constitucional da paternidade responsável, previsto no § 7º do art. 226 da Constituição Federal brasileira de 1988. A expressão "paternidade responsável" a que se refere este dispositivo constitucional parece conduzir a uma limitação quanto ao sexo; como se fosse possível afirmar uma maternidade irresponsável.

Tendo em vista a consagração da igualdade constitucional entre homem e mulher quanto aos direitos e deveres, pode-se concluir que o Constituinte afirmou textualmente menos do que desejava, possivelmente em razão do erro na tradução do termo *parental responsibility*, que possui acepção mais ampla no direito inglês. Destarte, pode-se afirmar que a intenção do legislador foi de fazer referência a parentalidade responsável.[80]

A parentalidade responsável remete a imputação de responsabilidade pessoal e social daqueles que, no exercício de seus direitos sexuais e reprodutivos, terminam por gerar uma nova vida. Esta criança, por sua vez, deve ter seu bem-estar priorizado. Contudo, a parentalidade responsável não tem por fundamento exclusivo a vontade da pessoa em se tornar pai ou mãe, "mas também pode surgir em razão do risco do exercício da liberdade sexual – ou mesmo reprodutiva no sentido mais estrito – no campo da parentalidade".[81]

[80] GAMA, Guilherme Calmon Nogueira da. Princípio da paternidade responsável. *Revista de Direito Privado*, v. 18 (abr.-jun./2004). São Paulo: RT, p. 21-41.

[81] GAMA, Guilherme Calmon Nogueira da. Princípio da paternidade responsável. *Revista de Direito Privado*, v. 18 (abr.-jun./2004). São Paulo: RT, p. 21-41.

Entretanto, a parentalidade responsável não tem seus limites definidos apenas pela filiação biológica. Se um filho é gerado na constância do casamento, presume-se que ele é filho do cônjuge daquela que deu à luz a criança, conforme prescreve o art. 1.597 do Código Civil brasileiro. Na Alemanha, se um filho é gerado na constância do casamento, deve ser considerado filho do marido da mãe da criança (BGB, § 1.592.1).

Anatol Dutta afirma que, na contemporaneidade, há que se reconhecer uma certa fragmentação (ou divisão) na paternidade. Assim, é plenamente possível que certos direitos e deveres parentais sejam estabelecidos sem que tenham como pressuposto de fato uma conexão biológica. Por outro lado, também não se pode olvidar que as conexões biológicas podem estar presentes, mas sem gerar quaisquer direitos ou deveres parentais. Tal "fragmentação da paternidade" (*Gespaltene Elternschaft*) se constitui em um dos desafios do direito de família contemporâneo.[82]

Em uma tentativa de comparação, é interessante analisar o *Case Anayo v. Germany*, julgado pelo Tribunal Europeu de Direitos Humanos em 21.12.2010 (n. 20578/07). O caso versa sobre a situação do Sr. Anayo, de origem nigeriana, que teve um relacionamento extraconjugal com uma senhora casada. Ela engravidou, mas decidiu permanecer vivendo com o seu marido, que se tornou o pai "registral" dos filhos gêmeos. Na Alemanha, assim como em diversos sistemas jurídicos, é presumida a paternidade daquele que é casado com a mãe das crianças ao tempo do nascimento delas (BGB, § 1.592, 1).

Neste caso, a paternidade jurídica (ou presumida) não é necessariamente um vínculo genético ou biológico. O casal resolveu impedir que as crianças tivessem qualquer tipo de contato com o Sr. Anayo. Os tribunais alemães consideraram que a decisão do casal estava conforme o direito interno. O Sr. Anayo então apresentou recurso perante o Tribunal Europeu de Direitos Humanos, alegando que as decisões do poder judiciário alemão violavam o art. 8º da Convenção Europeia de Direitos Humanos.[83]

[82] DUTTA, Anatol. Bunte neue Welt: Gespaltene Elternschaft als Herausforderung für das Kindschaftsrecht des 21. Jahrhunderts. *JuristenZeitung*, a. 71, v. 17 (september/2016). Tübingen: Mohr Siebeck, p. 845-855.

[83] ARTIGO 8º Direito ao respeito pela vida privada e familiar.

1. Qualquer pessoa tem direito ao respeito da sua vida privada e familiar, do seu domicílio e da sua correspondência.

O Tribunal Europeu de Direitos Humanos considerou que a decisão dos Tribunais alemães, no sentido de considerar legal a recusa de qualquer contato entre o sr. Anayo e as crianças, bem como no sentido de denegar informações quanto ao desenvolvimento delas, não considerou suficientemente se, diante das circunstâncias do caso, o contato entre as crianças e o requerente realiza o princípio do melhor interesse da criança. O Tribunal Europeu de Direitos Humanos manifestou-se de forma similar também no julgamento do *Case Schneider v. Alemanha* (n. 17080/07), julgado em 15.09.2011. Contudo, em tais casos o Tribunal Europeu de Direitos Humanos não considerou ser necessário converter o genitor (ou "pai" biológico) em pai registral ou socioafetivo.

Em tais casos, na hipótese do genitor falecer sem deixar testamento, os filhos gerados por ele não terão direito de herdar o patrimônio deixado pelo falecido, conforme a decisão do Tribunal Europeu de Direitos Humanos. Ou seja, as responsabilidades inerentes a condição jurídica paterna, como a de providenciar o sustento dos filhos, permanecem com os pais registrais no direito europeu.[84]

Aparentemente, o Tribunal Europeu de Direitos Humanos tem apoiado a rejeição dos Tribunais alemães às pretensões daqueles que pretendem contestar a paternidade já estabelecida. Contudo, após a edição na Alemanha da "Lei de garantia de direitos do 'pai' biológico não-jurídico" (*Gesetz zur Stärkung der Rechte des leiblichen, nicht rechtilichen Vaters)* em 04 de julho de 2013[85], o genitor (ou 'pai' biológico) que demonstra um consistente interesse em seus filhos biológicos passou a ter direito de acesso e informações, nos termos do § 1.686a do BGB.

Chama-nos atenção o fato de que a iniciativa nestes casos foi tomada pelos genitores, e não pelas crianças ou seus representantes legais; o que

2. Não pode haver ingerência da autoridade pública no exercício deste direito senão quando esta ingerência estiver prevista na lei e constituir uma providência que, numa sociedade democrática, seja necessária para a segurança nacional, para a segurança pública, para o bem – estar económico do país, a defesa da ordem e a prevenção das infracções penais, a protecção da saúde ou da moral, ou a protecção dos direitos e das liberdades de terceiros". Disponível em: https://www.echr.coe.int/Documents/Convention_POR.pdf Acesso em: 10 de setembro de 2020.

[84] SANDERS, Anne. Multiple Parenthood: Towards a New Concept of Parenthood in German Family Law. In: WILLEKENS, Harry; SCHEIWE, Kirsten; RICHARZ, Theresa; SCHUMANN, Eva (eds). **Motherhood and the Law.** Göttingen: Universitätsverlag Göttingen, 2019, p. 122.

[85] Cf.: Bundesgesetzblatt Teil I, 2013-07-12, vol. 36, p. 2176-2177.

é mais comum no Brasil. O novo § 1.686a do BGB permite ao genitor, que comprovou ter real interesse pela criança, o direito de acesso a ela, desde que este contato atenda ao melhor interesse da criança; e também garante ao genitor o direito de ter informações sobre como a criança vem sendo tratada, desde que sua pretensão seja razoável e não viole o interesse superior da criança. Tais direitos e garantias devem levar em consideração o fato de que o genitor, ainda que excluído da paternidade jurídica, pode ainda querer ter contato com seu filho biológico e desejar obter informações sobre como vem sendo cuidado.[86]

Sabe-se que, em muitos sistemas jurídicos, a regra jurídica do parentesco é como uma bicicleta *tandem*, na qual apenas duas pessoas (pai e mãe) podem pedalar. Contudo,tendo em vista o fato de mais de duas pessoas poderem estabelecer conexões parentais com uma criança, parece abrir-se a possibilidade de mais de um pai e mais de uma mãe com direitos e deveres em relação aos filhos. Assim, levando-se em consideração a realidade da reprodução humana assistida, uma criança poderia vir a ter três "mães": 1) a doadora do óvulo; 2) a que cede o útero temporariamente na gestação de substituição; e 2) a mãe sócio-afetiva ou registral. Tais técnicas também poderiam permitir que uma criança tenha dois "pais": 1) o doador do esperma; e 2) o pai registral ou sócio-afetivo. Vejam que, neste exemplo, a criança teria cinco pais e mães conduzindo o "micro-ônibus".

Nesta toada, em vez da bicicleta *tandem*, a parentalidade contemporânea (maternidade e paternidade) pareceria mais com um micro-ônibus no qual podem viajar uma quantidade maior de pessoas que se caracterizam como pais ou mães de certa pessoa.[87]

Ora, conferir um direito irrestrito ao representante legal de um menor de idade de questionar uma paternidade já estabelecida juridicamente, com efetiva convivência social e familiar, pode colocar em dúvida o status jurídico da criança, e vulnerar a vida familiar já estabelecida. Ademais, a dinâmica cotidiana da família exige dos pais a tomada de uma série de

[86] MARTINY, Dieter. The changing concept of 'family' and challenges for family law in Germany. In: SCHERPE, Jens M. (ed.). **European Family Law – Volume II**: The changing concept of 'Family' and challenges for domestic family law. Cheltenham: Edward Elgar Publishing, 2016, p. 75-76.

[87] SANDERS, Anne. Multiple Parenthood: Towards a New Concept of Parenthood in German Family Law. In: WILLEKENS, Harry; SCHEIWE, Kirsten; RICHARZ, Theresa; SCHUMANN, Eva (eds). Motherhood and the Law. Göttingen: Universitätsverlag Göttingen, 2019, p. 119-120.

decisões nas quais eles nem sempre concordam. A ideia de que um grupo com cinco pessoas ou mais (o "micro-ônibus") precise decidir conjuntamente sobre o tratamento de saúde de uma criança ou sobre sua educação parece terrivelmente complexa. O aumento na quantidade de pessoas envolvidas em tais decisões está diretamente relacionada ao incremento nos conflitos. Este foi justamente o argumento utilizado em uma decisão do Tribunal Constitucional Federal alemão para limitar a responsabilidade parental a apenas duas pessoas, o que foi mantido em um projeto de lei sobre o tema apresentado pelo Ministério da Justiça e da Proteção do Consumidor da Alemanha em 2019.[88]

O aumento no número de pessoas igualmente "responsáveis" pela tomada de decisões sobre a vida de crianças e adolescentes parece vulnerar o preceito constitucional da parentalidade responsável, portanto. A Corte Constitucional brasileira também não parece ter medido as consequências de uma decisão como esta na vida cotidiana. Havendo, por exemplo, dois pais e três mães com iguais direitos e deveres parentais em relação a determinado filho, qual deve ser o critério para a tomada de decisões: deve ser por maioria ou unanimidade?

É inegável que, ao longo do caminho, diversas pessoas que têm vínculos afetivos, biológicos ou jurídicos com determinadas crianças serão afetadas por elas, e também as afetarão.

O Estatuto da Criança e do Adolescente, por exemplo, prevê o instituto do apadrinhamento, nos termos do art. 19-B. Conforme prescreve o § 1º do art. 19-B: "O apadrinhamento consiste em estabelecer e proporcionar à criança e ao adolescente vínculos externos à instituição para fins de convivência familiar e comunitária e colaboração com o seu desenvolvimento nos aspectos social, moral, físico, cognitivo, educacional e financeiro".

A adoção, por sua vez, "atribui a condição de filho ao adotado, com os mesmos direitos e deveres, inclusive sucessórios, desligando-o de qualquer vínculo com pais e parentes, salvo os impedimentos matrimoniais" (Lei n. 8.069/1990,art. 41); garantindo-se ao adotado o conhecimento quanto a sua origem biológica, nos termos do art. 48 da mesma lei.

Mas, isto não significa que todas estas pessoas devam ter direitos e deveres parentais em relação à criança. Neste sentido, a experiência jurí-

[88] Sanders, Anne. Multiple Parenthood: Towards a New Concept of Parenthood in German Family Law. In: Willekens, Harry; Scheiwe, Kirsten; Richarz, Theresa; Schumann, Eva (eds). **Motherhood and the Law.** Göttingen: Universitätsverlag Göttingen, 2019, p. 142.

dica alemã e a jurisprudência do Tribunal Europeu de Direitos Humanos indicam um caminho interessante, no sentido de não ignorar tais vínculos, mas também de não convertê-los em vínculos de paternidade e maternidade com todos os direitos e deveres inerentes a tal *status* jurídico.

Mantém-se, portanto, a premissa: ou há declaração expressa de todos os envolvidos, ou o reconhecimento da paternidade socioafetiva dependerá da investigação judicial percuciente (sobretudo nos casos de reconhecimento de paternidade ou maternidade *post mortem*), para que não se tome afeto por vontade.

Nosso posicionamento converge com o do Ministro Edson Fachin, vencido no julgamento do Tema 622 no STF. Para o jurista paranaense, o caso levado a julgamento não era de multiparentalidade, pois para tal se faz necessário o preenchimento dos seguintes pressupostos: a) desejo do pai biológico em exercer a paternidade, o que não parecia ser o caso; b) a vontade do pai socioafetivo em não querer deixar de ostentar o status de pai, o que não parecia estar claro no caso; c) a realização do melhor interesse da criança. Para Fachin, o direito de ser filho não significa necessariamente o de sê-lo sob diversos títulos; especialmente diante da necessidade de diferenciar (i) a constituição de uma filiação biológica e socioafetiva em relação ao (ii) direito de simplesmente ter conhecimento da própria origem; de modo que o caso, para ele, enquadrava-se no segundo tipo.

Ao se tomar sinais de afeto como manifestação de vontade para fins de formação de vínculo familiar, corre-se o risco de que situações absolutamente espontâneas percam essa característica. O efeito prático do prestígio jurídico do afeto é deletério. Quem quer que queira dar afeto, sem possíveis ônus, deverá tomar medidas de precaução inauditas, com a generalização de contratos de não-filiação socioafetiva e testamentos excludentes de filiação socioafetiva. Isso demonstra, com efeito, que ao tomar sinais externos de afeto como fatos geradores de obrigação, a doutrina e a jurisprudência amesquinham aquilo que, em princípio, todos deveriam dar e receber desinteressadamente[89].

[89] É comum a distinção do amor, segundo as expressões gregas diversas que o designavam, em *Eros, Philos e Agape*. *Eros* refere-se ao amor sexual entre esposos; *philos*, àquele existente entre amigos e pessoas próximas; *agape* remete-nos ao cuidado desinteressado e altruísta do outro e pelo outro, que prestigia o bem do amado, que está calcado na renúncia e no sacrifício. Assim, vê-se que os efeitos jurídicos da afetividade desprestigiam a existência de *agape* no seio familiar. Sobre o tema, vide, ainda, o seguinte precedente: A relação socioafetiva serve

2.6. Principiologia

Não poderíamos deixar de jogar luzes sobre aquilo que parece ser decisivo para que se veja, na doutrina e na jurisprudência, a proliferação de referências à afetividade no campo do direito de família. A questão está, sem dúvida, relacionada ao cenário pós-positivista e à moderna onipresença de princípios como razão de decidir[90].

Muito poderia ser dito sobre os princípios. A literatura sobre o tema é vastíssima. Parece ser essencial, no entanto, destacar que não há uma conceituação unívoca para o termo.

De uma forma mais tradicional, diz-se que princípios são normas fundamentais ou generalíssimas do sistema[91]. Celso Antônio Bandeira de Mello, em lição tradicional, afirma que princípios são "mandamentos nucleares" ou disposições fundamentais de um sistema[92]. Essa visão parte da ideia de que as diversas regras específicas que compõem um determinado sistema jurídico podem ser, num processo indutivo de raciocínio, sintetizadas em

para preservar uma filiação juridicamente já constituída, modo voluntário, pelo registro (que define, no plano jurídico, a existência do laço art. 1.603 do Código Civil), jamais sendo suficiente para constituí-la de modo forçado, à revelia da vontade do genitor. Dar tamanha extensão a parentalidade socioafetiva, resultará, por certo, não em proteção aos interesses de crianças e adolescentes, mas, ao contrário, em desserviço a eles, pois, se consolidada tal tese, ninguém mais correrá o risco de tomar uma criança em guarda, com receio de mais adiante se ver réu de uma investigatória de paternidade ou maternidade. É bom ter os olhos bem abertos, para não se deixar tomar pela bem intencionada, mas ingênua ilusão de que em tais situações se estará preservando o princípio da dignidade da pessoa humana, pois o que invariavelmente se encontra por trás de pretensões da espécie aqui deduzida nada mais é do que o reles interesse patrimonial. É de indagar se o apelado deduziria este pleito se a falecida guardiã fosse pessoa desprovida de posses! (Apelação Cível Nº 70014775159/RS, Relator Luiz Felipe Brasil Santos, 7ª Câmara Cível, julgado em 28/06/2006, DJ 12/07/2006).

90 As razões para tanto são aquelas apresentadas em Correia, Atalá. Reflexões sobre a laicidade legal no direito de família. *Revista de Direito de Família e das Sucessões.* São Paulo: Thomson Reuters/RT, Ano 1, vol. 1, jul-set/2014, p. 13-42. Acompanhamos, em síntese, às críticas apresentadas por Marmor, Andrei. *Philosophy of Law.* Princeton: Princeton University Press, 2011; e por Rodrigues Junior, Otavio Luiz. Estatuto epistemológico do Direito Civil contemporâneo na tradição de civil law em face do neoconstitucionalismo e dos princípios. *O Direito* (Lisboa), v. 143, p. 43-66, 2011. As diferenças de posicionamento não impedem de investigar se, sob a ótica do pós-positivismo, a afetividade pode ser tomada como princípio jurídico.

91 Bobbio, Norberto. *Teoria do Ordenamento Jurídico.* 4ª Ed. Brasília: EdUnB, 1994, p. 158.

92 Mello, Celso Antônio Bandeira de. *Curso de Direito Administrativo.* 24ª Ed. São Paulo: Malheiros, 2007, p. 932.

uma norma mais geral, que, então, dá ao conjunto um sentido próprio e uma certa unidade. Embora o pensamento dos diversos autores que caminham nessa linha não possam ser unificados de maneira cômoda, pode-se dizer que, em regra, essa visão sobre os princípios está associada à atribuição de um papel secundário a eles. Os princípios, para muitos autores, notadamente de cunho positivista clássico, só teriam papel importante em termos doutrinários ou seriam decisivos em casos de lacunas.

Mais modernamente, o estudo sobre os princípios procura lhes assegurar um papel muito mais central no sistema legal, quase que onipresente. Essa visão está associada àquilo que muito genericamente vem sendo chamado de pós-positivismo. O pensamento dos diversos autores dessa linha também não pode ser sintetizado, com facilidade, em proposições simples ou unívocas. São conhecidas, nesse sentido, as discussões sobre o caráter jurídico ou moral dos princípios, sobre sua diferenciação das regras, entre outros temas de relevância na filosofia do direito.

Por sua grande influência no Brasil e no exterior, deve-se ter em mente o pensamento de Ronald Dworkin. Para este autor, as regras aplicam-se segundo um critério de tudo ou nada, mas os princípios indicam razões de decidir. Os princípios têm uma dimensão de peso, ausente nas regras. Na colisão de princípios, prevalece o de maior peso, sem que o outro se torne inválido. O princípio é, assim, um padrão decisório que se impõe por critérios de justiça e moralidade[93].

[93] DWORKIN, Ronald. *Levando os Direitos a Sério*. Trad. Nelson Boeira. São Paulo: Martins Fontes, 2002. Embora seu pensamento guarde peculiaridades inconfundíveis, vale mencionar, por sua influênica no Brasil, as ideias de Robert Alexy. Este autor alemão parte das constatações de Dworkin para buscar um critério objetivo de ponderação dos princípios (sobre a influência de Dworkin sobre Alexy, vide, por exemplo, texto de Neviton Guedes, disponível em http://www.conjur.com.br/2012-nov-05/constituicao-poder-ronald-dworkin-teoria-principios, acesso em 15.10.2016). Segundo o pensamento de Alexy, os princípios são mandamentos de otimização, ou seja, exigem que algo seja cumprido na maior medida possível diante das possibilidades fáticas e jurídicas existentes. Um conflito de regras resolve-se inicialmente pelo critério de especificidade ou da validade. As regras se aplicam integralmente ou não. No entanto, quando há um conflito de princípios, ambos permanecem válidos e vigentes no ordenamento, mas por um procedimento de ponderação se verifica qual o grau de equilíbrio entre eles. Um princípio não excepciona o outro; há entre eles, relações condicionadas de precedência. Aqui, diferentemente do que ocorre na visão tradicional, as normas são caracterizadas como princípios em razão de sua estrutura, e não por terem valor fundante de um sistema (ALEXY, Robert. *Teoria Discursiva do Direito*. Trad. Alexandre Trivisonno. Rio de Janeiro: Forense Universitária, 2014; vide ainda: SILVA, Virgílio Afonso

Repisadas essas noções gerais, cabe frisar que a afetividade não pode ser tratada como princípio em qualquer desses sentidos. Isso porque a afetividade, quer no sentido de sentimento, quer no sentido de posse de estado, é um fenômeno fático, e não deôntico. Sem ignorar as diferentes visões filosóficas sobre o tema, a distinção entre o que é e aquilo que deve ser apresenta utilidade inegável[94].

A afetividade existe ou não, não havendo quem possa impô-la como norma. É bem verdade que poderia haver uma norma a indicar que os legisladores e julgadores deveriam prestigiar a afetividade na compreensão do fenômeno familiar. Talvez muitos autores queiram dizer exatamente isso quando tratam da afetividade. Entretanto, não parece que a afetividade seja uma norma fundamental do direito de família, a ponto de sintetizar e dar sentido a esse sistema. Isso porque, como se procurou ressaltar, o direito reconhece diversas situações jurídicas familiares independentemente da avaliação da afetividade, quer como sentimento, quer como posse no estado familiar.

De maneira análoga, à afetividade não pode ser atribuído um sentido principiológico similar àquele se que se vê nas obras de Dworkin. As normas do direito de família não devem prestigiar a afetividade na maior extensão fática e juridicamente possível. Uma norma que supostamente prestigie a afetividade não traz, em si, qualquer pretensão de correção aceitável. A afetividade não é um padrão que se impõe como critério de Justiça ou moralidade[95]. No máximo, pode-se constatar que, na maioria das

da. *A constitucionalização do direito*: os direitos fundamentais nas relações entre particulares. São Paulo: Malheiros, 2014, pp. 32, 36 e 121).

94 Sobre a diferença entre ser e dever ser, vide HUME, David. *Investigações Sobre o Entendimento Humano*. São Paulo: Ed. UNESP, 2004; POPPER, Karl R. *The Open Society and its Enemies*. Single Volume. Princeton: Princeton University Press, 2013; KELSEN, Hans. *Teoria Pura do Direito*. 6ª. Ed. Trad. João Baptista Machado. São Paulo: Martins Fontes, 1999, p. 12 e ss.

95 Dworkin formulou diversas críticas relevantes ao positivismo, mas, em essência, abandonou a ideia de uma regra de reconhecimento para a identificação da norma jurídica. No Brasil, isso abriu caminho para exageros no fenômeno conhecido como pan-principiologismo, o que, de fato, resulta em mais voluntarismo e discricionariedade, e não em menos. É esperável que em uma sociedade em que prevaleça o pluralismo de idéias, cada um faça o seu próprio juízo do que é bom. Se certos valores devem ser deixados de lado e cabe à razão investigar novos valores, tal como postula Nietzsche, é porque não há uma lista findável de valores. Com isso, tudo aquilo que se utiliza como razão de decidir, razoavelmente ou não, acaba sendo visto como princípio ou como valor protegido pelo ordenamento. Andrei Marmor corretamente

famílias, há afetividade entre seus membros, mas daí não se pode extrair um princípio no sentido contemporâneo. Como visto, não se pode tratar o afeto como vinculante, sobretudo quando ele não vem acompanhado da vontade ou quando a vontade contém vícios. Por outro lado, ninguém pode desvincular de uma obrigação de direito de família simplesmente sobre o fundamento de que findou o afeto para uma das partes. Se há um princípio relevante no direito de família, este é a dignidade da pessoa humana como capacidade de autodeterminação[96].

A constante menção à idéia de afetividade em decisões judiciais tampouco legitima a sua visão como princípio. É verdade que, para alguns autores[97], a jurisprudência é fonte de direito, o que significa dizer que a

critica a visão dworkiana no direito ao apontar que a decisão moralmente errônea tomada por um tribunal ou pela maioria dos tribunais não deixa de ser válida (MARMOR, Andrei. *Philosophy of Law*. Princeton: Princeton University Press, 2011, p. 90-91). Assim, no Brasil, o pós-positivismo agrava a discricionariedade que desejava combater no positivismo. Sem o recurso a critérios metafísicos e sem reduzir os princípios àqueles expressos no texto legal, não há como se advogar a existência de uma ordem objetiva de valores (no sentido da objetivação de valores pretendida Max Scheler).

[96] Lênio Streck revela-se crítico da prática de criar princípios 'ad hoc' para solucionar qualquer problema que se apresente ao julgador. Sob a ótica pan-principiologista, "os limites do sentido e o sentido dos limites do aplicador já não estão na Constituição, enquanto programa 'normativo-vinculante', mas, sim, em um conjunto de enunciados criados 'ad hoc' (e com funções ad hoc), que, travestidos de princípios constituem uma espécie de 'supraconstitucionalidade'". Assim, "percebe-se uma proliferação de princípios, circunstância que pode acarretar o enfraquecimento da autonomia do direito (e da força normativa da Constituição), na medida em que parcela considerável (desses 'princípios') é transformada em discursos com pretensões de correção e, no limite, como 'no exemplo da 'afetividade', um álibi para decisões que ultrapassam os próprios limites semânticos do texto constitucional" (STRECK, Lenio Luiz. *Verdade e Consenso*: Constituição, Hermenêutica e Teorias Discursivas. São Paulo: Saraiva, 2014, p. 599; vide ainda STRECK, Lenio Luiz. As várias faces da discricionariedade no Direito Civil Brasileiro: o 'reaparecimento' do Movimento do Direito Livre em *terrae brasilis. Revista de Direito Civil Contemporâneo*, n. 3, v. 8, p. 37-48. São Paulo: Ed. RT, jul-set, 2016.).

[97] Para Hart, a regra de reconhecimento também está relacionada a aceitação geral entre os juízes (HART, H.L.A., *The Concept of Law*. 3ª Ed. Oxford: Oxford University Press, 2012). Para esclarecer o tema, Shapiro indica que "the "real" debate between Hart and Dworkin, therefore, concerns the clash of two very different models of law. Should law be understood to consist in those standards socially designated as authoritative? Or is it constituted by those standards morally designated as authoritative? Are the ultimate determinants of law social facts alone or moral facts as well? Dworkin's challenge purports to demonstrate that we must choose the latter. As we will see, the positivist response has been to argue that Dworkin has shown no such thing" (Shapiro, Scott J., The "Hart-Dworkin" Debate: A Short Guide for the

aceitação constante de uma norma por precedentes judiciais a torna obrigatória, mas, além do caráter plurívoco da expressão, há aí cunho evidentemente retórico. A razão por trás dos diversos precedentes analisados evidencia que a autonomia privada é o verdadeiro guia decisório.

Como destaca Caio Morau:

> O ingresso da afetividade no ordenamento jurídico brasileiro com o *status* de princípio e seu destaque na fundamentação de decisões judiciais revela uma maneira bastante peculiar com que os princípios são concebidos e largamente utilizados, levando estudiosos a tratarem dessa realidade como "pan-principiologia" ou "principiolatria".[98]

Existe alguma correlação entre a ideia de afetividade e os relacionamentos humanos, os familiares aí incluídos, pois o homem possui dimensão emocional, de modo que não se pode separar o indivíduo de suas paixões. Todavia, o Direito de Família só prestigia as relações afetivas quando elas vêm acompanhadas de outros requisitos, como a manifestação de vontade ou a posse no estado familiar. Em inúmeras situações, acabado o afeto ou mesmo sem a posse no estado familiar, persistem direitos e obrigações.

Assim, em síntese, a despeito de seu caráter estético, retórico e de sua eventual relevância para outras áreas de conhecimento, como a psicologia, o argumento da afetividade não detém normatividade em termos de direito de família. O entendimento da afetividade como fenômeno fático é importante para o correto entendimento da multiplicidade de relações humanas, mas não se trata de *ratio decidendi*.

Enfim, temos que: (i) o afeto não pode ser tomado em sentido subjetivo para fins jurídicos; (ii) não há uma norma a indicar que onde há afeto ali também deve haver direitos e obrigações, pois nem todas as relações de afeto têm conformidade familiar, a exemplo do namoro; (iii) a socioafetividade está vinculada ao reconhecimento de uma situação de fato da qual se pode inferir a vontade de constituição de uma relação familiar, sendo esta a vontade, expressa ou presumida – desde que unívoca e clara –, o fator constitutivo das situações jurídicas de direito de família; (iv) não há

Perplexed (February 2, 2007). U of Michigan Public Law Working Paper No. 77. Available at SSRN: http://ssrn.com/abstract=968657 or http://dx.doi.org/10.2139/ssrn.968657).

[98] Caio Morau, *Casamento e Afetividade no Direito brasileiro*, p. 136/137.

um princípio da afetividade em qualquer acepção do termo; (v) a filiação estabelece-se ora por critérios biológicos, ora por critérios socioafetivos, mas, neste último caso, trata-se de mera constatação fática que permite presumir a vontade de formar vínculo paterno-filial.

3
AS NOVAS FAMÍLIAS

Inicialmente, é preciso destacar que por "novas famílias" compreendemos as formatações sociais que recentemente obtiveram o *status* jurídico de entidade familiar, bem como aquelas cujo reconhecimento jurídico pode-se considerar uma possibilidade ou mesmo uma tendência.

Como dissemos alhures, os novos rumos do direito de família conduziram-se no sentido da pluralidade, havendo um sem número de conformações familiares com igual *status* – o *status* jurídico de entidade familiar –, o que não se confunde com igual regramento.

Na esteira dessa pluralidade instaurada pela Constituição Federal de 1988, surgem duas novas modalidades de família: a união estável e a família monoparental, tratadas respectivamente nos §§ 3º e 4º do art. 226. Naqueles termos, reconhece-se como entidade familiar a união estável entre o homem e a mulher. Por seu turno, a família monoparental é definida como a "comunidade formada por qualquer dos pais e seus descendentes".

Assim, temos três conformações de entidades familiares com expressa previsão no texto constitucional. Entretanto, logo esse rol seria colocado em xeque: tratar-se-ia de um rol exemplificativo ou taxativo?

O debate surge com os anseios sociais de reconhecimento das uniões homossexuais como entidades familiares, algo que encontrou franca resistência no Congresso Nacional, relegando o deslinde da questão ao Judiciário.

Em maio de 2011, o plenário do Supremo Tribunal Federal julgou conjuntamente a Ação Direta de Inconstitucionalidade (ADI) 4277 e a Arguição de Descumprimento de Preceito Fundamental (ADPF) 132, intentadas respectivamente pela Procuradoria-Geral da República e pelo então governador do Rio de Janeiro, Sérgio Cabral. O alvo da discussão: a expressão "entre homem e mulher", presente tanto no referido §3º do art. 226 quanto no art. 1.723 do Código Civil restringiria o reconhecimento como entidades familiares às uniões estáveis heterossexuais?

O STF concluiu no sentido do reconhecimento das uniões homossexuais como entidades familiares, dando interpretação conforme ao art. 1.723 do Código Civil e reconhecendo o caráter exemplificativo do §3º do art. 226 da Constituição. Assim, não apenas se somou uma quarta modalidade de família ao panorama constitucional como também se abriram as portas para novos debates em torno de outras conformações sociais que passaram a pretender o reconhecimento como entidades familiares.

Neste contexto, escancaram-se as discussões em torno das chamadas famílias paralelas ou simultâneas, do poliamor e das famílias anaparentais.

As famílias simultâneas não se confundem com o chamado poliamor, é preciso destacar. Naquelas há uma pluralidade de núcleos familiares, ao passo que neste há um núcleo familiar composto por mais de duas pessoas que têm entre si uma relação familiar "horizontal", ou como prefere parte da doutrina, uma relação de conjugalidade[99]. Tanto nas famílias simultâneas ou paralelas o que está em causa não é a pluralidade de relações familiares "verticais", que a doutrina costuma chamar de relações de *parentalidade*. Assim, em que pese ser a multiplicidade de relações de conjugalidade um aspecto presente tanto nas famílias simultâneas quanto no poliamor, a diferença substancial entre tais modalidades está justamente na pluralidade de núcleos familiares simultâneos (caso das famílias simultâneas ou paralelas) e na unidade do núcleo (caso do poliamor).

Para Carlos Eduardo Pianovski, "a simultaneidade familiar diz respeito à circunstância de alguém se colocar concomitantemente como componente de duas ou mais entidades familiares diversas entre si". O autor com-

[99] Aqui fazemos o mesmo alerta de Giselda Maria Fernandes Novaes Hironaka: a noção de *conjugalidade* deve ser compreendida de forma ampla, de modo a comportar todas as relações familiares interpessoais "horizontais", sejam decorrentes do casamento, da união estável ou de qualquer outra modalidade de entidade familiar em que estas relações se façam presentes. A autora dispõe: "Entenda-se, aqui, o sentido *lato* da expressão *conjugalidade*, para que ela possa acolher, nesta sua amplitude e flexibilidade, tanto os laços derivados do matrimônio formalizado, como da conformação de situação de fato, isto é, a informal união estável. Giselda Maria Fernandes Novaes Hironaka, Famílias paralelas, In: Revista da Faculdade de Direito da Universidade de São Paulo, v. 108, jan./dez. 2013, p. 200.

plementa: "trata-se de uma pluralidade sincrônica de núcleos diversos que possuem, entretanto, um membro em comum"[100].

Feita esta distinção inicial, passemos às particularidades de cada um, iniciando pelas famílias simultâneas. A ideia de famílias paralelas ou simultâneas é extremamente ampla, não comportando, da mesma forma que a ampla noção de família consagrada pela Constituição o faz, limites apriorísticos. O mundo dos fatos inevitavelmente encontra novas formatações. É imprescindível manter isso em mente e entender que em matéria de reconhecimento de entidades familiares o próximo passo nunca será o último.

Assim, considerando a complexidade típica das relações familiares, essa pluralidade pode se apresentar de infinitas maneiras. Reconhecendo a diversidade de formas, Pianovski assevera que

> são inúmeras as possibilidades concretas de verificação de famílias simultâneas: desde a bigamia típica até a pluralidade pública e estável de conjugalidades; desde a situação que envolva filhos de pais separados, que mantém os vínculos de afeto e convivência com ambos os pais, até a situação de pessoas divorciadas ou separadas que constituem novas famílias nucleares por um novo casamento ou união estável, mantendo o vínculo com a prole resultante da primeira união; ou, ainda, netos que convivem entre o núcleo formado com seus pais e vínculos de convivência contínua com seus avós, para citar apenas algumas configurações possíveis[101].

De todo modo, atualmente, o maior e mais recorrente dilema jurídico que circunda o tema das famílias simultâneas é a ocorrência de duas uniões mantidas pelo mesmo membro, ou o caso de pessoa que mantém um casamento simultaneamente com uma outra união informal. Reitere-se: em ambas as situações há uma pluralidade de núcleos familiares independentes, sendo este o cerne da ideia de simultaneidade familiar.

De antemão, é preciso destacar que a ordem jurídica já traz regramento para tais situações: ambas desaguam no concubinato. Ou seja, em caso de duas famílias simultâneas, um núcleo receberá toda a tutela jurídica conferida à entidade familiar, base da sociedade com especial proteção do Estado, ao passo que o outro núcleo será tutelado diminutamente como concubinato, não como entidade familiar. Isto porque o Código Civil bra-

[100] Carlos Eduardo Pianovski, Famílias simultâneas e monogamia, p. 1.

[101] Idem.

sileiro, seguindo uma orientação histórica e cultural, aponta no sentido da monogamia, sancionando negativamente a união paralela.

O estatuto jurídico do concubinato é construído a partir do art. 1.727 do Código Civil, que preleciona que "as relações não eventuais entre o homem e a mulher, impedidos de casar, constituem concubinato". Para além da definição, que serve como um verdadeiro divisor entre a união estável e o concubinato, o dispositivo empreende uma verdadeira segregação do instituto, já que ao longo do Código não são consagrados direitos aos concubinos. Restam-lhes apenas as consequências conferidas pelo regime patrimonial da sociedade de fato, que preleciona a repartição do patrimônio amealhado entre os concubinos, na proporção do respectivo esforço[102].

De qualquer modo, mesmo com a incidência do referido regime jurídico, não é injusta, porque no conceito de famílias paralelas de boa-fé está abrangido pelo conceito de casamento putativo ou de união estável putativa, nomeadamente nos casos em que se verifica a boa-fé do "segundo companheiro", que não tinha conhecimento do casamento ou da união estável do companheiro, que mantém dois núcleos familiares sem que os membros de um tenham conhecimento da existência do outro.

Em casos tais, os tribunais brasileiros costumam ser implacáveis, aplicando detidamente a lógica do Código Civil. O Supremo Tribunal Federal tem mantido a negativa de direitos advindos da relação concubinária, debate que tem sido travado na esteira da pretensão, por parte de concubinas, de rateio de pensão por morte com a viúva[103]. Mais recentemente, a Corte rejeitou o reconhecimento de duas uniões estáveis simultâneas, fixando a seguinte tese de repercussão geral:

102 "Ainda que ela não tenha logrado êxito em demonstrar, nos termos da legislação vigente, a existência da união estável, poderá pleitear em processo próprio o reconhecimento de uma eventual sociedade de fato." (REsp 1348458/MG, 3ª Turma, Rel. Min. Nancy Andrighi, julgado em 08.05.2014, DJe 25.06.2014)

103 COMPANHEIRA E CONCUBINA - DISTINÇÃO. Sendo o Direito uma verdadeira ciência, impossível é confundir institutos, expressões e vocábulos, sob pena de prevalecer a babel. UNIÃO ESTÁVEL - PROTEÇÃO DO ESTADO. A proteção do Estado à união estável alcança apenas as situações legítimas e nestas não está incluído o concubinato. PENSÃO - SERVIDOR PÚBLICO - MULHER - CONCUBINA - DIREITO. A titularidade da pensão decorrente do falecimento de servidor público pressupõe vínculo agasalhado pelo ordenamento jurídico, mostrando-se impróprio o implemento de divisão a beneficiar, em detrimento da família, a concubina. (RE 397762/BA, Relator Min. Marco Aurélio, 1ª Turma, julgado em 03.06.2008, DJe 12.09.2008).

> A preexistência de casamento ou de união estável de um dos conviventes, ressalvada a exceção do artigo 1.723, parágrafo 1º, do Código Civil, impede o reconhecimento de novo vínculo referente ao mesmo período, inclusive para fins previdenciários, em virtude da consagração do dever de fidelidade e da monogamia pelo ordenamento jurídico-constitucional brasileiro.[104]

Com o Superior Tribunal de Justiça não tem sido diferente: a Corte consolidou o entendimento segundo o qual "não é possível o reconhecimento de uniões estáveis simultâneas"[105].

Contudo, não são raras as decisões que conferem alguma tutela jurídica à relação concubinária. Por exemplo, em 2015 a 3ª Turma do Superior Tribunal de Justiça manteve decisão do Tribunal de Justiça do Rio Grande do Sul que condenou um homem a pagar pensão alimentícia a sua concubina, com quem manteve relação paralela ao casamento por quarenta anos[106].

[104] Recurso Extraordinário nº 1045273, Tema 529 da Repercussão Geral, rel. Min. Alexandre de Moraes, DJe 07/01/2021.

[105] Enunciado nº 4 da Jurisprudência em Teses nº 50 – União Estável. Disponível em: <http://www.stj.jus.br/SCON/jt/toc.jsp>

[106] RECURSO ESPECIAL. CONCUBINATO DE LONGA DURAÇÃO. CONDENAÇÃO A ALIMENTOS. NEGATIVA DE VIGÊNCIA DE LEI FEDERAL. CASO PECULIARÍSSIMO. PRESERVAÇÃO DA FAMÍLIA X DIGNIDADE E SOLIDARIEDADE HUMANAS. SUSTENTO DA ALIMENTANDA PELO ALIMENTANTE POR QUATRO DÉCADAS. DECISÃO. MANUTENÇÃO DE SITUAÇÃO FÁTICA PREEXISTENTE. INEXISTÊNCIA DE RISCO PARA A FAMÍLIA EM RAZÃO DO DECURSO DO TEMPO. COMPROVADO RISCO DE DEIXAR DESASSISTIDA PESSOA IDOSA. INCIDÊNCIA DOS PRINCÍPIOS DA DIGNIDADE E SOLIDARIEDADE HUMANAS. DISSÍDIO JURISPRUDENCIAL. INEXISTÊNCIA DE SIMILITUDE FÁTICO-JURÍDICA. 1. De regra, o reconhecimento da existência e dissolução de concubinato impuro, ainda que de longa duração, não gera o dever de prestar alimentos a concubina, pois a família é um bem a ser preservado a qualquer custo. 2. Nada obstante, dada a peculiaridade do caso e em face da incidência dos princípios da dignidade e solidariedade humanas, há de se manter a obrigação de prestação de alimentos a concubina idosa que os recebeu por mais de quatro décadas, sob pena de causar-lhe desamparo, mormente quando o longo decurso do tempo afasta qualquer risco de desestruturação familiar para o prestador de alimentos. 3. O acórdão recorrido, com base na existência de circunstâncias peculiaríssimas – ser a alimentanda septuagenária e ter, na sua juventude, desistido de sua atividade profissional para dedicar-se ao alimentante; haver prova inconteste da dependência econômica; ter o alimentante, ao longo dos quarenta anos em que perdurou o relacionamento amoroso, provido espontaneamente o sustento da alimentanda -, determinou que o recorrente voltasse a prover o sustento da recorrida. Ao assim decidir, amparou-se em interpretação que evitou solução absurda e manifestamente injusta do caso submetido à deliberação jurisprudencial. 4. Não se conhece da divergência

Apesar de destacar que o caso é "peculiaríssimo", a decisão atribui à relação concubinária um efeito jurídico que é típico das relações familiares, qual seja o dever de prestar alimentos. Trata-se de um precedente que poderá ser aos poucos ampliado para casos não tão peculiares assim.

Também nas instâncias inferiores há exemplos de mitigação da segregação jurídica historicamente conferida ao concubinato. Destaque-se decisão do Tribunal de Justiça do Mato Grosso que determinou o rateio de pensão por morte entre a viúva e a concubina[107].

Ainda sobre as uniões simultâneas, destacamos controvertido julgado da 3ª Turma do STJ, que negou reconhecimento a união estável em razão da inobservância do dever de fidelidade. No caso, uma mulher buscava o reconhecimento de união estável, alegando ter convivido com um homem desde julho de 2007 até o falecimento dele, em novembro de 2008. Em primeira instância, o pedido foi julgado improcedente sob o argumento de que o relacionamento teria sido um namoro, ausente o objetivo de constituição de família. Interposto recurso de apelação, o Tribunal de Justiça de Minas Gerais manteve o não reconhecimento, nos seguintes termos:

> DIREITO DE FAMÍLIA. UNIÃO ESTÁVEL. RECONHECIMENTO. IMPOSSIBILIDADE. DEVER DE FIDELIDADE INEXISTENTE. AUSÊNCIA DE ANIMUS DE CONSTITUIÇÃO DE FAMÍLIA. RECURSO DESPROVIDO. Além da dualidade de sexos, da publicidade, da continuidade, da durabilidade, do propósito de constituir família e da ausência de impedimentos ao casamento, o reconhecimento da união estável exige que entre os companheiros exista lealdade, respeito e assistência mútuos, bem como compromisso com a guarda, o sustento e a educação dos filhos. Não tem o objetivo de constituir família quem, ao arrepio dos valores sociais e morais próprios de uma legítima entidade familiar, mantém relacionamentos afetivos simultâneos e paralelos, descambando para a infidelidade.

De antemão, é preciso destacar que o STJ já consolidou o entendimento de que o dever de fidelidade está contido no dever de lealdade de que

jurisprudencial quando os julgados dissidentes tratam de situações fáticas diversas. 5. Recurso especial conhecido em parte e desprovido. (REsp 1185337/RS, Relator Min. João Otávio de Noronha, 3ª Turma, julgado em 17.03.2015, DJe 31.03.2015).

107 Justiça autoriza divisão de pensão entre esposa e amante do marido. UOL Notícias. Disponível em: <https://noticias.uol.com.br/ultimas-noticias/agencia-estado/2017/03/05/justica-autoriza-divisao-de-pensao-entre-esposa-e-companheira.htm>.

trata o art. 1.724: citando Zeno Veloso, o tribunal destacou que "o dever de lealdade implica franqueza, consideração, sinceridade, informação e, sem dúvida, fidelidade"[108]. De fato, não faria sentido reconhecer que, pela ausência de menção expressa ao dever de fidelidade na união estável, o Código Civil a tenha dispensado.

Mas aqui há um outro aspecto fundamental e extremamente controvertido a tratar: seria a fidelidade um requisito de configuração da união estável ou um dever imposto aos companheiros, nos termos do art. 1.724 do Código Civil[109]? Na mesma decisão em que caminha bem ao enxergar o dever de fidelidade como um consectário do dever de lealdade, acima citada, a 3ª Turma do STJ assume claramente o segundo cenário, ou seja, encara a fidelidade como um requisito de configuração da união estável. Destaque-se:

> Sob a tônica dos arts. 1.723 e 1.724 do CC/02, para a configuração da união estável como entidade familiar, devem estar presentes, na relação afetiva, os seguintes requisitos: (i) dualidade de sexos; (ii) publicidade; (iii) continuidade; (iv) durabilidade; (v) objetivo de constituição de família; (vi) ausência de impedimentos para o casamento, ressalvadas as hipóteses de separação de fato ou judicial; (vii) observância dos deveres de lealdade, respeito e assistência, bem como de guarda, sustento e educação dos filhos. (REsp. 1157273/RN, Relatora Min. Nancy Andrighi, 3ª Turma, julgado em 18.05.2010, DJe 07.06.2010).

Trata-se de uma interpretação extremamente ampliada do teor do art. 1.723, que trata da configuração da união estável. O artigo em comento é claro ao arrolar como requisitos de configuração a publicidade, a continuidade e a durabilidade da convivência, o objetivo de constituição de família (*caput*) e a ausência de impedimentos matrimoniais (§1º). Mais adiante, já no âmbito do art. 1.724, a lealdade é arrolada como dever norteador das relações pessoais entre os companheiros, ao lado do respeito e da assistência mútuos e da guarda, sustento e educação dos filhos.

[108] REsp 1.157.273/RN, Relatora Min. Nancy Andrighi, 3ª Turma, julgado em 18.05.2010, DJe 07.06.2010.

[109] Art. 1.724. As relações pessoais entre os companheiros obedecerão aos deveres de lealdade, respeito e assistência, e de guarda, sustento e educação dos filhos.

Nos estritos termos dos artigos citados, não nos parece possível compreender a fidelidade como requisito de configuração. Assim, a união estável pode ser reconhecida ainda que a infidelidade esteja presente. A consequência primordial da infidelidade, então, mantém-se no plano interno da relação entre os companheiros. Assim como ocorre no casamento, a fidelidade é um dever jurídico cujo descumprimento enseja violação de direitos do outro companheiro. Como consequência, tal descumprimento está apto a desafiar a eventual pretensão indenizatória do companheiro traído.

A decisão empreendida pela 3ª Turma do STJ traz grandes inconvenientes para os casos de famílias simultâneas, já que, em tese, impede o reconhecimento de qualquer dos núcleos como entidade familiar. Além disso, mesmo tratando-se de núcleo único, o raciocínio empreendido pela decisão impediria o reconhecimento de uma união estável em que um dos membros é infiel. Ora, se o dever de fidelidade é imprescindível à configuração da união estável, estando presente a infidelidade, é de se negar o reconhecimento, negando-se a tutela jurídica da relação como um todo, inclusive marginalizando o companheiro traído. Restaria-lhe tão somente a busca pelos efeitos jurídicos trazidos pela união estável putativa, o que também é um tanto controvertido.

Mantendo-se o raciocínio, e por razões de coerência, para que uma pessoa que vive um relacionamento nos moldes do art. 1.723 se desvencilhe das responsabilidades decorrentes do *status* de entidade familiar, basta que seja infiel.

Enfim, a ordem jurídica brasileira, incluindo a atuação dos tribunais superiores, mostra-se amplamente contrária ao reconhecimento de direitos de índole familiar em casos de famílias simultâneas, restando-lhes os efeitos jurídicos diminutos do concubinato. No entanto, a questão permanece controvertida e aos poucos a cultura jurídica brasileira vai encontrando espaços de ampliação desta tutela jurídica.

Em termos de reconhecimento de famílias simultâneas, a doutrina elenca tradicionalmente três possibilidades: i) a negação do reconhecimento de qualquer dos relacionamentos concomitantes, endossada por Maria Helena Diniz; ii) a atribuição dos efeitos da união estável ao companheiro de boa-fé, defendida por nomes como Álvaro Villaça Azevedo, Francisco José Cahali e Zeno Veloso; ou iii) o reconhecimento dos relacionamentos, desconsiderando a fidelidade como requisito caracterizador da união estável, solução apontada por Maria Berenice Dias[110].

Visualizamos, no contexto atual, uma tendência para a prevalência da segunda solução, que encontra um maior número de adeptos na doutrina e, aos poucos, vai encontrando espaço na jurisprudência. De fato, a primeira corrente, por ser menos sensível a casos em que se verifica efetivamente uma conformação familiar e a boa-fé de um companheiro, tende a não prevalecer. A terceira, por sua vez, encontra o óbice cultural e jurídico da monogamia. Nos filiamos a esta corrente no que concerne ao fato de não reconhecer a fidelidade como requisito de configuração da união estável, mas o reconhecimento indiscriminado de núcleos plúrimos como entidades familiares, sem que haja outros critérios como a boa-fé do companheiro, não nos parece adequado no estado atual da ordem jurídica brasileira.

Feitas estas considerações acerca das famílias simultâneas, passemos ao poliamor. Como vimos, diferentemente do que ocorre com as famílias simultâneas, caracterizadas pela pluralidade de núcleos, o poliamor é marcado pela unidade do núcleo de convivência. Antes presente no imaginário popular, que se somava à ficção – destaque-se o clássico "Dona flor e seus dois maridos", de Jorge Amado –, o chamado *poliamorismo* tem se tornado prática cada vez mais perceptível em sociedades tradicionalmente monogâmicas, inclusive no Brasil.

Apesar de constituírem indiscutíveis exemplos de comunhão de vida, os casos de poliamor encontram na vedação à poligamia o maior obstáculo ao seu reconhecimento enquanto entidades familiares.

Ao contrário do que muitos pensam, ainda não existe nenhum caso de reconhecimento de uma relação poliamorosa como entidade familiar. Na verdade, o que tem sido frequentemente apontado como o reconhecimento do poliamor no Brasil nada mais é do que decisões judiciais que atribuem certos efeitos jurídicos a famílias simultâneas – confundindo-se, portanto, os conceitos –, ou a lavratura das famosas escrituras públicas de uniões estáveis. Aliás, em relação a tais escrituras, o Conselho Nacional de Justiça sugeriu que os cartórios se abstivessem de lavrar novas escrituras do tipo até que uma representação movida pela Associação de Direito de Família e das Sucessões (ADFAS) fosse julgada. A entidade pediu, limi-

[110] Eduardo de Oliveira Leite, União estável, fidelidade e o STJ. Disponível em: <http://www.adfas.org.br/busca/conteudo.aspx?ti=Uni%C3%A3o%20Est%C3%A1vel,%20Fidelidade%20e%20o%20STJ&id=429>.

narmente, que os cartórios fossem proibidos de lavrar tais escrituras até que a matéria fosse regulamentada. A regulamentação da matéria é justamente o pedido da ADFAS, no mérito. A então Corregedora Nacional de Justiça, ministra Nancy Andrighi, negou a liminar, dirigindo apenas uma sugestão aos cartórios. Nas palavras da ministra, "essa é apenas uma sugestão aos tabelionatos, como medida de prudência, até que se discuta com profundidade esse tema tão complexo que extrapola os interesses das pessoas envolvidas na relação afetiva"[111].

A discussão teve desfecho em 2018 com decisão do plenário do CNJ proibindo cartórios de lavrar escrituras públicas de relações poliafetivas.[112]

É importante destacar que a escritura de união estável não tem o condão de constituir a união estável, funcionando, no máximo, como elemento de prova para a ação de reconhecimento e dissolução da união, e para disciplinar aspectos patrimoniais da relação. Ora, é preciso lembrar que a nota essencial da união estável é justamente a sua informalidade, motivo pelo qual "papeis" são estranhos à sua própria natureza. O mesmo ocorre, portanto, com as escrituras de uniões poliafetivas, que são meras declarações das partes reduzidas a termo pelo tabelião, não constituindo, de modo algum, uma entidade familiar.

Enfim, as perspectivas para um reconhecimento da união poliamorosa, no estado da arte do direito brasileiro, não são as melhores, e a monogamia é a grande responsável por isso. Há toda uma lógica no nosso sistema jurídico que repudia relações desta natureza, operacionalizada, por exemplo, pela ostensividade dos impedimentos matrimoniais – aplicáveis tanto ao casamento quanto à união estável – e pela segregação jurídica do concubinato, que destacamos há pouco.

Por outro lado, o reconhecimento das uniões estáveis homossexuais como entidades familiares nos deixa um inegável legado, ao transpor o obstáculo da heterossexualidade, que durante muito tempo acreditou-se intransponível. Do lado das uniões poliafetivas há um discurso de efetivação da igualdade e de vedação à discriminação que encontra plena guarida

[111] Corregedoria analisa regulamentação do registro de uniões poliafetivas. Disponível em: <http://www.cnj.jus.br/noticias/cnj/82221-corregedoria-analisa-regulamentacao-do-registro-de-unioes-poliafetivas>.

[112] Cartórios são proibidos de fazer escrituras públicas de relações poliafetivas. Disponível em: https://www.cnj.jus.br/cartorios-sao-proibidos-de-fazer-escrituras-publicas-de-relacoes-poliafetivas/

constitucional, que não deve ser subestimado. Soma-se a ele a consagração da dignidade humana, cujo conteúdo vem sendo constantemente banalizado, e um certo direito à busca pela felicidade, que vem aos poucos encontrando espaço nos argumentos decisórios dos nossos tribunais, mesmo que não se tenha exata noção do seu significado e alcance.

Um longo caminho se impõe até o eventual reconhecimento das uniões poliamorosas como entidades familiares, mas a cada dia um pilar da nossa cultura monogâmica vai sendo posto a prova, sendo elogiosa, como contraponto a esse movimento, a decisão do STF que reconheceu a fidelidade e a monogamia como deveres consagrados pelo ordenamento jurídico brasileiro, recusando reconhecimento de novo vínculo familiar quando preexistente casamento ou união estável, inclusive para fins previdenciários.[113]

Por fim, tratemos sobre as chamadas famílias anaparentais.

De início, há que se apontar um perigo terminológico: a expressão *anaparental* significa ausência de vínculo de parentalidade. Assim, não se deve confundir *parentalidade* (vínculo familiar vertical) com *parentesco* (vínculo familiar vertical – ex. pai e filho[114], neto e avô – ou horizontal – ex. irmãos, primos). Dito isto, a primeira noção de família anaparental é a de uma comunidade familiar em que estão ausentes os pais, ausente o vínculo de parentalidade. Destaque-se, outrossim, que, considerando a ausência de qualquer dos pais, a anaparentalidade pressupõe também ausência de conjugalidade.

Aqui, podemos estabelecer uma relação com o conceito de família monoparental, que nos termos da CF/88 é a "comunidade familiar formada por qualquer dos pais e seus descendentes" (art. 226, §4º). A família anaparental seria, por seu turno, aquela formada por irmãos ou mesmo por primos.

Perceba-se, portanto, que existe entre irmãos um vínculo de *parentesco*, mas não de *parentalidade*, no sentido aqui trazido de relação vertical entre pais e filhos. Foi este o sentido de família anaparental que ficou consignado no interessante julgado do Recurso Especial nº 1.217.415/RS (Rel. Ministra Nancy Andrighi, 3ª Turma, julgado em 19.06.2012, DJe 28.06.2012), caso em que se discutiu a relação familiar entre dois irmãos e um menor que

113 RE 1.045.273/SE, rel. Min. Alexandre de Moraes, j. 18.12.2020.

114 A relação entre pai e filho traz consigo tanto a ideia de parentalidade quanto de parentesco. Podemos depreender daqui, neste sentido, que a parentalidade é o parentesco vertical em primeiro grau.

foi por eles adotado, após o falecimento de um deles. Já maior, o adotado tornou-se interdito.

Tratou-se de ação de anulação de adoção póstuma, movida pela União, com vistas a sustar o pagamento de benefícios previdenciários ao adotado, maior interdito, alegando que o *de cujus* não teria demonstrado em vida o desejo de adotar, como preleciona o §6º do art. 42 do Estatuto da Criança e do Adolescente (ECA), e que não seria cabível a adoção conjunta por parte de dois irmãos. Neste segundo argumento residiu o debate em torno da família anaparental. A relatora, Nancy Andrighi, destacou que "a chamada família anaparental – sem a presença de um ascendente –, quando constatados os vínculos subjetivos que remetem à família, merece o reconhecimento e igual *status* daqueles grupos familiares descritos no art. 42, §2º, do ECA" (casamento e união estável). Asseverou ainda que a *ratio* do referido dispositivo centra-se na colocação do adotando em família estável, o que foi cumprido na espécie, "pois os irmãos, que viveram sob o mesmo teto até o óbito de um deles, agiam como família que eram, tanto entre si, como para o então infante". Ao final, o STJ reconheceu por unanimidade o núcleo familiar em questão, mantendo a adoção[115].

Muitos dos efeitos jurídicos que podem ser atribuídos à família anaparental não decorrem, na verdade, do seu reconhecimento como entidade familiar, mas de outros suportes fáticos que se enquadram em previsões legislativas específicas. Segundo Rolf Madaleno, no caso de uma família anaparental como a acima referida, eventuais alimentos devidos entre os irmãos não decorrem do vínculo familiar que se reconheceu, mas da relação de parentesco preexistente – alimentos devidos entre irmãos, a teor do art. 1.694 do Código Civil. O autor complementa a ideia, destacando que "essa entidade familiar anaparental tem direito à impenhorabilidade da sua moradia como bem de família, não por se tratar de uma entidade familiar, mas porque toda e qualquer moradia que sirva de residência exclusiva a uma ou mais pessoas é protegida contra a penhora por dívidas, excetuadas as ressalvas da Lei nº 8.009/1990"[116].

Também os eventuais efeitos sucessórios não decorrem do reconhecimento como entidade familiar, mas da própria previsão legislativa que contempla os irmãos como herdeiros, mas no fim da ordem de vocação

[115] REsp 1.217.415/RS, Relatora Ministra Nancy Andrighi, 3ª Turma, julgado em 19.06.2012, DJe 28.06.2012.

[116] Rolf Madaleno, *Curso de Direito de Família*, p. 10/11.

hereditária, a teor do controvertido art. 1.829 do Código Civil, o que pode gerar situações problemáticas. Tratando-se de uma família anaparental como a do caso acima, em que se reconheceu a relação entre dois irmãos como entidade familiar, em caso de falecimento do filho, e em seguida, de um deles, como seriam os outros irmãos chamados a suceder? Todos os irmãos herdariam como colaterais ou seria possível privilegiar o irmão que estabeleceu comunhão plena de vida com o *de cujus*?

A priori, como preleciona o art. 1.829 do Código Civil, na ausência de descendentes, ascendentes e cônjuge, os colaterais são chamados a suceder em condições de igualdade. Contudo, outras reflexões se impõem: se não for para atribuir efeitos jurídicos especiais, tutela jurídica especial, que razão de ser teria o reconhecimento da relação anaparental como entidade familiar? O reconhecimento de uma entidade familiar entre dois irmãos não pressuporia a entrega de efeitos jurídicos para além daqueles decorrentes da relação de parentesco já existente entre eles?

Diante do dilema, Maria Berenice Dias segue uma orientação controvertida. Destaca que "a convivência sob o mesmo teto, durante longos anos, por exemplo, de duas irmãs que conjugam esforços para a formação do acervo patrimonial, constitui uma entidade familiar". E enfim, assevera que "na hipótese de falecimento de uma delas, descabe dividir os bens igualitariamente entre todos os irmãos, como herdeiros colaterais, em nome da ordem hereditária", e complementa: "ainda que inexista qualquer conotação de ordem sexual, a convivência identifica comunhão de esforços, cabendo aplicar, por analogia, as disposições que tratam do casamento e da união estável"[117].

No nosso entendimento, a decisão do STJ não equipara a família anaparental ao casamento ou à união estável. Apenas a reconhece como entidade familiar para os fins do caso concreto em questão, que tratava da possibilidade de adoção.

De todo modo, tratando-se de sucessão de colaterais, que não estão contemplados no rol de herdeiros necessários contido no art. 1.845 do Código Civil, há sempre a possibilidade de recorrer à sucessão testamentária. Não nos parece prudente afastar – subverter, na verdade – as regras da sucessão legítima quando o *de cujus* não tenha deixado testamento. Ademais, pode-se aplicar a Súmula nº 380 do STF, de modo a garantir a participação do irmão sobrevivo na partilha do patrimônio amealhado por ambos.

[117] Maria Berenice Dias, *Manual de Direito das Famílias*, p. 140.

Enfim, na ausência de testamento, a sucessão ocorrerá segundo o art. 1.829, sendo os colaterais tratados em condição de igualdade. Seguimos, assim, uma orientação mais cautelosa.

Por fim, destaque-se apenas que no espectro conceitual da família anaparental não devemos, contudo, inserir outras comunidades que não trazem consigo uma verdadeira conotação familiar, a exemplo de grupos de amigos, ainda que dividam o mesmo teto e compartilhem de outros aspectos de uma vida em comum. Neste caso, há quem defenda que tais grupos de pessoas devam ser também reconhecidos como famílias, sob a epígrafe das chamadas famílias eudemonistas, definidas por Maria Berenice Dias como entidades que buscam "a felicidade individual vivendo um processo de emancipação de seus membros"[118].

Seguimos uma orientação menos abrangente, atentando para os riscos de se reconhecer toda microassociação humana como família, banalizando o seu conceito e o seu *status* jurídico.

[118] Maria Berenice Dias, *Manual de Direito das Famílias*, p. 143.

4
ESTATUTO JURÍDICO DO CONCUBINATO

Quando da abordagem em torno das novas famílias, em que tratamos sobre as famílias simultâneas e o poliamor, muito foi dito a respeito da condição jurídica do concubinato. Em suma, destacamos que a ordem jurídica atribui à espécie regramento ínfimo, restando ao concubino basicamente os efeitos jurídicos da sociedade de fato. Aqui, faremos uma análise mais pormenorizada e específica sobre o instituto.

Apenas para citar o direito civil realmente brasileiro, afora, portanto, as legislações portuguesas que no Brasil tiveram vigência, tratemos sobre o instituto do concubinato perante os códigos civis de 1916 e de 2002, este último na esteira da Constituição Federal de 1988.

Durante a vigência do Código Civil de 1916 vigorou uma disciplina bastante diminuta em relação ao concubinato. Reflexo dos valores sociais vigentes à época, tal diploma atribuiu ao casamento o monopólio da constituição de família e, assim, quase não se falava em tutela jurídica da família fora do casamento. A discriminatória proteção jurídica atribuída aos então chamados *filhos ilegítimos*, bem como a negligência legislativa em relação ao concubinato são exemplos desta postura da sociedade e da legislação da época. De um lado estava o casamento, com toda a sua histórica aceitação social; do outro, o concubinato, com toda a sua histórica pecha social. Por conseguinte, ao primeiro, o casamento, consagrou-se tudo; ao segundo, o concubinato, nada.

Então, o Código Civil de 1916 pouco dispôs sobre o concubinato, ficando a cargo da doutrina e da jurisprudência o aprofundamento das questões relativas a tal instituto. Em suma, ficaram pacificamente consignadas duas modalidades de concubinato: i) o concubinato puro, caracterizado pela união – sem casamento – entre homem e mulher desimpedidos de casar[119]; e ii) o concubinato impuro, caracterizado pela união entre pessoas impedidas de casar. À época os impedimentos matrimoniais estavam dispostos no exaustivo rol do art. 183 do código civil em questão.

Mais adiante, o advento da Constituição Federal de 1988 e do Código Civil de 2002 viria inaugurar uma sistemática completamente diferente em termos de direito de família. Como dissemos, no centro das inovações estava a quebra do monopólio do casamento enquanto via única para constituição familiar. Desde então, temos vivenciado uma crescente ampliação da proteção jurídica das outras modalidades familiares, principalmente da união estável, e porque não dizer uma tendência de equiparação desta modalidade familiar ao casamento, tendência à qual, aliás, nos filiamos.

No que diz respeito ao concubinato, hoje temos uma disciplina legal mais expressiva, a começar pela própria noção do instituto. O art. 1.727 do Código Civil de 2002 dispõe que "as relações não eventuais entre o homem e a mulher, *impedidos de casar*, constituem concubinato". Demos destaque à expressão "impedidos de casar" para observarmos que se trata do conceito legal de *concubinato impuro*.

Mas e o concubinato puro?

O concubinato *puro* desapareceu da nossa legislação, pelo menos com tal nomenclatura. Na verdade, o concubinato puro converteu-se em *união estável*, que passou a ser reconhecida como entidade familiar pela Constituição Federal de 1988. Na sequência, o Código Civil de 2002 passou a dispor de forma mais enérgica sobre a união estável e sobre o concubinato. Hoje, não nos é mais dado distinguir duas espécies de concubinato, o puro e o impuro. Falamos apenas em união estável e concubinato (antigo concubinato impuro).

O conceito de união estável vem sendo talhado ao longo do tempo pela doutrina e pela jurisprudência, hoje vigorando a ideia de uma união entre duas pessoas, configurada na convivência pública, contínua e duradoura, estabelecida com o objetivo de constituição de família, e na ausência de impedimentos.

[119] Qualquer semelhança com a atual noção de união estável não é, como veremos, mera coincidência.

Já o conceito de concubinato, como vimos acima, é bastante simples: basta que esteja em causa uma relação não eventual entre pessoas impedidas de casar que estaremos diante de um concubinato. E a teor do atual Código Civil, art. 1.521, são impedidos de casar:

> I. Os ascendentes com os descendentes, seja o parentesco natural ou civil;
>
> II. Os afins em linha reta;
>
> III. O adotante com quem foi cônjuge do adotado e o adotado com quem o foi do adotante;
>
> IV. Os irmãos, unilaterais ou bilaterais, e demais colaterais, até o terceiro grau inclusive;
>
> V. O adotado com o filho do adotante;
>
> VI. As pessoas casadas;
>
> VII. O cônjuge sobrevivente com o condenado por homicídio ou tentativa de homicídio contra o seu consorte.

Percebe-se, portanto, uma preocupação básica com três tipos de relacionamento: o incestuoso (incisos I, II, III, IV e V), o adulterino (inciso VI) e aquele torpe, além de potencialmente determinante do homicídio do consorte (inciso VII). A nossa legislação atual repudia tais relacionamentos, negando-lhes o caráter de entidade familiar e a respectiva proteção jurídica.

Aqui, damos destaque para o fato de que o concubinato pode variar conforme o impedimento que esteja em causa. E isto traz consequências importantes, por exemplo, para o direito sucessório, especificamente no que concerne à invalidade de disposição testamentária em favor do concubino.

5
O CÔNJUGE E O COMPANHEIRO

No contexto de novos paradigmas socioculturais, novas orientações do direito de família, novos arranjos familiares, há um debate que não sai de moda: a questão da equiparação jurídica entre cônjuges e companheiros. No dia 31 de agosto de 2016, o Supremo Tribunal Federal começou a julgar o Recurso Extraordinário n. 876.694/MG, selecionado em virtude do expediente da Repercussão Geral, e que versava sobre a constitucionalidade da diversidade de regimes sucessórios para o casamento e para a união estável. O Ministro Dias Toffoli, prudentemente, pediu vistas dos autos para aprofundar a reflexão sobre a relevante temática, após os votos do Ministro Relator, Luís Roberto Barroso, e outros seis Ministros da Corte.

Finalizando o julgamento, o Supremo Tribunal Federal reputou inconstitucional a regra do art. 1.790 do Código Civil. Apesar da conclusão pela isonomia jurídica entre as famílias formadas pelo casamento civil e a união estável parecer acertada, parece-nos que as premissas sobre as quais ela se apoia são equivocadas. Equivoca-se, em nossa opinião, quando consagra para o casamento e a união estável uma espécie de regime jurídico do tipo "separados, mas iguais". Ou seja, a união estável e o casamento continuarão a ser reputados como institutos jurídicos diversos, apesar de se atribuir idênticos efeitos quanto a sucessão a causa de morte.

Aquela diferenciação, além de destoar da tradição jurídica luso-brasileira em matéria de direito de família, acabava estabelecendo uma série de distinções potencialmente discriminatórias entre o casamento e a união estável.

O direito civil brasileiro é legatário do direito romano vulgarizado, do direito canônico e do direito ibérico. Pode-se dizer que, na antiguidade ocidental, a família era geralmente constituída em razão de certos ritos religiosos ou pela simples convivência.

No Direito Romano, por exemplo, a mulher poderia passar a integrar a família do seu marido caso se submetesse a *manus* (o poder marital) em virtude da *conventio in manum*, por uma das seguintes modalidades de constituição familiar:

> a) pela *confarreatio*, que consistia em uma cerimônia religiosa, reservada ao patriciado, com excessivas formalidades, com a oferta a Júpiter de um pão de farinha (*panis farreum*), que os nubentes comiam, juntos, realizada perante dez testemunhas e perante o sacerdote de Júpiter (*flamen Dialis*);
>
> b) pela *coemptio*, casamento privativo dos plebeus que implicava à venda simbólica da mulher ao marido, assemelhando-se, pela forma, à *mancipatio*; e
>
> c) pelo *usus*, que era o casamento pela convivência ininterrupta do homem e da mulher, por um ano, em estado possessório, que, automaticamente, fazia nascer o poder marital, a não ser que, em cada período de um ano, a mulher passasse três noites fora do lar conjugal (*trinoctii usurpatio*). [120]

Isto denota que os romanos admitiam a constituição do vínculo do casamento pela convivência; sem a exigência de maiores formalidades. Ademais, consolidou-se certa tendência entre os estudiosos de Direito Romano – a partir das lições de Bonfante -, no sentido defender que o casamento no Direito Romano (desde o período primitivo até Justiniano) exigia apenas dois requisitos: quais sejam a convivência e a intenção marital (*affectio maritalis*), de modo que o casamento romano reduzir-se-ia a uma "simples relação jurídica de mero fato, que perdura enquanto persistem as condições de fato – convivência e *affectio maritalis* – de sua existência".[121] Assim, era suficiente que um homem e uma mulher, por determinado tempo, convivessem como se fossem casados, independentemente de uma cerimônia civil ou religiosa, para que se reputassem submetidos ao regime do casamento.

[120] AZEVEDO, Álvaro Villaça. União estável. Antiga forma de casamento de fato. *Revista da Faculdade de Direito de São Paulo*, n. 90 (1995), p. 94-95.

[121] ALVES, José Carlos Moreira. A natureza jurídica do casamento romano no direito clássico. *Revista da Faculdade de Direito de São Paulo*, n. 90 (1995), p. 07.

As Ordenações Filipinas (Livro IV, Título XLVI), antiga legislação portuguesa que permaneceu vigendo no Brasil mesmo após a ruptura política em relação a antiga Metrópole, também reconheciam o casamento de fato como espécie de matrimônio apto a gerar efeitos jurídicos:

> Outrossim serão meeiros, provando que estiveram em casa teúda e manteúda; ou em casa de seu pai, ou em outra, em pública voz e fama de marido e mulher por tanto tempo, que, segundo Direito, baste para presumir Matrimonio entre elles, posto se se não provem as palavras de presente.[122]

Os Estados norte-americanos do Alabama e do Colorado permanecem reconhecendo o casamento de fato entre as espécies de casamento oficialmente reconhecidas: o *Common Law Marriage*.[123]

Entretanto, após a consumação do Golpe Republicano em 1889, verificou-se a secularização do casamento no Brasil com o advento da Lei do Casamento Civil de 1890.[124] De modo que o direito civil brasileiro deixou de reconhecer o casamento pela convivência duradoura dos cônjuges (casamento de fato) e o casamento religioso, "que, hoje, por si só, sem o posterior registro civil, é considerado concubinato".[125]

A redução das formas de casamento reconhecidas pelo Estado no Brasil ao casamento civil parece refletir aquelas reduções próprias do positivismo, tão ao gosto daqueles que usurparam o poder no Brasil em 1889. A Constituição Brasileira de 1891, nesta toada, reconheceu o casamento civil como única forma de casamento válido.

Em obediência ao mandamento constitucional, o Código Civil de 1916 reconheceu que a família legítima poderia ser formada apenas pela via do

[122] Disponível em: http://wwwl.ci.uc.pt/ihti/proj/filipinas/l4p834.htm Acesso em: 30 de setembro de 2016.

[123] Ao contrário do que imagina o senso comum, o chamado "Common Law Marriage" não é reconhecido na Inglaterra. Cf: http://www.economist.com/news/international/21688381-many-cohabiting-couples-misunderstand-their-legal-status-common-law-marriage-myth Acesso em: 30 de setembro de 2016.

[124] Para os que desejarem obter mais dados sobre o contexto da Lei do Casamento Civil de 1890, pedimos vênia para indicar a leitura de artigo de nossa lavra sobre o projetista da mencionada lei: COSTA FILHO, Venceslau Tavares. Antônio Coelho Rodrigues: um súdito fiel? Ruptura e continuidade na transição da monarquia para a república no Brasil. Revista de Informação Legislativa, a. 51, n. 203 (jul./set. 2014).

[125] AZEVEDO, Álvaro Villaça. União estável. Antiga forma de casamento de fato. Revista da Faculdade de Direito de São Paulo, n. 90 (1995), p. 95-96.

casamento civil. As Constituições Brasileiras de 1934 (art. 144), de 1937 (art. 124), de 1946 (art. 163) e de 1967 (art. 167, posteriormente renumerado para art. 175 em virtude da Emenda Constitucional n. 01/1969) terminaram por cristalizar a regra segundo a qual a família legítima constitui-se apenas pelo casamento civil.

Em detrimento de uma tradição jurídica de quase quatrocentos anos, o legislador republicano modificou arbitrariamente o tratamento dispensado ao casamento; malferindo a chamada noção estática do direito.[126]

É interessante notar, por outro lado, o retrato desenhado quanto a união estável em certa parcela da civilística. A crítica feita por certos civilistas costuma ser no sentido de considerar que o Código Civil de 1916 tutelava apenas as famílias formadas a partir do casamento civil, enquanto relegava as famílias constituídas pela união estável à clandestinidade. Trata-se, geralmente, de um discurso construído a partir do desprestígio do direito legislado nos códigos "em favor de uma retórica da potencialização da eficácia do texto constitucional".[127] Contudo, a clausura infligida a união estável decorreu de regras contidas em textos constitucionais brasileiros, como já demonstramos acima. Nem sempre a regulação constitucional de certo instituto jurídico representa um avanço civilizatório, portanto.

O eventual reconhecimento da inconstitucionalidade do art. 1.790 do Código Civil brasileiro, contudo, não importa por si só na equiparação do casamento civil à união estável. Pois, a assimetria de tratamento entre união estável e casamento não se limita ao regime da sucessão a causa de morte, instituído em razão do art. 1.790 do Código Civil brasileiro.

O texto original da Constituição Federal de 1988 reconheceu a união estável como entidade familiar no § 3º do art. 226: "Para efeito da proteção do Estado, é reconhecida a união estável entre o homem e a mulher como entidade familiar, devendo a lei facilitar sua conversão em casamento". Note-se que o poder constituinte originário fez uso da expressão "é reconhecida a união estável", o que parece indicar a pretensão de recepcionar e emprestar efeitos jurídicos a uma situação fática preexistente ao texto constitucional.

[126] Ripert, Georges. Les forces créatrices du droit. Paris: L.G.D.J., 1955, p. 01.

[127] Castro Jr, Torquato. Constitucionalização do direito privado e mitologias da legislação: código civil versus constituição? *In*: Silva, Artur Stamford da (org.). O judiciário e o discurso dos direitos humanos. Recife: EDUFPE, 2011, p. 64-65.

Até o advento da legislação infraconstitucional que reconheceu efeitos jurídicos específicos a união estável (Leis 8.971/1994 e 9.278/1996), este instituto permaneceu em verdadeiro limbo jurídico. O tratamento jurídico dispensado aos bens adquiridos durante a constância da união estável, por exemplo, em período anterior ao da vigência da Lei 9.278/1996, praticamente não discrepava da solução trazida pelo enunciado n. 380 da Súmula de jurisprudência dominante do Supremo Tribunal Federal; qual seja o de levar em consideração a proporção das contribuições dos conviventes na constituição do patrimônio.

O Superior Tribunal de Justiça, nesta linha, manifestou-se por afastar o direito a meação dos bens durante a vigência da Lei n. 8.971/1994, devendo-se levar em consideração a "participação dos companheiros na formação do patrimônio, devendo a partilha ser estabelecida com observância dos princípios da razoabilidade e proporcionalidade" (EDcl no REsp 674.483/MG, Rel. Ministra Maria Isabel Gallotti, 4ª Turma, julgado em 02/02/2012, DJe 27/02/2012).[128]

O advento da Lei n. 9.278/1996 introduz sensível modificação neste quadrante, ao presumir o esforço comum na aquisição dos bens durante a vigência da união estável. A lei n. 9.278/1996 não suprimiu, portanto, a comprovação do esforço comum como pressuposto para a partilha dos bens adquiridos durante a união estável; apenas introduzindo presunção neste sentido.

Somente com o Código Civil de 2002 é que houve uma parcial e controvertida equiparação entre a união estável e o casamento civil no tocante ao regime de bens, nos termos do art. 1.725: "Na união estável, salvo contrato escrito entre os companheiros, aplica-se às relações patrimoniais, no que couber, o regime da comunhão parcial de bens".

Observe-se, pois, que a aplicação das regras relativas ao regime da comunhão parcial na união estável somente ocorrerá "no que couber", e não em sua integralidade. Na prática, isto gera uma disparidade em relação à proteção jurídica deferida ao patrimônio dos conviventes da união estável em comparação com a tutela jurídica própria do patrimônio no casamento.

[128] No mesmo sentido, cfr.: "A presunção legal de esforço comum foi introduzida pela Lei 9.278/1996, de forma que a partilha dos bens adquiridos anteriormente à entrada em vigor do aludido diploma legal somente ocorre se houver esforço comprovado, direto ou indireto, de cada convivente, conforme a legislação vigente à época da aquisição". (AgInt no AREsp 604.725/SP, Rel. Ministro Marco Buzzi, 4ª Turma, julgado em 01/09/2016, DJe 08/09/2016)

Exemplo disto é o atual entendimento do Superior Tribunal de Justiça no sentido de considerar válida a prestação de fiança sem a anuência do companheiro. Neste sentido, o Superior Tribunal de Justiça considera inaplicável o enunciado n. 332 de sua Súmula de Jurisprudência dominante para a fiança prestada pelo convivente em união estável sem a outorga do seu companheiro, de modo que é "possível que os bens indivisíveis sejam levados à hasta pública por inteiro", reservando-se ao companheiro do executado a metade do preço obtido (AgInt no AREsp 841.104/DF, Rel. Ministro Ricardo Villas Bôas Cueva, Terceira Turma, julgado em 16/06/2016, DJe 27/06/2016).

Aparentemente, a exigência da outorga conjugal teria como pressuposto o "ato jurídico cartorário e solene do casamento que se presume a publicidade do estado civil dos contratantes, de modo que, em sendo eles conviventes em união estável, hão de ser dispensadas as vênias conjugais para a concessão de fiança" (REsp 1299866/DF, Rel. Ministro Luis Felipe Salomão, Quarta Turma, julgado em 25/02/2014, DJe 21/03/2014).

Lógica semelhante também parece justificar a dispensa da outorga conjugal para a alienação de imóveis pertencentes aos conviventes em união estável. A imposição da outorga conjugal para a alienação de imóveis deve levar em consideração a proteção dos interesses de terceiros de boa-fé e a segurança do tráfico jurídico, de modo a exigir a publicidade da relação conjugal: "No casamento, ante a sua peculiar conformação registral, até mesmo porque dele decorre a automática alteração de estado de pessoa e, assim, dos documentos de identificação dos indivíduos, é ínsita essa ampla e irrestrita publicidade. Projetando-se tal publicidade à união estável, a anulação da alienação do imóvel dependerá da averbação do contrato de convivência ou do ato decisório que declara a união no Registro Imobiliário em que inscritos os imóveis adquiridos na constância da união. (...). Contrariamente, não havendo o referido registro da relação na matrícula dos imóveis comuns, ou não se demonstrando a má-fé do adquirente, deve-se presumir a sua boa-fé, não sendo possível a invalidação do negócio que, à aparência, foi higidamente celebrado" (REsp 1.424.275-MT, Rel. Min. Paulo de Tarso Sanseverino, julgado em 4/12/2014, DJe 16/12/2014).

Além das diferenças no tocante as questões patrimoniais, some-se a isto uma curiosa especificidade quanto ao tratamento jurídico dispensado a união estável na jurisprudência do Superior Tribunal de Justiça: a obrigatoriedade de prévia separação de fato por dois anos para a regular constituição de união estável.

A exclusividade quanto às relações afetivas e sexuais demandada para a caracterização da união estável exige que os companheiros não sejam impedidos de casar, ou que não sejam comprometidos com outras pessoas. Neste sentido, manifestou-se o STJ: "Companheira é a mulher que vive, em união estável, com homem desimpedido para o casamento ou, pelo menos, separado judicialmente, ou de fato, há mais de dois anos, apresentando-se à sociedade como se com ele casada fosse" (REsp 532.549/RS, Rel. Ministro Castro Filho, Terceira Turma, julgado em 02/06/2005, DJ 20/06/2005, p. 269).

Sabe-se que a Emenda Constitucional 66/2010 eliminou a exigência de qualquer tipo de lapso temporal quanto a separação de fato para a concessão do divórcio. Contudo, verifica-se ainda no âmbito do STJ manifestações pela comprovação de tempo mínimo de separação de fato para a regular constituição de união estável, mesmo após a Emenda Constitucional 66/2010: "A união estável pode ser constituída pelo convívio com pessoa separada de fato há mais de dois anos, porque não existiria impedimento para o casamento" (REsp 973.553/MG, Rel. Ministro Raul Araújo, Quarta Turma, julgado em 18/08/2011, DJe 08/09/2011).

Como se pode verificar, a eventual declaração de inconstitucionalidade do art. 1.790 do Código Civil por si só não proporcionaria a plena equiparação entre o casamento civil e a união estável, porquanto o tratamento diferenciado alcance outros aspectos.

Ademais, a disparidade quanto ao tratamento jurídico dispensado aos conviventes na união estável e as pessoas que contraíram casamento civil não se limita a sucessão a causa de morte, alcançando outras questões tais como a da (des)necessidade da vênia conjugal para a alienação de imóveis, ou para a prestação de garantias tais como a de fiança e a de aval.

Pode-se dizer que os posicionamentos quanto a questão da constitucionalidade do art. 1.790 do Código Civil poderiam ser divididos em dois grandes grupos: I. o primeiro invocando a liberdade e a privacidade, a fim de evitar a equiparação entre união estável e casamento civil; e II. o segundo grupo advogando a equiparação de direitos entre a união estável e o casamento civil, ao argumento da igualdade e da não discriminação.

Tradicionalmente, a família era vista como um lugar de "proteção numa célula unitária reconhecida como primordial"[129]. Sob certa perspectiva da

[129] ARNAUD, André-Jean. A importância da utopia comunitária dos anos 70 para o estudo do direito de família contemporâneo. *In: O direito traído pela filosofia*. Tradução de Wanda Lemos Capeller e Luciano Oliveira. Porto Alegre: Safe, 1991, p. 126.

Teoria do Direito, em vista deste caráter "primordial", pode-se dizer que a família é uma instituição.

No Direito Canônico, identificavam-se as instituições como algo que, sem depender de pessoas, existe e funciona em razão de uma decisão autoritativa proveniente de Deus. Entretanto, a sociologia contemporânea define instituição "como estrutura relativamente permanente, anterior aos indivíduos que nela encontram paradigma de seu comportamento e indicador de seu papel no grupo a que pertencem". A instituição geralmente comporta diversos grupos sociais juridicamente relacionados, reputados como institutos jurídicos, "pois se são realidades inerentes à sociedade humana, do ponto de vista jurídico, exige-se que sejam reguladas, com normas de Direito positivo". O casamento, a filiação, a união estável, as famílias monoparentais, etc. são espécies de institutos jurídicos vinculados à Família-instituição[130].

Apesar de ser vista como instituição, a família passou a ser questionada por diversas teorias (especialmente as de inspiração marxista), que passaram a vê-la como uma alienação fundamental "formando um bloco coerente com a tradição e a propriedade".[131] O casamento civil nos moldes tradicionais passa a ser questionado como uma estrutura repressiva, o que levou os jovens a partir da década de 1960 buscar fugir destes esquemas pelo expediente das chamadas uniões "livres".

É interessante notar aqui uma idéia de liberdade que guarda relação com a doutrina da Finalidade Individual do Estado (*Lehre vom individualistischen Staatsweck*), dominante na doutrina alemã no início do século XIX, que viam a defesa da liberdade individual como uma justificativa e um limite ao poder estatal. Mas, em razão da liberdade individual não estar sob a mira da intervenção do Estado, "de acordo com as percepções de direito natural, ela foi considerada como sendo pré-estatal, livre da organização e da formação estatal".[132]

[130] LIMA, Maurílio Cesar de. *Introdução à história do direito canônico*. 2 ed. São Paulo: Loyola, 2004, p. 174-175.

[131] ARNAUD, André-Jean. A importância da utopia comunitária dos anos 70 para o estudo do direito de família contemporâneo. *In: O direito traído pela filosofia*. Tradução de Wanda Lemos Capeller e Luciano Oliveira. Porto Alegre: Safe, 1991, p. 127.

[132] ERICHSEN, Hans-Uwe. A eficácia dos direitos fundamentais na Lei Fundamental Alemã no direito privado. *In*: GRUNDMANN, Stefan *et alii* (orgs.). *Direito privado, constituição e fronteiras*: encontros da Associação Luso-Alemã de Juristas no Brasil. 2 ed. São Paulo: RT, 2014, p. 22.

Na Alemanha, parece prevalecer atualmente tais concepções libertárias em relação às uniões conjugais diversas do casamento civil. Naquele ordenamento jurídico, inexiste qualquer previsão legal quanto ao dever de sustento mútuo para os conviventes não casados. Existe previsão, por outro lado, dos deveres próprios de cuidado em relação a filiação comum havida durante a convivência de fato (§ 1602.2, BGB). Ademais, inexiste o direito de reclamar indenização por serviços prestados durante a convivência (*Lebensgefährte*) após a ruptura da união, e não existem regras específicas quanto a aquisição de bens durante a convivência; de modo que os bens adquiridos em nome apenas de um dos conviventes permanecem na propriedade exclusiva dele.[133]

Bens comprovadamente adquiridos com a utilização de recursos de ambos os conviventes só serão considerados como propriedade comum se houver consenso entre eles. Contudo, não é incomum a existência de demandas no judiciário alemão invocando regras sobre enriquecimento sem causa (§ 812, BGB) ou ou do direito societário (§ 705 e seguintes, BGB) a fim de fundamentar pedidos de indenização ou de partilha dos bens adquiridos na constância da união de fato.[134]

Segundo dados do ano de 2003, naquela época existiam cerca de 2,3 milhões de casais formados a partir de uniões de fato na Alemanha, a maioria de jovens convivendo em uma espécie de período de "experiência" como etapa provisória que antecede ao casamento. Apenas uma minoria entre os casais "de fato" na Alemanha consideram a união de fato como uma alternativa ao casamento civil, conforme dados da mesma pesquisa de 2003.[135]

De outra banda, verificou-se um considerável aumento no número de casais constituídos sob as regras da união estável no Brasil. Conforme o censo demográfico de 2010, que analisou as mudanças quanto aos "padrões de nupcialidade" desde o ano 2000, verificou-se um considerável incremento nas uniões de fato (de 28,6% para 36,4% do total) "e uma consequente redução dos casamentos, com destaque para a modalidade civil e religioso (de 49,4% em 2000 para 42,9% em 2010)".[136]

[133] Martiny, Dieter. Family Law. In: Reiman, Mathias; Zekoll, Joachim (eds.). *Introduction to German Law*. 2 ed. The Hague: Kluwer Law International, 2005, p. 255.

[134] Idem, Ibidem, p. 255-256.

[135] Idem, Ibidem, p. 255.

[136] Cfr. http://www.brasil.gov.br/educacao/2011/11/pais-tem-declinio-de-fecundidade-e-migracao-e-aumento-na-escolarizacao Acesso em: 21 de Outubro de 2016.

Este aumento no número de uniões de fato no Brasil pode ser explicado por fatores tais como a simplicidade e os custos para a formalização da união estável, mas também pode ser atribuído a um senso comum equivocado que considera que a união estável é juridicamente equiparada ao casamento civil no ordenamento jurídico pátrio. A relativa liberdade em relação às formalidades para a constituição da união estável parece ser um dado positivo: "Todavia, a excessiva liberdade, em Direito, é muito perigosa, pois acaba por escravizar o mais fraco. (...). Assim, o Estado tem interesse em proteger as pessoas, evitando lesões de direito".[137]

Boa parte das pessoas que convivem em união estável só saberão das diferenças de tratamento em relação aqueles que optaram pelo casamento civil quando chegam às portas do poder judiciário ou do Instituto Nacional da Previdência Social. É neste momento, por exemplo, que a companheira descobre que não pode anular a venda do único imóvel da família, pois o adquirente estava de boa-fé e não tinha como saber daquela situação de fato.

Aliás, esta é mais uma premissa equivocada em relação a questão das uniões de fato. Como vimos antes, a jurisprudência do Superior Tribunal de Justiça costuma afirmar que não pode reputar inválida a alienação de bem imóvel sem a vênia do outro convivente porque se deve considerar o fato de que a união estável não é uma união "cartorária e solene" como o casamento civil.

Contudo, tal argumentação baseia-se em uma premissa equivocada: o casamento civil para existir não depende de solenidades ou de registro! A inobservância das solenidades pode conduzir a invalidade do ato; mas a nulidade não se confunde com a inexistência: "Tanto assim que é possível, nos casos concretos, tirar-se algo do nulo, o que se não conceberia, se nulo e inexistente fossem o mesmo. Nulo não alude a não-ser, mas apenas a não valer".[138]

Apesar de nulo, se contraído de boa-fé por ambos os cônjuges, o casamento civil produz os mesmos efeitos do casamento válido (art. 1.561, CC). Ademais, a certidão do registro civil é um meio de prova do casamento. Mas, em sendo "justificada a falta ou perda do registro civil, é admissí-

[137] AZEVEDO, Álvaro Villaça. União estável. Antiga forma de casamento de fato. *Revista da Faculdade de Direito de São Paulo*, n. 90 (1995), p. 99.

[138] MIRANDA, Francisco Cavalcanti Pontes de. Tratado de direito privado – Parte Geral: Tomo IV. 2 ed. Rio de Janeiro: Borsoi, 1954, p. 20.

vel qualquer outra espécie de prova" (Art. 1.543, CC). A posse de estado de casados, inclusive, pode ser um meio de prova do casamento civil (art. 1.545); conduta deveras semelhante ou idêntica à convivência *more uxorio* que se exige para a comprovação da união estável. Neste ponto, a diferença entre união estável e casamento é quase nenhuma.

Ora, já se valorizava bastante, nas primeiras décadas do século passado, o "fático" nos domínios do direito. A linguagem do direito rende grandes homenagens ao "fato", desde então. Esta é uma linguagem relativamente recente no direito. Assim, pouco a pouco se incorpora no vocabulário jurídico. No direito civil, por exemplo, fala-se em domicílio de fato, separação de fato, sociedade de fato, etc. As estruturas "de fato", em diversas áreas do direito, tendem a ganhar eficácia jurídica, à semelhança das correspondentes estruturas "abstratas" ou "ideais", tradicionalmente reguladas.[139]

Já demonstramos anteriormente que durante quase quatrocentos anos o direito aplicável entre nós imputava idênticos efeitos ao casamento "de direito" ao casamento "de fato". Apesar de talvez ser voz minoritária neste ponto, defendo a eliminação da figura da união estável do nosso ordenamento, que passaria a ser considerada um casamento de fato, com estatuto jurídico idêntico ao do casamento civil. A constitucionalização do instituto da união estável, contudo, é um verdadeiro entrave à efetiva tutela dos conviventes. Na medida em que, inclusive, prescreve a facilitação da conversão da união estável em casamento; parece pressupor uma diferença entre os regimes jurídicos. Afinal, não faz sentido converter para algo que não seja diverso da situação anterior. A estratégia de constitucionalizar certos institutos de direito civil nem sempre é positiva, como já ressaltamos em outra oportunidade: "Até mesmo porque, como ressalta Torquato Castro Jr, a estratégia de constitucionalizar certos institutos de direito civil muitas vezes serve a propósitos conservadores, como se deu em relação à indissolubilidade do matrimônio, ou (mais recentemente) com a união estável 'entre homem e mulher' no texto da Constituição de 1988".[140]

139 SAVATIER, René. Réalisme et idéalisme en droit civil d'aujourd'hui: structures materielles et structures juridiques. *In*: *Le droit privé français au millieu du XXe siècle*: études offertes à Georges Ripert. Tome I. Paris: L.G.D.J., 1950, p. 75-76.

140 COSTA FILHO, Venceslau Tavares; CASTRO JUNIOR, Torquato da Silva. Prefácio. *In*: COSTA FILHO, Venceslau Tavares; CASTRO JUNIOR, Torquato da Silva (coords.). A modernização do direito civil – Volume II. Recife: Nossa Livraria, 2012, p. 06.

Por fim, sabemos que talvez fosse necessário garantir a possibilidade da celebração de contratos que permitam aos conviventes constituir uma união livre de certos esquemas jurídicos tais como os que são próprios do casamento. O exercício da autonomia privada em tais casos, logicamente, deve pressupor a inexistência de consideráveis desequilíbrios sociais e econômicos entre os conviventes; o que não parece corresponder a realidade de todos os casais.

É de se reconhecer, também, a necessidade de regras específicas para a questão da união estável entre pessoas que ainda mantém o vínculo jurídico do casamento, apesar de separadas de fato ou judicialmente. Consideramos, ao fim e ao cabo, que a mera declaração da inconstitucionalidade do art. 1.790 sem a eliminação das outras assimetrias apontadas não corresponde a uma solução adequada, pois mantém os conviventes em uma situação de proteção jurídica deficiente em relação àqueles que contraíram casamento civil.

6
AS RELAÇÕES FAMILIARES E O ESTATUTO DA PESSOA COM DEFICIÊNCIA

Antes que se possa falar no impacto exercido pela Lei nº 13.146, de 5 de julho de 2015, no direito de família, faz-se mister uma contextualização, de modo a empreender uma visão panorâmica do novo sistema de incapacidades no direito brasileiro e compreender o percurso legislativo que culminou com a promulgação da referida lei, que se intitula Lei Brasileira de Inclusão da Pessoa com Deficiência, ou simplesmente Estatuto da Pessoa com Deficiência, responsável pela reformulação das incapacidades previstas no Código Civil, dentre inúmeros outros aspectos.

De início, pode-se destacar o Pacto Internacional sobre Direitos Civis e Políticos (PIDCP), de 1966, que preleciona em seu art. 16 que "toda pessoa terá direito, em qualquer lugar, ao reconhecimento de sua personalidade jurídica"[141]. Já aqui se encontra a raiz de um problema digno de nota: a personalidade jurídica é tradicionalmente definida como a aptidão para titularizar direitos e obrigações, e assim, é um contrassenso pensar-se em um *direito à aptidão para ter direitos*. Antes que se possa cogitar de ter direito, é preciso ser pessoa, ter personalidade jurídica. Neste sentido, não há falar-se em um direito à personalidade jurídica, mas a um princípio geral de direito que impõe o reconhecimento da personalidade jurídica dos seres humanos. O ser humano, dado antropológico, torna-se pessoa, dado jurídico.

Em seguida, destaca-se a Convenção sobre Direitos das Pessoas com Deficiência (CDPD), de 2007, a *Convenção de Nova Iorque*, que em seus

[141] No original: "Everyone shall have the right to recognition everywhere as a person before the law".

"relembrandos" faz alusão ao PIDCP e a inúmeros outros diplomas internacionais. Em seu art. 12, a Convenção de Nova Iorque dispõe:

> 1. Os Estados Partes reafirmam que as pessoas com deficiência têm o direito de ser reconhecidas em qualquer lugar como pessoas perante a lei.
>
> 2. Os Estados Partes reconhecerão que as pessoas com deficiência gozam de capacidade legal em igualdade de condições com as demais pessoas em todos os aspectos da vida.
>
> 3. Os Estados Partes tomarão medidas apropriadas para prover o acesso de pessoas com deficiência ao apoio que necessitarem no exercício de sua capacidade legal.
>
> 4. Os Estados Partes assegurarão que todas as medidas relativas ao exercício da capacidade legal incluam salvaguardas apropriadas e efetivas para prevenir abusos, em conformidade com o direito internacional dos direitos humanos. Essas salvaguardas assegurarão que as medidas relativas ao exercício da capacidade legal respeitem os direitos, a vontade e as preferências da pessoa, sejam isentas de conflito de interesses e de influência indevida, sejam proporcionais e apropriadas às circunstâncias da pessoa, se apliquem pelo período mais curto possível e sejam submetidas à revisão regular por uma autoridade ou órgão judiciário competente, independente e imparcial. As salvaguardas serão proporcionais ao grau em que tais medidas afetarem os direitos e interesses da pessoa.
>
> 5. Os Estados Partes, sujeitos ao disposto neste Artigo, tomarão todas as medidas apropriadas e efetivas para assegurar às pessoas com deficiência o igual direito de possuir ou herdar bens, de controlar as próprias finanças e de ter igual acesso a empréstimos bancários, hipotecas e outras formas de crédito financeiro, e assegurarão que as pessoas com deficiência não sejam arbitrariamente destituídas de seus bens.

O nº 1 do dispositivo apenas reafirma o consagrado no art. 16 do PIDCP. No entanto, é preciso refletir sobre o significado e alcance da expressão "as pessoas com deficiência gozam de capacidade legal em igualdade de condições com as demais em todos os aspectos da vida"[142], contida no nº 2. O dispositivo diz respeito à personalidade jurídica ou à capacidade de exercício? A nem uma, nem outra.

[142] No original: "persons with disabilities enjoy legal capacity on an equal basis with others in all aspects of life".

É preciso ampliar os horizontes conceituais, abarcando as ideias de *personalidade jurídica*, *capacidade jurídica* e *capacidade de exercício*.

Como vimos, a personalidade jurídica denota uma aptidão genérica para titularizar direitos e obrigações, encerrando uma noção predominantemente qualitativa[143]. É dizer: a personalidade jurídica não indica quantos ou quais situações jurídicas podem ser titularizadas ou exercidas por determinado ente (centro de imputação de normas jurídicas). Apenas indica que o ente é pessoa, estando apto a titularizar situações jurídicas.

Por seu turno, para que se possa bem compreender a noção de *capacidade jurídica* é preciso dividir o conceito em dois: *capacidade de gozo* (para alguns, apenas *capacidade jurídica*) e *capacidade de exercício*. Aquela refere-se à titularidade; esta, ao exercício pessoal.

A primeira, a *capacidade de gozo*, é uma *medida* de situações jurídicas que a pessoa *pode* titularizar. Demos destaque aos termos *medida* e *pode*, pois neles reside a ideia da capacidade jurídica como uma noção qualitativa e quantitativa, à semelhança da personalidade jurídica. Sendo assim, não é no fato de uma ser qualitativa e a outra quantitativa que reside a distinção entre *personalidade jurídica* e *capacidade jurídica*. Ambas trazem consigo aspectos qualitativos e quantitativos, em que pese ser possível observar uma preponderância do aspecto qualitativo da personalidade jurídica, e do aspecto quantitativo da capacidade de gozo.

O que distingue, então, a capacidade de gozo? Em última análise, a capacidade de gozo é uma aptidão *específica* para a titularidade de um *determinado* círculo de situações jurídicas. Segundo Santos Justo, "a capacidade jurídica (de gozo) consiste na "aptidão para ser titular de um círculo com mais ou menos restrições, de relações jurídicas". Castro Mendes, por sua vez, assevera que se trata de uma "medida de direitos e vinculações".

São exemplos de capacidade jurídica de gozo a capacidade patrimonial, a capacidade sucessória e a capacidade para constituir família. Estes círculos de situações jurídicas podem ser mais ou menos limitados pela ordem jurídica: toda pessoa *pode titularizar*[144] situações jurídicas patrimoniais; toda pessoa (incluindo o nascituro) tem capacidade sucessória passiva, mas nem toda pessoa tem capacidade sucessória ativa (o nascituro

143 *Predominantemente*, não *exclusivamente*. A personalidade jurídica traz consigo uma já titularidade dos chamados *direitos de humanidade*.

144 Se partirmos do pressuposto de que o patrimônio é a expressão econômica da personalidade, logo, temos que reconhecer que toda pessoa *é titular* de situações jurídicas patrimoniais.

não transmite por sucessão); apenas a partir dos dezesseis anos é dada à pessoa a possibilidade de constituir família pelo casamento[145].

Falando em casamento, negócio jurídico *sui generis*, é possível também observar uma capacidade jurídica negocial de gozo: a ordem jurídica concede a toda pessoa a capacidade de figurar em um negócio jurídico e de titularizar a situação jurídica daí advinda. O direito positivo poderia restringir esta capacidade, asseverando, por exemplo, que apenas pessoas com idade superior a 18 anos poderiam figurar em um negócio jurídico e titularizar os direitos e obrigações respectivos. Não o fez.

O cerne da capacidade jurídica de gozo está, portanto, reitere-se, na aptidão para a titularidade de um determinado círculo de situações jurídicas.

Passemos agora à capacidade de exercício.

Pedro Pais de Vasconcelos inicia a distinção entre capacidade de gozo e capacidade de exercício nos seguintes termos:

> A noção de capacidade desdobra-se em duas áreas distintas: a da titularidade e a do exercício pessoal e livre. São diferentes os tratamentos jurídicos e os problemas suscitados no Direito a propósito da capacidade para ser titular deste ou daquele direito ou vinculação, para ter este direito ou para ter aquele dever, e a capacidade para exercer pessoalmente um direito, para cumprir pessoalmente um dever, para agir pessoal e diretamente na vida jurídica.[146]

Saímos, então, da ideia de titularidade para a de *exercício pessoal e livre*, e é aqui que reside a capacidade baseada em critérios típicos de discernimento e autodeterminação. Por trás da capacidade de exercício encontra-se uma noção de independência.

Aproveitando os exemplos acima, apesar de ser dada à pessoa de dezesseis anos a capacidade de constituir família pelo casamento (titularidade – capacidade de gozo), esta constituição de família não pode ocorrer sem a intervenção de outra pessoa (a lei exige autorização dos pais ou dos representantes legais). Pode-se constituir família (capacidade de gozo), mas não de modo independente (ante a ausência de capacidade de exercício). É dado a toda pessoa figurar em negócios jurídicos (capacidade de gozo),

[145] Sem contar a ridícula capacidade de constituir família pelo casamento atribuída pelo Código Civil brasileiro ao menor que "ainda não alcançou idade núbil (art. 1.517), para evitar imposição ou cumprimento de pena criminal ou em caso de gravidez". (art. 1.520).

[146] Pedro Pais de Vasconcelos, *Teoria Geral do Direito Civil*, p. 90.

mas exige-se a intervenção de outra pessoa, representante ou assistente, para que se supra a incapacidade de exercício, respeitando a imposição de "agente capaz" para que os negócios jurídicos sejam válidos, a teor do art. 104 do Código Civil. É dado a toda pessoa receber pela via sucessória, mas a consolidação da situação patrimonial, a definitividade da transmissão ao herdeiro, só ocorre com a intervenção de outra pessoa, no sentido de suprir a incapacidade para aceitar (capacidade de exercício). Onde não houver independência, onde não houver discernimento e autodeterminação, não haverá capacidade de exercício.

Com base neste panorama, temos agora plenas condições de discernir o sentido e o alcance do nº 2 do art. 12 da CDPD.

É da capacidade de gozo que se trata. As pessoas com deficiência, pelo fato de o serem, não são menos aptos à titularidade de situações jurídicas. Assim, a pessoa poderá receber por sucessão, seja ou não deficiente (o que é, aliás, confirmado pelo nº 5 do mesmo dispositivo); poderá constituir família, seja ou não deficiente; poderá figurar em negócios jurídicos, seja ou não deficiente. No âmbito do art. 12, portanto, verifica-se tão somente uma vedação à limitação da capacidade de gozo em razão de deficiência. Esta interpretação confirma a epígrafe do dispositivo, de pleno valor legístico: "reconhecimento igual perante a lei".

Mas a CDPD não é alheia à capacidade de exercício. O nº 3 do artigo em comento se refere literalmente ao *exercício* da capacidade jurídica. As pessoas com deficiência fazem jus ao apoio necessário ao exercício da capacidade jurídica. Sendo assim, a CDPD não recusa, de modo algum, que o exercício de situações jurídicas por parte de pessoas com deficiência possa receber intervenção, a título de apoio, de outra pessoa. Assevera apenas que a intervenção se dê na estrita proporção da necessidade. Havendo necessidade parcial, haverá intervenção parcial; havendo necessidade total, haverá intervenção total. Este aspecto será de suma importância para compreendermos a situação atual do sistema de incapacidades no direito brasileiro, nomeadamente no que se refere à curatela.

Também deve receber especial atenção o nº 4 do art. 12. O dispositivo exige que os Estados Partes previnam abusos na intervenção de uma pessoa no exercício de direitos da pessoa com deficiência.

Trata-se da reafirmação de que a intervenção na capacidade de exercício do deficiente se dê no interesse exclusivo dele. Assim, o curador do deficiente deve atuar respeitando os direitos, a vontade e as preferências do curatelado, deve ser isento de conflito de interesses e de influência indevida. Ademais, o mesmo dispositivo exige que a curatela seja proporcional e apropriada às circunstâncias do curatelado, se aplique pelo período mais curto possível e seja submetida à revisão regular por uma autoridade ou órgão judiciário competente, independente e imparcial.

Em suma, a CDPD não enseja necessariamente uma reforma do sistema de incapacidades de exercício, mas principalmente uma reafirmação da razão de ser da curatela, da necessidade de que ela seja exercida exclusivamente no interesse do curatelado, e que seja proporcional, adequada e de menor duração possível.

Não foi exatamente nesses termos que a CDPD foi internalizada no Brasil.

6.1. A Convenção sobre Direitos das Pessoas com Deficiência no direito interno brasileiro

A CDPD foi aprovada pelo Congresso Nacional por intermédio do Decreto Legislativo nº 186, de 2008, que lhe deu *status* de emenda constitucional, a teor do art. 5º, §3º, da Constituição Federal. Em seguida, seria promulgada pelo Decreto nº 6.949, de 25 de agosto de 2009.

Seis anos depois adviria a Lei nº 13.146, de 6 de julho de 2015 (EPD). Trata-se de um amplo diploma, que alterou significativamente o Código Civil brasileiro, entre outros textos, nomeadamente no que se refere ao sistema das incapacidades de exercício do deficiente mental.

O art. 3º do Código Civil passou a vigorar com a seguinte redação: "São absolutamente incapazes de exercer pessoalmente os atos da vida civil os menores de 16 (dezesseis) anos". Saíram do rol dos absolutamente incapazes, portanto, "os que, por enfermidade ou deficiência mental, não tiverem o necessário discernimento para a prática desses atos" e "os que, mesmo por causa transitória, não puderem exprimir sua vontade".

Por seu turno, o art. 4º passou a dispor da seguinte redação:

Art. 4º. São incapazes, relativamente a certos atos ou à maneira de os exercer:

> I – os maiores de dezesseis e menores de dezoito anos;
>
> II – os ébrios habituais e os viciados em tóxico;
>
> III – aqueles que, por causa transitória ou permanente, não puderem exprimir sua vontade;
>
> IV – os pródigos.

Parágrafo único. A capacidade dos indígenas será regulada por legislação especial.

Saíram do rol do art. 4º "os que, por deficiência mental, tenham o discernimento reduzido" e "os excepcionais, sem desenvolvimento mental completo".

Em suma, na redação anterior dos dispositivos em comento, os deficientes mentais estavam englobados em três situações: i) quando não tivessem o necessário discernimento para a prática dos atos da vida civil, caso de incapacidade absoluta; ii) quando tivessem discernimento reduzido, caso de incapacidade relativa; e iii) quando fossem excepcionais, sem desenvolvimento mental completo.

Na atual redação, o único tipo legal em que o deficiente mental pode ser enquadrado é o das pessoas "que, por causa transitória ou permanente, não puderem exprimir sua vontade" (inciso III do art. 4º). Assim, parte-se de um pressuposto de capacidade do deficiente mental, sendo possível, no máximo, o reconhecimento de uma incapacidade relativa, quando haja impossibilidade de expressão de vontade.

Muito se tem falado que o EPD, na esteira da CDPD, teria promovido uma dissociação entre deficiência e incapacidade. Mas será que, de fato, a redação anterior do Código Civil trazia consigo uma necessária associação entre deficiência e incapacidade? Parece-nos que não.

É preciso notar que a incapacidade absoluta não se operava automaticamente em caso de deficiência. O antigo art. 3º, inciso II, exigia a ausência de discernimento para atos da vida civil. A deficiência mental era uma das possíveis causas dessa ausência de discernimento, ao lado da enfermidade. Assim, o foco residia no efeito (ausência de discernimento), não na causa (enfermidade ou deficiência mental). Em caso de deficiência mental sem ausência de discernimento, não havia falar-se em incapacidade absoluta.

O mesmo ocorria com o art. 4º, que exigia a redução de discernimento para que se operasse a incapacidade relativa. Do mesmo modo, o foco estava no efeito (redução do discernimento), não na causa (deficiência mental). Em caso de deficiência mental sem redução de discernimento, não havia falar-se em incapacidade relativa.

Comparada à do art. 3º, a nova redação do art. 4º traz-nos menores perplexidades, na medida em que ainda é possível enquadrar no tipo do inciso III os casos de deficiência mental que impliquem em redução do discernimento. Aliás, é preciso notar que, apesar do critério ser o da *possibilidade de expressão da vontade*, é claro que esta expressão de vontade tem que ser discernida. Vontade não discernida sequer é vontade.

A nova redação do art. 3º, no entanto, é uma verdadeira caixa de pandora. Isto porque o critério do discernimento foi completamente extirpado da noção de incapacidade absoluta. O único critério restante é o critério prototípico da idade, que, aliás, estabelece uma presunção *iuris et de iure* de ausência de discernimento do menor de dezesseis anos. Sendo assim, o critério da falta de discernimento continua subjacente à incapacidade absoluta por idade, mas foram retirados quaisquer outros tipos legais que, baseados nele, conduzissem à incapacidade absoluta.

Enfim, a nova redação possibilita reconhecer, no máximo, a incapacidade relativa do deficiente mental, mas há inúmeras situações de fato que deveriam ensejar o reconhecimento da incapacidade absoluta. É aqui que entramos no espinhoso tema da curatela.

6.2. Curatela

Na esteira da impossibilidade de reconhecimento da incapacidade absoluta do deficiente mental, o instituto da curatela perde amplitude.

De início, merece destaque o teor do §3º do art. 84 do EPD: "§ 3º A definição de curatela de pessoa com deficiência constitui medida protetiva extraordinária, proporcional às necessidades e às circunstâncias de cada caso, e durará o menor tempo possível". Aqui, o EPD vai ao encontro da CDPD. No entanto, o art. 85 institui não apenas uma incompatibilidade com a CDPD, mas também uma incongruência interna no próprio Estatuto.

A teor do art. 85, "a curatela afetará tão somente os atos relacionados aos direitos de natureza patrimonial e negocial", não alcançando o direito ao corpo, à sexualidade, ao matrimônio, à privacidade, à educação, à saúde, ao trabalho e ao voto (§1º). A *ratio* da regra que limita o alcance da curatela ao âmbito patrimonial e negocial reside na tentativa de evitar que a curatela faça às vezes de uma morte civil, de modo a retirar por completo a autonomia do curatelado no grau que ele a possui. O reconhecimento da incapacidade para a prática de atos da vida civil e a curatela, portanto, "devem velar pela intersubjetividade do incapaz ao invés de aprisioná-lo".[147]

[147] TEIXEIRA, Ana Carolina Brochado; RETTORE, Anna Cristina de Carvalho; SILVA, Beatriz de Almeida Borges e. O impacto da conformação do novo Código de Processo Civil à Cons-

No entanto, a proibição de que a curatela alcance aspectos existenciais da pessoa com deficiência parte de uma falsa premissa fática, uma presunção de que os curatelados sempre terão condições de dispor sobre tais questões sem a atuação do curador. Ocorre que, infelizmente, há inúmeras situações de deficiência mental severa em que se verifica total comprometimento da capacidade cognitiva e de autodeterminação da pessoa. A elogiosa iniciativa não muda a realidade dos fatos. Hoje, centenas de pessoas são declaradas por peritos judiciais absolutamente incapazes, no sentido biológico, de compreender a realidade que as cercam e de manifestar vontade. A triste realidade das demências senis, que se torna mais frequente com o envelhecimento da população, é apenas um dos exemplos possíveis. A pessoa que se tornou deficiente por moléstia incurável e que não consegue sequer escrever seu nome não passará, após a vigência da lei, a manifestar sua vontade[148].

Assim, parece sem sentido e perigoso limitar a proteção visada pela curatela apenas à tutela de direitos patrimoniais em relação às pessoas portadoras de patologias severas que praticamente retiram por completo a autonomia do curatelado no plano fático, apesar dela estar formalmente assegurada no mundo do direito.

Por vezes, não há outra saída que não a interdição plena. Sem embargo de respeitáveis opiniões contrárias, cremos que a interdição não afeta negativamente o gozo de direitos, sejam patrimoniais ou existenciais. Nelson Rosenvald, por exemplo, assevera que, "com o ingresso da CDPD em nosso direito interno, o vocábulo 'interdição' é suprimido da ordem infraconstitucional, pois relaciona a curatela a um processo de supressão de direitos patrimoniais e existenciais da pessoa". E complementa: "de fato, o termo 'interdição' remete a uma sanção civil de natureza punitiva contra uma pessoa que não praticou qualquer ato ilícito"[149].

Pelo contrário, cremos que o instituto da curatela visa justamente garantir o exercício de direitos por intermédio da atuação de outra pessoa, em

tituição Federal no direito material da interdição e sua eficácia normativa. In: EHRHARDT JUNIOR, Marcos; MAZZEI, Rodrigo (coords.). **Repercussões do Novo CPC – Volume 14**: Direito Civil. Salvador: Juspodivm, 2017, p. 853.

[148] Cfr. CORREIA, Atalá. Estatuto da Pessoa com Deficiência traz inovações e dúvidas. Disponível em: <http://www.conjur.com.br/2015-ago-03/direito-civil-atual-estatuto-pessoa-deficiencia-traz-inovacoes-duvidas>. Acesso em: mar. 2017.

[149] ROSENVALD, Nelson. Curatela. In: PEREIRA, Rodrigo da Cunha (org.). Tratado de direito das famílias, p. 736.

razão de uma incapacidade biológica da pessoa com deficiência mental de exercê-los por si mesma. Em última análise, o sistema de incapacidades, incluindo os dispositivos referentes à curatela, volta-se à proteção do incapaz, não à limitação do exercício de seus direitos[150].

Mas como superar a dicção legal que limita o magistrado ao reconhecimento da incapacidade relativa e impõe que a curatela só contemple aspectos patrimoniais?

Para nós, a resposta está na hierarquia das leis. Como dissemos, a Convenção sobre os Direitos das Pessoas com Deficiência consagrou a *proporcionalidade* das medidas de intervenção na capacidade das pessoas com deficiência, e isto foi recepcionado pelo direito brasileiro como norma de hierarquia constitucional. O EPD, por seu turno, veda o reconhecimento da incapacidade absoluta e impede que a curatela extrapole as questões patrimoniais. Por respeito à hierarquia normativa, é a orientação da CDPD que deve prevalecer.

Além do argumento da hierarquia normativa, a própria contradição interna depõe contra a limitação da curatela. Reitere-se: enquanto o referido §3º do art. 84 consagra a curatela "proporcional às necessidades e às circunstâncias de cada caso", o art. 85, *caput* e §1º impõem a limitação da curatela aos aspectos patrimoniais.

Tendo em vista a alínea "J" do Preâmbulo da Convenção sobre os Direitos das Pessoas com Deficiência[151], verifica-se a existência de garantia fundamental de proteção da pessoa com deficiência; dada a equiparação dos Tratados Constitucionais de Direitos Humanos submetidos ao procedimento previsto no § 3º do art. 5º da Constituição Federal às Emendas Constitucionais. Tal mandamento fundamental encerra uma ordem de proteção às pessoas com deficiência na medida de suas necessidades. De modo que a limitação infraconstitucional da curatela a questões patrimoniais, nos termos do art. 85 da Lei n. 13.146/2015, padece de grave vício de inconstitucionalidade material. A doutrina especializada também reforça este entendimento:

[150] Neste sentido, José Fernando Simão: "Por que o Direito Civil traz um rol de pessoas incapazes (artigos 3º e 4º do Código Civil)? Para que estas recebam especial proteção quando da prática dos atos da vida civil". José Fernando Simão, Estatuto da Pessoa com Deficiência causa perplexidade (Parte I). Disponível em: <http://www.conjur.com.br/2015-ago-06/jose-simao-estatuto-pessoa-deficiencia-causa-perplexidade>. Acesso em: mar. 2017.

[151] "j) *Reconhecendo* a necessidade de promover e proteger os direitos humanos de todas as pessoas com deficiência, inclusive daquelas que requerem maior apoio".

Quando houver a comprovada necessidade de proteger o interdito até mesmo no âmbito dessas questões não patrimoniais, a curatela deve recair também sobre esses interesses. A considerar o preâmbulo da Convenção, alínea J, se reconhece 'Reconhecendo a necessidade de promover e proteger os direitos humanos de todas as pessoas com deficiência, inclusive daquelas que requerem maior apoio'. Disso resulta adequado ao sistema de proteção à pessoa, a curatela que se estende à medida da necessidade ostentada pela pessoa.[152]

Diante deste impasse, em alinhamento com o CDPD, a proporcionalidade deverá prevalecer, e assim, onde houver incapacidade biológica total, a curatela deverá alcançar tanto os aspectos patrimoniais quanto os existenciais do curatelado. Afinal, como dissemos, a ideia de proporcionalidade significa: havendo necessidade parcial, haverá intervenção parcial; havendo necessidade total, haverá intervenção total.

Destarte, uma interpretação conjunta da citada alínea "J" do Preâmbulo da Convenção sobre os Direitos das Pessoas com Deficiência e do art. 1.772 do Código Civil vigente[153] permitem uma modulação da curatela de modo a adequar o instituto às necessidades concretas de proteção da pessoa com deficiência tendo em vista as "potencialidades da pessoa" e "a adequação às circunstâncias da pessoa".

Ademais, o próprio EPD, em mais uma incongruência interna, abre precedente para a atuação do curador quanto a ato da vida civil de natureza existencial do curatelado, qual seja o de expressar sua vontade para contrair matrimônio, a teor do art. 1.550, §2º, do Código Civil, incluído pelo Estatuto[154]. Mais uma orientação que depõe, portanto, à maior abrangên-

[152] MENEZES, Joyceane Bezerra de; CORREIA NETO, Jáder de Figueiredo. A curatela no novo Código de Processo Civil brasileiro e no Estatuto dos Direitos da Pessoa com Deficiência. In: EHRHARDT JUNIOR, Marcos; MAZZEI, Rodrigo (coords.). Repercussões do Novo CPC – Volume 14: Direito Civil. Salvador: Juspodivm, 2017, p. 995.

[153] "Art. 1.772. O juiz determinará, segundo as potencialidades da pessoa, os limites da curatela, circunscritos às restrições constantes do art. 1.782, e indicará curador. Parágrafo único. Para a escolha do curador, o juiz levará em conta a vontade e as preferências do interditando, a ausência de conflito de interesses e de influência indevida, a proporcionalidade e a adequação às circunstâncias da pessoa".

[154] "Art. 1.550. (...) § 2º A pessoa com deficiência mental ou intelectual em idade núbia poderá contrair matrimônio, expressando sua vontade diretamente ou por meio de seu responsável ou curador." Há que se apontar, aqui, uma imprecisão terminológica. O termo correto é "idade

cia da curatela, podendo alcançar aspectos patrimoniais e existenciais da vida civil do curatelado.

6.3. Processo de tomada de decisão apoiada

Outro ponto crucial do EPD, com plena relevância no direito de família, é a inovação representada pelo processo de tomada de decisão apoiada. O já referido art. 84, §2º, preleciona que "é facultado à pessoa com deficiência a adoção de processo de tomada de decisão apoiada". Em seguida, o EPD altera dispositivos do Código Civil, incorporando a tomada de decisão apoiada ao título que era até então dedicado à tutela e à curatela.

Em capítulo próprio, o tratamento da tomada de decisão apoiada tem início com o art. 1.783-A, que a define como o "processo pelo qual a pessoa com deficiência elege pelo menos 2 (duas) pessoas idôneas com as quais mantenha vínculos e que gozem de sua confiança, para prestar-lhe apoio na tomada de decisão sobre atos da vida civil, fornecendo-lhes os elementos e informações necessários para que possa exercer sua capacidade".

Sem prejuízo do conceito e das regras procedimentais que regem o instituto, contidos nos onze parágrafos que compõem o referido dispositivo, a definição do objeto da tomada de decisão apoiada é imprescindível. Ao contrário do que possa parecer, a utilidade do instituto não se restringe aos atos da vida civil de natureza patrimonial. Aqui, o que nos é primordial é a possibilidade de uso do instituto relativamente a questões familiares. A dicção do *caput* é ampla, referindo-se a "atos da vida civil", englobando, assim, tanto os de natureza patrimonial quanto existencial. Arnaldo Rizzardo cita algumas possibilidades no âmbito do direito de família: casamento, celebração de contrato de união estável e acordo de alimentos[155].

Obviamente, a deficiência não se traduz necessariamente em incapacidade, como acima já consignamos. Ademais, no que se refere diretamente ao direito de família, temos o teor do art. 6º do EPD. Em relação a todos os aspectos ali contidos (casar-se, constituir união estável, exercer direitos sexuais

núbil", como observou José Fernando Simão: "Núbia é a região da África que historicamente teve conflitos com o Egito e hoje é parte dele". Cfr. Estatuto da Pessoa com Deficiência causa perplexidade (Parte 2). Disponível em: <http://www.conjur.com.br/2015-ago-07/jose-simao-estatuto-pessoa-deficiencia-traz-mudancas>. Acesso em: mar. 2017.

[155] Arnaldo Rizzardo, Os deficientes e a tomada de decisão apoiada. Disponível em: <http://genjuridico.com.br/2015/10/21/os-deficientes-e-a-tomada-de-decisao-apoiada/>. Acesso em: mar. 2017.

e reprodutivos, decidir sobre o planejamento familiar, conservar sua fertilidade, exercer o direito à família e à convivência familiar e comunitária, e exercer o direito à guarda, à tutela, à curatela e à adoção) pode o deficiente lançar mão do processo de tomada de decisão apoiada. Aliás, a ambiente de reflexão que se pretende propiciar com o instituto, com a participação de pessoas que gozam da confiança do deficiente, mas também de equipe multidisciplinar e do Ministério Público (§3º), pode ser um poderoso aliado para que o deficiente possa praticar tais atos de forma mais segura e consentânea.

6.4. O deficiente e a constituição de família: casamento e união estável

No último tópico desta abordagem do estatuto jurídico das pessoas com deficiência no contexto do direito de família, tratemos sobre a constituição de família pelo deficiente.

Como acabamos de reiterar, a deficiência não afeta, *a priori*, o exercício de direitos e a prática de atos da vida civil de natureza familiar. Este é um grande avanço empreendido pelo EPD.

Quanto ao casamento contraído por deficiente, havendo o consentimento inequívoco, que está na base da sua constituição, em razão da sua natureza negocial, não há dúvidas de que o casamento será válido, considerando o paradigma da capacidade do deficiente, do qual sempre devemos partir, nomeadamente em virtude da alteração do art. 1.548 do Código Civil, que revogou a hipótese de nulidade do casamento contraído pelo enfermo mental sem o necessário discernimento para os atos da vida civil, permanecendo a infringência de impedimento como única causa de nulidade do casamento.

Por outro lado, será anulável o casamento contraído por pessoa incapaz de consentir ou manifestar, de modo inequívoco, o consentimento, a teor do art. 1.550, inciso IV, do Código Civil. A deficiência poderá comprometer a capacidade de consentir, e sendo esta incapacidade reconhecida, ensejará a anulabilidade do casamento.

Por fim, tratando-se de verdadeira inexistência do consentimento, inexistirá o casamento. Como destaca José Fernando Simão, "a decisão de se casar é um ato de vontade. Se vontade não existir em razão da deficiência, inexistente será o casamento".[156]

[156] José Fernando Simão, *Estatuto da Pessoa com Deficiência causa perplexidade* (Parte 2). Disponível em: <http://www.conjur.com.br/2015-ago-07/jose-simao-estatuto-pessoa-deficiencia-traz-mudancas>. Acesso em: mar. 2017.

Não há mais, portanto, na ordem jurídica brasileira, hipótese de nulidade do casamento em razão da incapacidade do agente, seja ela decorrente de deficiência ou de qualquer outra causa.

Quanto à união estável, a questão torna-se mais delicada, na medida em que o cerne não está no consentimento, no caráter negocial, como ocorre com o casamento, mas na convivência, fato jurídico. De qualquer forma, temos o mesmo ponto de partida segundo o qual a deficiência não implica, *a priori*, barreira à constituição de família, a teor do art. 6º do Estatuto da Pessoa com Deficiência.

Aqui, convém tratar sobre a natureza jurídica da união estável, de modo a identificar, na sequência, em que sentido a deficiência pode obstaculizar a sua constituição. No âmbito da teoria dos fatos jurídicos, temos três caminhos possíveis: o negócio jurídico, o ato-fato jurídico e o ato jurídico *strictu senso*.

De plano, afastamos a natureza negocial da união estável, por não estar o foco, como dissemos há pouco, no consentimento, mas na complexidade dos fatos que se apresentam independentemente de qualquer formalidade. Isto não quer dizer, no entanto, que não haja na configuração da união estável espaço para a volição. Ao lado dos requisitos da publicidade, da continuidade, da durabilidade e da ausência de impedimentos, há o objetivo de constituição de família, que abre espaço para o debate em torno da vontade e, por conseguinte, da capacidade. Sobre isso trataremos mais à frente. Afastamos, portanto, a natureza negocial da união estável.

Na sequência, temos a categoria do ato-fato jurídico. O conceito nos é trazido por Marcos Bernardes de Mello[157]:

> Há outras espécies cujo suporte fático prevê uma situação de fato, a qual, no entanto, somente pode materializar-se como resultante de uma conduta humana. (...) É evidente que a situação de fato criada pela conduta, comissiva ou omissiva, constitui uma mudança permanente no mundo, passando a integrá-lo definitivamente, sem que haja a possibilidade de, simplesmente, ser desconsiderada. (...) Como o ato que está na base da ocorrência do fato é da substância do fato jurídico, a norma jurídica o recebe como avolitivo, abstraindo dele qualquer elemento volitivo que, por ventura, possa existir em sua origem;

[157] Marcos Bernardes de Mello, Teoria do fato jurídico: plano da existência (e-book).

O autor conclui, asseverando que, no ato-fato jurídico, "não importa, assim, se houve, ou não, vontade em praticá-lo". Diante deste conceito, balizados autores enquadram a união estável nesta categoria do ato-fato. Por exemplo, para Paulo Lôbo:

> Considerando-se o papel da manifestação da vontade, teremos: nos fatos jurídicos em sentido estrito, não existe vontade ou é desconsiderada; no ato-fato jurídico, a vontade está em sua gênese, mas o direito a desconsidera e apenas atribui juridicidade ao fato resultante; no ato jurídico, a vontade é seu elemento nuclear. Nessa classificação, adotada pela doutrina brasileira, o casamento é ato jurídico formal e complexo, enquanto a união estável é ato-fato jurídico. Por ser ato-fato jurídico (ou ato real), a união estável não necessita de qualquer manifestação de vontade para que produza seus jurídicos efeitos.[158]

Por seu turno, no mesmo sentido, Raphael Arnaud assevera que o ato-fato "se caracteriza por um ato volitivo que está na base substancial da ocorrência de um fato, sendo recepcionado pelo mundo jurídico como fato e não ato, suprimindo, portanto, o elemento vontade que dele constava". E conclui: "torna-se desimportante ao Direito se houve ou não vontade em praticá-lo, na medida que, a intenção de querê-lo ou afastá-lo não opera resultado"[159]. Estaria aqui enquadrada a união estável.

Para nós, sem embargo, se o negócio jurídico tem seu foco na vontade, o ato-fato a despreza, e por isso mesmo não nos parece razoável que, para a constituição da união estável, possamos abstrair tal elemento. Não nos parece que possamos simplesmente desconsiderar qualquer dos elementos arrolados pelo art. 1.723 do Código Civil, inclusive o *objetivo de constituir família.*

Por fim, temos o ato jurídico *strictu senso.* Segundo Marcos Bernardes de Mello[160]:

> O fato jurídico que tem por elemento nuclear do suporte fáctico manifestação ou declaração unilateral de vontade cujos efeitos jurídicos são prefixados pelas normas jurídicas e invariáveis, não cabendo às pessoas qualquer poder de escolha da categoria jurídica ou de estruturação do conteúdo das relações jurídicas respectivas.

158 LÔBO, Paulo. Famílias, p. 172.

159 ARNAUD, Raphael. *O Negócio Jurídico e a União de Facto/Estável.* Relatório de Mestrado. Universidade de Lisboa, 2013.

160 MELLO, Marcos Bernardes de. *Teoria do fato jurídico*: plano da existência (e-book).

Mais adiante, o autor conceitua a categoria dos chamados atos jurídicos *stricto sensu* compósitos,

> (...) que constituem em manifestação de vontade que não bastam em si, pois necessitam de outras circunstâncias para se completarem. Esta categoria de ato jurídico *stricto sensu*, apesar da parte fáctica que integra seu suporte, não configura nem se confunde com os atos-fatos jurídicos, porque nestes, nos atos-fatos, a vontade é irrelevante, enquanto naqueles, o ato volitivo expresso constitui elementos nuclear do suporte fáctico.

E é justamente aqui que ele enquadra a união estável, contrapondo-se à teoria da união estável como ato-fato. No artigo intitulado *Sobre a classificação do fato jurídico da união estável*, Marcos Bernardes de Mello adentra nas minúcias da natureza jurídica da constituição de união estável, concluindo:

> Ora, para a constituição de união estável, como vimos é necessária uma manifestação de vontade que se completa com a ocorrência de um estado de fato materializado na convivência pública, contínua e permanente entre os conviventes durante um tempo razoável. Essa estrutura caracteriza um suporte fáctico típico de ato jurídico *stricto sensu* da espécie compósito, o que nos permite classificar nessa categoria o fato jurídico da constituição de união estável.[161]

A classificação é irretocável. Também para nós, a moldura do ato jurídico *stricto sensu compósito* figura-se mais adequada para o enquadramento da união estável.

Mas há ainda um aspecto sobre o qual refletir.

No que se refere à categoria dos atos jurídicos *stricto sensu*, o autor assevera que os efeitos jurídicos são prefixados pelas normas jurídicas e invariáveis, não cabendo às pessoas escolher a categoria jurídica e a estruturação do conteúdo das relações jurídicas respectivas. Considerando que na união estável é lícito aos companheiros disporem sobre os aspectos patrimoniais da relação, isso não deporia contra a classificação?

[161] MELLO, Marcos Bernardes de. Sobre a classificação do fato jurídico da união estável. *In*: ALBUQUERQUE, Fabíola Santos; EHRHARDT JR., Marcos; OLIVEIRA, Catarina Almeida de Oliveira. *Famílias no Direito Contemporâneo*: Estudos em homanegem a Paulo Luiz Netto Lôbo, p., 162/163.

De modo algum. Primeiro, porque a mesma questão nos chega por ocasião da classificação do casamento como negócio jurídico: se os negócios jurídicos são caracterizados pela autonomia na escolha da categoria jurídica e na estruturação dos efeitos, ou seja, na liberdade para compor o suporte fático e definir as respectivas consequências, como podemos classificar o casamento como negócio jurídico, se somente é lícito aos nubentes dispor sobre os aspectos patrimoniais mas todos os demais efeitos são impostos por normas cogentes?

Aqui, é preciso fazer uma releitura da teoria clássica, reconhecendo que há negócios jurídicos cujos efeitos são predeterminados pelo sistema, a exemplo do casamento. E nem por isso o casamento deixa de ser negócio jurídico, ainda que se lhe reconheça o caráter *sui generis*.

O mesmo raciocínio podemos utilizar para a união estável: em que pese haver certo espaço para a autonomia, a esmagadora maioria dos efeitos jurídicos são predefinidos. Mas este misto de heteronomia e de autonomia não compromete o enquadramento.

O próprio Marcos Bernardes de Mello se antecipa a eventuais críticas e encerra o artigo com uma "objeção doutrinária". Se é lícito aos companheiros regular, por contrato, as relações patrimoniais, não estaríamos diante de um negócio jurídico? O autor responde: "a circunstância de poderem os conviventes regular as relações patrimoniais mediante contrato, não altera sua classificação, transformando-a em negócio jurídico, pois que não é o contrato que constitui a união estável[162].

Enfim, sendo o suporte fático da união estável composto de vontade e de outros núcleos fáticos, a consideramos ato jurídico *stricto sensu* compósito.

Feito este enquadramento, sabendo que a vontade é, sim, relevante para a configuração da união estável, podemos retornar à questão do deficiente. Caso a deficiência comprometa a capacidade de manifestação inequívoca de vontade de constituir união estável, não haverá espaço para a sua configuração. Por outro lado, em alinhamento com o EPD, se a deficiência não comprometer a capacidade de manifestação inequívoca de vontade, restará configurada a união estável, em igualdade de condições com as demais pessoas.

[162] MELLO, Marcos Bernardes. Sobre a classificação do fato jurídico da união estável. *In*: ALBUQUERQUE, Fabíola Santos; EHRHARDT JR., Marcos; OLIVEIRA, Catarina Almeida de Oliveira. *Famílias no Direito Contemporâneo*: Estudos em homanegem a Paulo Luiz Netto Lôbo, p., 163.

Tende a ser esta a orientação dos nossos tribunais. No REsp 1.263.015/RN, a 3ª Turma reconheceu que o elemento anímico, o desejo de constituição de família, integra decisivamente os parâmetros de configuração da união estável. Destaque-se:

> CIVIL. PROCESSUAL CIVIL. RECURSO ESPECIAL. UNIÃO ESTÁVEL. RECONHECIMENTO. DEMONSTRAÇÃO. AUSÊNCIA.
>
> 1. A configuração da união estável é ditada pela confluência dos parâmetros expressamente declinados, hoje, no art. 1.723 do CC-02, que tem elementos objetivos descritos na norma: convivência pública, sua continuidade e razoável duração, e um elemento subjetivo: o desejo de constituição de família. 2. A congruência de todos os fatores objetivos descritos na norma, não levam, necessariamente, à conclusão sobre a existência de união estável, mas tão somente informam a existência de um relacionamento entre as partes. 3. O desejo de constituir uma família, por seu turno, é essencial para a caracterização da união estável pois distingue um relacionamento, dando-lhe a marca da união estável, ante outros tantos que, embora públicos, duradouros e não raras vezes com prole, não têm o escopo de serem família, porque assim não quiseram seus atores principais. 4. A demanda declaratória de união estável não pode prescindir de um diligente perscrutar sobre o "querer constituir família", desejo anímico, que deve ser nutrido por ambos os conviventes, e a falta dessa conclusão impede o reconhecimento da união estável.
>
> Recurso provido. (REsp 1263015/RN, Rel. Ministra Nancy Andrighi, 3ª Turma, julgado em 19.06.2012, DJe 26.06.2012)

Mesmo antes do referido julgamento, o STJ já havia se debruçado sobre o específico tema do reconhecimento da união estável do "enfermo mental", no REsp. 1201462/MG[163]. Em seu voto, o relator, Ministro Massami

[163] RECURSO ESPECIAL - AÇÃO DECLARATÓRIA DE RECONHECIMENTO DE UNIÃO ESTÁVEL - NEGATIVA DE PRESTAÇÃO JURISDICIONAL - NÃO-OCORRÊNCIA - ALTERAÇÃO DA BASE FÁTICA SOB A QUAL SE FUNDOU O ARESTO A QUO - IMPOSSIBILIDADE NESTA INSTÂNCIA ESPECIAL - INTELIGÊNCIA DA SÚMULA N. 7/STJ - PRETENSO COMPANHEIRO DESPROVIDO DO NECESSÁRIO DISCERNIMENTO PARA A PRÁTICA DOS ATOS DA VIDA CIVIL - IMPOSSIBILIDADE DO RECONHECIMENTO DA RELAÇÃO PRETENDIDA (UNIÃO ESTÁVEL) - RECURSO ESPECIAL A QUE SE NEGA PROVIMENTO. 1. Não existe negativa de prestação jurisdicional no acórdão que, a despeito de adotar fundamento diverso daquele pretendido pela parte, efetivamente decide de forma fundamentada toda a controvérsia, como sucede in casu. 2.

Uyeda, fixou como premissa fática a circunstância de que "à época do relacionamento o genitor das apeladas, ora recorridas, não tinha o necessário discernimento para a prática dos atos civis". A partir disso, passou a verificar se "a incapacidade decorrente de uma enfermidade mental é, ou não, óbice ao reconhecimento da união estável".

Após empreender um paralelo entre a união estável e o casamento, asseverando que "a melhor exegese consiste em não se reconhecer a união estável quando inviável juridicamente o casamento", a relatoria consigna que a sistemática geral dos negócios jurídicos aplica-se também aos atos jurídicos, inclusive no que concerne à capacidade. Conclui que o reconhecimento da união estável exige higidez mental, de modo a viabilizar a verificação do *objetivo de constituir família.*

À época do julgamento (2011), não contávamos com o EPD, mas cremos que aquele raciocínio deve preponderar mesmo depois do advento deste, por não lhe ser incompatível.

Por outro lado, uma dada interpretação ao art. 85 do Estatuto da Pessoa com Deficiência pode limitar efetivamente os poderes do curador às questões patrimoniais e negociais; não obstante o fato de se conferir ao curador poderes para representar o curatelado em juízo. Indaga-se, pois, se o curador possui poderes para promover a dissolução judicial de união estável ou casamento contraído pelo curatelado antes da interdição.

Nos termos do art. 116 do CC: "A manifestação de vontade pelo representante, nos limites de seus poderes, produz efeitos em relação ao representado". Ora, os poderes que serão conferidos por sentença ao curador

O recurso especial presta-se a definir a interpretação da lei federal e não a rediscutir a base fática sobre a qual se fundou o acórdão recorrido. 3. Se o "enfermo mental sem o necessário discernimento para os atos da vida civil" (artigo 1.548, inciso I, do Código Civil) não pode contrair núpcias, sob pena de nulidade, pela mesma razão não poderá conviver em união estável, a qual, neste caso, jamais será convertida em casamento. A adoção de entendimento diverso, data venia, contrariaria o próprio espírito da Constituição Federal, a qual foi expressa ao determinar a facilitação da transmutação da união estável em casamento. 4. A lei civil exige, como requisito da validade tanto dos negócios jurídicos, quanto dos atos jurídicos – no que couber -, a capacidade civil (artigo 104, 166 e 185, todos do Código Civil). 5. Não só pela impossibilidade de constatar-se o intuito de constituir família, mas também sob a perspectiva das obrigações que naturalmente emergem da convivência em união estável, tem-se que o incapaz, sem o necessário discernimento para os atos da vida civil, não pode conviver sob tal vínculo. 6. Recurso especial desprovido. REsp 1201462/MG, Relator Ministro Massami Uyeda, 3ª Turma, julgado em 14.04.2011, DJe 27.04.2011.

expressamente ressalvam os direitos do curatelado no sentido de "exercer direitos sexuais e reprodutivos" e de "exercer o direito à família e à convivência familiar e comunitária", conforme prescrito nos incisos II e V do art. 6º do Estatuto da Pessoa com Deficiência.

O caso impõe a necessidade de obter autorização judicial para a dissolução da união estável ou do casamento, tendo em vista o melhor interesse do curatelado, a fim de mantê-lo a salvo de situações tais como os maus-tratos e a violência (física ou psíquica). Este também é o entendimento da doutrina especializada:

O Estatuto igualmente é pertinente com a Convenção naquilo que se refere à autonomia da pessoa com deficiência. No art. 85 e respectivos parágrafos, por exemplo, o EDPD determina que a curatela afetará apenas os atos relacionados aos direitos de natureza patrimonial e negocial, impedindo expressamente que o instituto afete aspectos como 'o direito ao próprio corpo, à sexualidade, ao matrimônio, à privacidade, à educação, à saúde, ao trabalho e ao voto'. Aqui excepciona a incidência da curatela mas, conforme se antecipou linhas atrás, como se fará nos casos em que a deficiência da pessoa é bastante severa e requer um apoio mais intenso? Conquanto a CDPD preveja a possibilidade de um 'apoio mais intenso', o que nos leva a concluir que abrigaria a possibilidade excepcional da representação, o EPD exclui certas matérias atinentes à seara existencial dos poderes do curador. A seguir esse entendimento, sempre que houver a necessidade de decisão sobre tais matérias, haveria de se provocar o Estado-Juiz.[164]

[164] MENEZES, Joyceane Bezerra de; CORREIA NETO, Jáder de Figueiredo. A curatela no novo Código de Processo Civil brasileiro e no Estatuto dos Direitos da Pessoa com Deficiência. In: EHRHARDT JUNIOR, Marcos; MAZZEI, Rodrigo (coords.). Repercussões do Novo CPC – Volume 14: Direito Civil. Salvador: Juspodivm, 2017, p. 999.

7
PARENTALIDADE E PODER FAMILIAR

Por parentalidade compreendemos a relação jurídica familiar vertical existente entre pai e filho e/ou mãe e filho. Trata-se, portanto, de parentesco em linha reta e em primeiro grau, que engloba as noções de filiação e de paternidade/maternidade.

Durante muito tempo os efeitos jurídicos da parentalidade (vínculo vertical) sofreram a ingerência da conjugalidade (vínculo horizontal). Por exemplo, cite-se a histórica marginalização jurídica que sofreram os filhos havidos fora do casamento, chamados pelo Código Civil de 1916 de *filhos ilegítimos*, situação que mudaria apenas com os novos ventos trazidos pela Constituição Federal de 1988, que vedou qualquer sorte de discriminação em relação à figura dos filhos. A retirada dos adjetivos (legítimo, legitimado, ilegítimo, adotivo...) significou não apenas a igualdade, mas também a emancipação da parentalidade em relação à conjugalidade. No dizer de Washington de Barros Monteiro e Regina Beatriz Tavares da Silva,

> não se pode carrear aos filhos as consequências de atos praticados pelos genitores. Por isso os seus direitos devem ser iguais, sejam casados ou não os genitores. Nenhuma qualificação discriminatória deve atribuir-lhes a pecha de ilegitimidade, classificando-os como espúrios, como incestuosos ou adulterinos.[165]

[165] MONTEIRO, Washington de Barros; SILVA, Regina Beatriz Tavares da. *Curso de Direito Civil*. v. II. Direito de Família. p. 476/477.

Quanto à origem, a parentalidade pode ser *consanguínea, socioafetiva* ou *civil*. Baseada no vínculo biológico, a parentalidade consanguínea reinou soberana durante toda a história do direito de família, tendo apenas recentemente cedido espaço para a socioafetividade. Por seu turno, a parentalidade socioafetiva é a decorrente da posse do estado de filiação, uma relação sem fundo biológico decorrente de uma situação de fato. Por fim, a parentalidade civil é a decorrente de adoção, que tem como característica primordial a ruptura do vínculo com a família anterior, permanecendo apenas os impedimentos matrimoniais, e o pleno estabelecimento de um vínculo jurídico familiar entre adotante e adotando, agora pai/mãe e filho.

Intrinsecamente relacionado à parentalidade está o poder familiar, definido por Maria Helena Diniz como "um conjunto de direitos e obrigações, quanto à pessoa e bens do filho menor não emancipado, exercido, em igualdade de condições por ambos os pais, para que possam desempenhar os encargos que a norma jurídica lhes impõe, tendo em vista o interesse e a proteção do filho"[166]. Tendo em vista esse espectro de direitos e obrigações, muitos autores preferem chamá-lo poder-dever familiar.

As principais características do poder familiar são: i) é um *munus* público, exercido no interesse do pai, mas nomeadamente do filho, considerando a absoluta prioridade na efetivação dos direitos das crianças e adolescentes (CF/88, art. 227, e ECA, art. 4º); ii) é indisponível (e, portanto, irrenunciável e inalienável); iii) é imprescritível, pois não se perde pelo não exercício; e iv) é incompatível com a tutela, já que os filhos menores só podem ser postos em tutela quando do falecimentos do pais, quando estes forem declarados ausentes e em caso de destituição do poder familiar, a teor do art. 1.728 do Código Civil. Por seu turno, o art. 36 do ECA preleciona que a tutela é deferida nos termos da lei civil e que o deferimento da tutela pressupõe a prévia decretação da perda ou suspensão do poder familiar.

Tipicamente, pai e mãe, unidos ou não, exercem o poder familiar simultaneamente e em igualdade de condições, devendo a tomada de decisões ser fruto de comum acordo. Contudo, havendo conflito entre suas decisões, qualquer deles pode recorrer ao juiz, que dará solução adequada para resguardar o interesse da prole (art. 1.631, parágrafo único, do Código Civil). Na falta de um deles, o outro exercerá tal *munus* com exclusividade (art. 1.631 do Código Civil).

[166] Maria Helena Diniz, Código Civil Anotado, p. 1.197.

Para além dos casos típicos, há uma infinidade de outras situações em que o poder familiar é exercido de maneira peculiar. Seguem alguns exemplos: a) pais vivos em união, sendo o poder familiar exercido por um deles, em virtude de estar o outro impedido de exercê-lo por suspensão, destituição ou impossibilidade de manifestar sua vontade; b) em caso de morte de um dos pais, o poder familiar competirá apenas ao cônjuge sobrevivente, resguardando-se o exercício desse poder das interferências de terceiros, mesmo que se trate de novo cônjuge/companheiro do(a) viúvo(a), aplicando-se igual regra aos pais solteiros[167]; c) na família não-matrimonial, o filho reconhecido se sujeita ao poder familiar de quem o reconheceu; d) na família civil (adoção), o poder familiar compete ao pai/mãe adotante. Assim, se apenas um dos cônjuges adotou, só ele exerce o poder familiar.

O conteúdo do poder familiar começa a ser definido pelo art. 1.634 do Código Civil, que consolida, inicialmente, a dissociação entre parentalidade e conjugalidade a que nos referimos há pouco, dispondo que "compete a ambos os pais, *qualquer que seja a sua situação conjugal*, o pleno exercício do poder familiar. Na sequência o dispositivo aduz que o poder familiar consiste em, quanto aos filhos:

i) dirigir-lhes a criação e a educação: envolve a criação material, provendo os meios de subsistência e instrução, bem como moral e espiritual. Devem respeitar, no entanto, os direitos de personalidade dos filhos.
ii) exercer a guarda unilateral ou compartilhada nos termos do art. 1.584: a quem cabe criar, cabe cuidar e guardar. Assim, os pais podem restringir o convívio dos filhos com terceiros, limitar suas saídas e sua frequência a certos lugares. Trata-se de espaço de intervenção na própria liberdade do filho, o que deve ser sempre empreendido de modo não abusivo. Na outra ponta, é também possível, em casos excepcionais, que os pais afastem o filho maior do convívio do lar[168].

[167] Art 1.636. O pai ou a mãe que contrai novas núpcias, ou estabelece união estável, não perde, quanto aos filhos do relacionamento anterior, os direitos ao poder familiar, exercendo-os sem qualquer interferência do novo cônjuge ou companheiro.
Parágrafo único. Igual preceito ao estabelecido neste artigo aplica-se ao pai ou à mãe solteiros que casarem ou estabelecerem união estável.

[168] AÇÃO CAUTELAR – AFASTAMENTO DO LAR – FILHO MAIOR DE IDADE. A turma concluir que os pais, visando garantir sua integridade física e psicológica, têm interesse

iii) conceder-lhes ou negar-lhes consentimento para casarem: aos dezesseis anos a pessoa atinge a capacidade para o casamento, exigindo-se, neste caso, porém, a autorização dos pais, nos termos do art. 1.517 do Código Civil. Note-se que, havendo divergência entre os pais, qualquer deles pode recorrer ao juiz com vistas a solucionar o desacordo (art. 1.517, parágrafo único, do art. 1.517, remissivo ao art. 1.631). Além disso, caso os pais se recusem injustificadamente a dar o consentimento, o juiz poderá suprir esta falta, a teor do art. 1.519 do Código Civil.

iv) conceder-lhes ou negar-lhes consentimento para viajarem ao exterior: o menor poderá viajar para o exterior quando estiver acompanhado de ambos os pais ou responsável ou quando viajar na companhia de um dos pais, autorizado expressamente pelo outro, sendo dispensável, nestes casos, a autorização judicial de que tratam os arts. 83, 84 e 85 do ECA.

v) conceder-lhes ou negar-lhes consentimento para mudarem sua residência permanente para outro Município.

vi) nomear-lhes tutor por testamento ou documento autêntico, se o outro dos pais não lhe sobreviver, ou o sobrevivo não puder exercer o poder familiar: a incumbência esbarra na cultura brasileira de pouquíssimo recurso ao testamento, de modo que o dispositivo encontra recorrência prática mínima. A *ratio* do inciso é garantir que a escolha de eventual tutor seja feita por quem mais tem condições de zelar pelo melhor interesse dos filhos, os próprios pais.

vii) representá-los judicial e extrajudicialmente até os 16 (dezesseis) anos, nos atos da vida civil, e assisti-los, após essa idade, nos atos em que forem partes, suprindo-lhes o consentimento: a representação diz respeito ao menor absolutamente incapaz, ao passo que

processual para pleitear o afastamento do lar de filho maior de idade, sob a alegação de comportamento agressivo causado pelo uso de substâncias entorpecentes, não se justificando, portanto, o indeferimento da petição inicial. Caso presentes os requisitos legais, ante a excepcionalidade da situação, admitir-se-á o caráter satisfativo da medida cautelar, que não dependerá do ingresso de uma ação principal, haja vista que a pretensão cautelar deduzida confunde-se com o próprio direito material vindicado, consistente na cessação da ameaça à integridade física e psicológica dos genitores. (Vide Informativo nº 121 – 6ª Turma Cível e Informativo nº 158 – 4ª Turma Cível)" (TJDFT, 20080810085717APC, Rel. Des. Angelo Passareli. Data do Julgamento 29/04/2009).

a assistência refere-se ao menor relativamente incapaz. Ambos os institutos prestam-se a garantir que o menor pratique atos da vida civil validamente apesar da sua incapacidade.

viii) reclamá-los de quem ilegalmente os detenha: isso é levado a cabo por meio de ação de busca e apreensão, medida que não assiste ao pai que se descuida completamente do filho. Ademais, a busca e apreensão é instrumento processual que pode ser manejado contra os próprios pais, quando do descumprimento dos deveres inerentes ao poder familiar.

ix) exigir que lhes prestem obediência, respeito e os serviços próprios de sua idade e condição: o menor não pode trabalhar até os 16 anos, salvo na condição de aprendiz desde os 14. A aprendizagem é disciplinada pelos arts. 60 e seguintes do ECA e pelos arts. 403 e seguintes da Consolidação das Leis do Trabalho (CLT). Sob a epígrafe do "Direito à Profissionalização e à Proteção no Trabalho", o ECA define a aprendizagem como "a formação técnico-profissional ministrada segundo as diretrizes e bases da legislação de educação em vigor" (art. 62), que deve obedecer à "garantia de acesso e frequência obrigatória ao ensino regular", à compatibilidade da atividade com o desenvolvimento do adolescente e ao horário especial para o exercício das atividades. Além do estudo obrigatório, a aprendizagem também pressupõe pagamento de bolsa (art. 64, ECA) e é incompatível com o trabalho noturno, perigoso, insalubre ou penoso. Em casa, os pais podem exigir do menor a execução de pequenas tarefas domésticas ou remuneradas, desde que se acatem as restrições trabalhistas e não haja risco ao seu desenvolvimento e proteção integral.

O conteúdo do poder familiar não se restringe à pessoa dos filhos, estendendo-se também ao patrimônio dos mesmos.

8
ALIMENTOS

8.1. Tutela jurídica dos deveres de assistência moral e material no direito de família

Em certa medida, o direito de família se constitui em um ramo do direito das pessoas, regulando a vida dentro desta "comunidade", seja nas relações entre os cônjuges ou conviventes, nas relações entre eles e seus filhos, ou nas relações entre os parentes em geral.[169] Ele introduz regras e princípios específicos de modo a reger tais relações, a fim de garantir a liberdade e o desenvolvimento da personalidade individual no âmbito familiar, bem como no intuito de assegurar condições mínimas no plano patrimonial no que toca à autonomia necessária para a vida da família em si como "grupo" (como se dá em relação à garantia da impenhorabilidade do bem de família, ou ao direito real de habitação do cônjuge sobrevivente), ou à realização dos interesses específicos dos seus membros (a exemplo do estudo e da formação dos filhos).[170]

Considerando que a família é a base para formação do indivíduo, seus valores e princípios, é sabido que há necessidade de se cumprir o jurídico e singelo dever de alimentos ao filho inclusive sob pena de prisão civil. Para além da assistência material, consubstanciada no dever de prestar alimentos, há que se reconhecer também o dever de assistência moral

[169] Barcellona, Pietro; Camardi, Carmelita. Le istituzioni del diritto privato contemporaneo. Appendice (Persona, Famiglia, Successioni). Napoli: Jovene Editore, 2005, p. 27.

[170] Barcellona, Pietro; Camardi, Carmelita. Le istituzioni del diritto privato contemporaneo. Appendice (Persona, Famiglia, Successioni). Napoli: Jovene Editore, 2005, p. 28.

(ou afetiva), plasmada nos deveres de educação e convivência. Contudo, a violação do dever de assistência material enseja uma responsabilização aparentemente mais clara e efetiva do que a do dever de assistência moral. Isto se dá porque a satisfação das necessidades materiais do filho sempre foi vista como pressuposto sem o qual a satisfação dos demais interesses restaria prejudicada.

Contudo, a assistência material não deve excluir a assistência moral, que se realiza no adimplemento do dever de cuidado dos pais em relação aos filhos. Diante da imensa crise nas instituições familiares, que se reflete inclusive em crimes bárbaros, levanta-se a importância de discutir a real necessidade de assistência moral no seio dos lares. Esta necessária valorização da assistência moral, contudo, não pode levar o jurista a abandonar o estudo e aperfeiçoamento da assistência material. O caráter aparentemente patrimonial da assistência material não nos pode levar à conclusão equivocada de que se trata de um instituto "menor", de modo a relegá-lo a segundo plano. Apesar de se voltar para a satisfação de outras necessidades que não apenas as estritamente orgânicas (tais como lazer, educação, etc.), a fixação dos alimentos visa precipuamente à tutela da vida do alimentando, porquanto vise proporcionar os meios para a preservação deste bem jurídico.

Ora, em matéria de dignidade humana a boa doutrina costuma distinguir o pressuposto (a vida) em relação às consequências do princípio da dignidade humana, que podem ser relacionados aos cinco substantivos mencionados no *caput* do art. 5º da Constituição Federal de 1988: a vida (pressuposto), a segurança (primeira consequência), a propriedade (segunda consequência), a liberdade e a igualdade (terceira consequência). Enquanto o pressuposto (a vida) é absoluto, as consequências do princípio da dignidade humana são quase absolutas.[171]

O princípio da dignidade da pessoa humana trazido pela Constituição Federal está estritamente vinculado ao princípio da solidariedade. Isto porque o indivíduo só terá condições de se desenvolver plenamente em ambiente adequado, dotado de condições materiais e existenciais, sendo a família o centro desse universo particular. É no cumprimento do dever de educar, do direito-dever da convivência familiar e comunitária, dentre

[171] AZEVEDO, Antônio Junqueira de. Caracterização jurídica da dignidade da pessoa humana. Revista trimestral de direito civil, a. 2, v.9 (janeiro/março 2002). Rio de Janeiro: Padma, p. 20.

outros aspectos dos deveres de assistência moral e educacional; que se traduz o princípio jurídico da solidariedade nas relações de família. Entretanto, se é possível afirmar que tais deveres, por serem personalíssimos, não são passíveis de cumprimento forçado, em razão da proibição de penas corporais no direito brasileiro; também é possível afirmar que o descumprimento destes deveres é objeto de regulação pelo direito de família brasileiro, especialmente no tocante à responsabilização.

Sob o prisma constitucional, pode-se asseverar que o fundamento da obrigação alimentar reside no princípio da solidariedade (art. 3º, I), "que se impõe à organização da sociedade brasileira".[172] O princípio constitucional da solidariedade também impõe um dever de cooperação ou colaboração ao credor e ao devedor, nas relações obrigacionais em geral. Ora, na medida em que o credor e o devedor encontram-se "envolvidos em um projeto comum", eles "devem colaborar para atingir aquele escopo comum, sem descurar das especificidades ou circunstâncias de cada um".[173] Na relação paterno-filial, dadas as suas especificidades, aprofunda-se o dever de cooperação imposto ao devedor da obrigação alimentar, especialmente levando-se em consideração a situação específica de dependência e fragilidade do credor de alimentos.

Justamente visando a proteção do alimentando, o CPC/2015 determina que será competente o foro do domicílio do alimentando para a ação em que se pedem alimentos (art. 53, II). A ação de alimentos também deverá tramitar sob segredo de justiça (art. 189, II); e é garantida a continuidade do curso da ação de alimentos durante as férias forenses, onde as houver, inadmitindo-se a suspensão do processamento pela superveniência delas (art. 215, II).

8.2. Peculiaridades da pretensão aos alimentos no direito de família e do cumprimento das decisões que condenam à prestação de alimentos

É o descumprimento dos deveres jurídicos de sustento, assistência ou amparo que dá ensejo à pretensão e a respectiva obrigação quanto aos alimentos. Ademais, deve-se observar que os alimentos visam a

[172] LÔBO, Paulo. Direito Civil: Famílias. São Paulo: Saraiva,2008, p. 345.

[173] COSTA FILHO, Venceslau Tavares. Sobre solidariedade e direito das obrigações: apontamentos para uma leitura solidarista. *In*: EHRHARDT JR, Marcos; BARROS, Daniel Conde. Temas de direito civil contemporâneo: estudos sobre o direito das obrigações e contratos, em homenagem ao professor Paulo Luiz Netto Lôbo. Salvador:JusPodivm, 2009, p. 99.

> preservação do que o Código Civil denomina 'viver de modo compatível com a sua condição social', além de atender 'às necessidades de sua educação'. A separação dos cônjuges e companheiros nunca preserva inteiramente a 'condição social', inclusive quanto aos filhos, pois as despesas que antes eram compartilhadas passam a ser assumidas individualmente, o que significa queda do padrão anterior. (...). Mas o direito propugna pela aproximação possível das anteriores condições de vida.[174]

O crescimento do número de divórcios e os seus variados efeitos evidenciaram a dificuldade de efetivar a regra que obriga os pais a contribuírem, na medida de seus bens e rendimentos, ao sustento da família; mas isto não pode resultar na dispensa quanto à necessidade de distribuição adequada e razoável de tais ônus. Assim, em relação aos pais, tal obrigação de assistência em relação aos filhos menores dá-se sob a forma de uma "solidariedade forçada", que deve se realçar a partir do divórcio ou da separação.[175]

A obrigação de alimentos nasce da lei, trazendo como pressuposto do fato de existirem laços familiares entre duas pessoas. É por isso que se diz que a obrigação de prestar alimentos não é autônoma, porquanto presuma a existência de outro vínculo jurídico.[176] Ovídio Baptista da Silva pondera que a obrigação alimentar normalmente encontra fundamento no direito de família, mas pode estar lastreada em relações jurídicas oriundas do direito das obrigações ou do direito sucessório, como se verifica no tocante aos alimentos indenizatórios, ou ainda de um negócio jurídico *inter vivos* ou *causa mortis*.[177]

No direito de família, inclusive, além dos pais, outros parentes poderão ser obrigados a prestar alimentos a certa pessoa. Institui-se no Código uma espécie de ordem, de modo que os demais parentes só poderão ser chamados a prestar alimentos na falta dos parentes inseridos em uma classe anterior. Assim, os avós, por exemplo, só poderão ser obrigados a prestar

[174] Lôbo, Paulo. Direito Civil: Famílias. São Paulo: Saraiva, 2008, p. 346.

[175] Choquet, Luc-Henry. La contribution défaillante dans les familles éclatées. *In*: Dekeuwer-Défossez, Françoise (coord.). L'enfant, la famille et l'argent: Colloque du Laboratoire d'études et de recherché apliquées au droit prive, Université de Lille II. Paris: L.G.D.J, 1991, p. 121-122.

[176] Geraldes, António Santos Abrantes. Temas da reforma do processo civil, IV Volume. Coimbra: Almedina, 2001, p. 100-101.

[177] Silva, Ovídio A. Baptista da. Curso de processo civil: processo cautelar (tutela de urgência), volume 3. 3 ed. São Paulo: RT, 2000, p. 321-322.

alimentos caso os pais não o possam fazer. Na prática, é raro que os alimentos sejam exigidos além do primeiro grau na linha direta (ou seja, dos pais), de modo que tal ordem pode ser considerada um fator de desatualização do direito civil, sob a ótica de Antônio Junqueira de Azevedo.[178]

Esta diversidade de causas para a imputação do dever de prestar alimentos, contudo, também implica na diferença do tratamento jurídico dispensado ao descumprimento desta obrigação. Somente enseja a possibilidade de execução nos termos do art. 733 do CPC/2015 (ou seja, acompanhada do pedido de prisão civil) a obrigação alimentar nascida das relações de direito de família.

Neste sentido, o STJ já se manifestou diversas vezes pela interpretação restritiva do dispositivo processual, de modo a harmonizá-lo com o art. 5º, inciso LXVII, da Constituição Federal, pois ele "atinge um direito indisponível do cidadão, a liberdade. Daí podendo ser aplicado, apenas, quando se tratar de alimentos propriamente ditos".[179]

O CPC/2015 alude ao cumprimento de sentença ou decisão interlocutória que fixa alimentos (art. 528). Neste caso, se "o executado não pagar ou se a justificativa apresentada não for aceita, o juiz, além de mandar protestar o pronunciamento judicial na forma do § 1o, decretar-lhe-á a prisão pelo prazo de 1 (um) a 3 (três) meses" (art. 528, § 3º). Observe-se, pois, que o novel dispositivo faz uso de um expediente adicional à prisão civil por dívida, qual seja o protesto da decisão judicial. Assim, ainda que a prisão civil não seja efetivada porque o devedor evadiu-se, a decisão judicial ganha efetividade com o registro do protesto, gerando uma restrição para o devedor quanto ao acesso ao crédito.

Entendemos que o cumprimento de sentença ou decisão interlocutória que fixa alimentos só poderá ensejar a prisão civil por dívida quanto aos alimentos "propriamente ditos". Isto por uma questão de interpretação do dispositivo em harmonia com a regra constitucional que restringe o manejo deste expediente jurídico.

Assim, o descumprimento do legado de alimentos (art. 1.920 do Código Civil) não acarretará a possibilidade de prisão civil do herdeiro inadimplente. Também não implicará na prisão civil por dívida o descumprimento

[178] Azevedo, Antônio Junqueira de. O direito civil tende a desaparecer? Revista dos Tribunais, a. 92, v. 811 (maio de 2003). São Paulo: RT, p. 754.

[179] STJ, HC 34.049/RS, Rel. Min. Carlos Alberto Menezes Direito, 3ª turma, julgado em 14.06.2004, DJU 06.09.2004, p. 256.

do dever de prestar alimentos às pessoas a quem o morto os devia, no caso de homicídio (art. 948, inciso II, do Código Civil).

Entretanto, encontra-se em uma zona cinzenta a hipótese prevista no art. 22, inciso V, da Lei nº 11.340/2006. Este dispositivo da "Lei Maria da Penha" relaciona, entre as medidas protetivas passíveis de aplicação pelo juízo diante da denúncia de uma possível prática de violência contra a mulher a "prestação de alimentos provisionais ou provisórios".

O que poderia ser uma novidade em relação à prisão civil por dívida do devedor de alimentos era a previsão ainda no Projeto de que o devedor de alimentos, a princípio, deveria cumprir a prisão no regime semiaberto. Somente se houvesse novo aprisionamento é que a prisão deveria observar o regime fechado. A ideia da comissão que elaborou o Projeto, ao estabelecer como regra o regime semiaberto, era a de não afastar o devedor de alimentos de suas atividades profissionais, o que poderia acarretar na falta de meios para prover o sustento do alimentando e do próprio devedor e seus familiares. Contudo, tal disposição sofreu oposição da chamada "bancada feminina da Câmara dos Deputados", por entender que a prisão no regime fechado "busca assegurar o pagamento imediato da pensão".[180] Por isto, prevaleceu no texto final do CPC/2015 que "a prisão será cumprida em regime fechado" (art. 528, § 4º), sem a alternativa do regime semiaberto.

Como o preso em razão da dívida de alimentos deverá ficar separado dos presos comuns, caso não seja possível realizar tal separação, havia previsão no Projeto da possibilidade de o devedor de alimentos ficar sob prisão domiciliar. Contudo, por também entender que isto poderia reduzir a efetividade da execução de alimentos, a bancada feminina da Câmara dos Deputados também expressou sua oposição a esta medida; de modo que o texto final não contemplou tal possibilidade.[181]

Considere-se, ainda, a possibilidade de o executado justificar a impossibilidade de prestar os alimentos, a fim de se eximir da prisão civil por dívida e do protesto judicial. Assim, no prazo fixado pelo juízo para o paga-

[180] Disponível em: http://www2.camara.leg.br/camaranoticias/noticias/DIREITO-E-JUSTICA/456340-BANCADA-FEMININA-QUER-BARRAR-FLEXIBILIZACAO-DA-PENSAO-ALIMENTICIA-NO-CODIGO-DE-PROCESSO-CIVIL.html Acesso em: 10 de abril de 2015.

[181] Disponível em: http://www2.camara.leg.br/camaranoticias/noticias/POLITICA/463461-NA-SEMANA-DA-MULHER,-CAMARA-MANTEM-PRISAO-FECHADA-PARA-DEVEDOR-DE-PENSAO.html Acesso em: 10 de abril de 2015.

mento do débito (de três dias), poderá o executado apresentar justificativa da impossibilidade de realizá-lo (art. 528, caput). Todavia, somente a demonstração de fato que importe em impossibilidade absoluta de prestar alimentos justificará o inadimplemento (art. 528, § 2º). Mas, frise-se que o comportamento procrastinatório do alimentante, no sentido de dificultar a realização do crédito do alimentando, além de atentar contra a boa-fé processual, poderá caracterizar também um indício do crime de abandono material, de modo que o CPC/2015 estipula que o juízo – verificada a postura procrastinatória do alimentante – deverá comunicar ao Ministério Público acerca dos indícios da prática do referido delito (art. 532).

Ademais, manteve-se a regra segundo a qual o débito alimentar que permite a prisão civil do alimentante compreende as três prestações que antecedem o ajuizamento da execução e as que se vencerem no seu curso (art. 528, § 7º). Também permanece a regra que fixa o valor da ação de alimentos em um montante equivalente à soma de doze prestações mensais pedidas pelo autor; valor este que deverá constar da petição inicial ou da reconvenção (art. 292, III).

8.3. A observância do trinômio necessidade-possibilidade-proporcionalidade na fixação dos alimentos

Tradicionalmente, diz-se que a fixação dos alimentos leva em consideração o binômio necessidade-possibilidade. Entretanto, é de se considerar na verdade três fatores para a fixação dos alimentos: necessidade-possibilidade-proporcionalidade. Assim, estamos diante de um trinômio.

Em relação aos filhos menores sob o alcance da autoridade parental, a prova da necessidade é absolutamente desnecessária, pois ela "independe de prova quando se tratar de filhos e outros parentes menores; neste caso é legalmente presumida".[182] Por outro lado, o advento da maioridade para os filhos do alimentante não se traduz de *per se* na extinção automática da obrigação alimentar pela cessação da presunção de necessidade, de modo que o Superior Tribunal de Justiça já pacificou entendimento no enunciado n. 358 de sua Súmula neste sentido.

Isto porque a exoneração automática do alimentante pelo simples fato maioridade do alimentando atenta contra o devido processo legal, que exige o ajuizamento da ação revisional de alimentos a fim de demonstrar

[182] LÔBO, Paulo. *Direito Civil*: Famílias. São Paulo: Saraiva,2008, p. 350.

a cessação da necessidade que justificava o pensionamento. A maioridade, ademais, só se traduz na cessação da presunção de necessidade quanto aos filhos menores, mas esta necessidade pode ser provada por outros meios. Com a maioridade, os alimentos deixam de ser devidos "em face do poder familiar e passam a ter fundamento nas relações de parentesco (art. 1.694 do CC/2002), em que se exige prova da necessidade do alimentando".[183] *In casu*, também decidiu o Superior Tribunal de Justiça que – com a cessação da menoridade -, passa a ser do alimentando o ônus de provar a necessidade de receber alimentos.

Além de fazer presumir a necessidade, a menoridade do alimentando também impõe ordinariamente o dever de prestar os alimentos em pecúnia. Quanto à forma de cumprimento da prestação de alimentos, entendemos que o Código Civil de 2002 instituiu regra geral em matéria de alimentos, alcançando os alimentos devidos tanto aos menores de idade como também aos que já alcançaram a maioridade, *verbis*:

> Art. 1.701. A pessoa obrigada a suprir alimentos poderá pensionar o alimentando, ou dar-lhe hospedagem e sustento, sem prejuízo do dever de prestar o necessário à sua educação, quando menor.
>
> Parágrafo único. Compete ao juiz, se as circunstâncias o exigirem, fixar a forma do cumprimento da prestação.

Esta regra do art. 1.701 do CC vigente corresponde à do art. 403 do CC pretérito, que sofreu uma pequena modificação, como se pode vislumbrar da leitura do dispositivo abaixo:

> Art. 403 do CC1916. A pessoa obrigada a suprir alimentos poderá pensionar o alimentando, ou dar-lhe em casa, hospedagem e sustento.
>
> Parágrafo único. Compete, porém, ao juiz, se as circunstâncias exigirem, fixar a maneira da prestação devida.

Observa-se, contudo, que a Lei n. 5.478/1968 (Lei de Alimentos), que não foi revogada pelo Código Civil vigente em relação às suas disposições especiais, veicula regra específica em relação aos alimentos para os incapazes: "A prestação não-pecuniária estabelecida no artigo 403 do Código Civil só pode ser autorizada pelo juiz se a ela anuir o alimentando capaz".

183 STJ – REsp 1.198.105/RJ, Rel. Ministra Nancy Andrighi, 3ª Turma, julgado em 01.09.2011, DJe 14.09.2011.

Ao alimentando assiste o direito de pedir que o alimentante cumpra a obrigação de certa maneira, justificando porque a maneira pretendida por ele é a mais adequada. A disposição do art. 1.701 do Código Civil admite que o alimentante poderá pensionar o alimentando, ou fornecer-lhe moradia e sustento, sem excluir as contribuições necessárias para a educação quando se tratar de menor de idade.

Observe-se, pois, que a diferença entre a redação do art. 403 do Código Civil de 1916 e a do art. 1.701 do Código Civil de 2002 reside apenas na ressalva feita no *caput* do art. 1.701, quando prescreve que a prestação dos alimentos sob a forma de pensão, ou pelo fornecimento da moradia e do sustento ocorrerá sem prejuízo do dever de prestar o necessário à educação do alimentando enquanto durar a menoridade. Tal ressalva, à época do Código Civil de 1916, já era feita de *lege ferenda* por Pontes de Miranda: "A pessoa obrigada a suprir alimentos pode pensionar o alimentando, ou dar-lhe em casa hospedagem e sustento. Mas isso não a exime de dar-lhe roupa, medicamentos necessários, e de educar o alimentando, se é menor".[184]

Entretanto, parece-nos que a não prestação dos alimentos em pecúnia "só pode ser autorizada pelo juiz se a ela anuir o alimentando capaz" (art. 25, da Lei de Alimentos). A redação do dispositivo é no sentido de restringir a possibilidade de fixação dos alimentos *in natura* – ou seja, apenas em relação ao alimentando plenamente capaz para os atos da vida civil, o que pode prejudicar a viabilidade da prestação de alimentos de outra maneira que não a do pensionamento. Sem dúvida, a regra geral impõe que "a pensão se resolva no pagamento de determinada importância em dinheiro, mensalmente, ficando estabelecido ainda o reajuste semestral ou anual dessa pensão".[185]

Assim, caso se verifique a fixação dos alimentos *in natura* (ex.: o alimentante se propõe a transferir para o alimentando a administração de um imóvel de sua titularidade alugado a terceiros, a fim de que ele possa perceber tais aluguéis), nada impede que o alimentando solicite a revisão para que sejam prestados em pecúnia, caso encontre dificuldades para a realização do seu crédito. Isto se dá em homenagem ao princípio da variabilidade, como reconhecido na jurisprudência do Superior Tribunal de Justiça:

[184] MIRANDA, Francisco Cavalcanti Pontes de. *Comentários ao código de processo civil*, tomo XII: arts. 796-889. Rio de Janeiro: Forense, 1976, p. 282.

[185] NOGUEIRA, Paulo Lúcio. *Alimentos, divórcio, separação*: doutrina e jurisprudência. São Paulo: Saraiva, 1987, p. 50.

A variabilidade – Característica dos alimentos – , além de possibilitar a majoração, redução, ou mesmo exoneração da obrigação alimentar, também pode ser aplicada à fórmula para o cumprimento da obrigação que inclui a prestação de alimentos in natura, notadamente quando a alimentada aponta dificuldades para usufruir dessa fração dos alimentos (STJ, REsp nº 1.284.177/DF, rel. Minª. NANCY ANDRIGHI, julgado em 4.10.2011).

Sob a égide do princípio da variabilidade, pode-se falar inclusive em uma cláusula geral de adequação da prestação alimentar. Observe-se, pois, que o CPC/2015 manda observar o disposto na legislação específica no que pertine à ação de alimentos, aplicando-se, no que couber, as suas disposições (art. 693, parágrafo único). Assim, permanecerão vigentes as disposições da Lei n. 5.478, de 25 de julho de 1968 (Lei de Alimentos). Entre elas, a cláusula geral de adequação da prestação alimentar inserta no art. 15[186] e no caput do art. 19[187] da Lei de Alimentos. Note-se que o art. 15 consagra a variabilidade dos alimentos, e o art. 19 permite que o juízo faça uso de "todas as providências necessárias" para a efetivação dos alimentos. A adequação a que referimos diz respeito à utilização de instrumentos adequados à efetivação dos interesses em jogo. Assim, a decretação da prisão civil do devedor de alimentos pode observar esta cláusula geral de adequação, quando o juízo – como permite o CPC – determine o cumprimento no regime semiaberto, admitindo que o alimentante possa continuar exercendo as atividades profissionais que proporcionarão os meios que o permitirão adimplir com a obrigação alimentar.

Neste sentido, o Tribunal de Justiça do Distrito Federal já reviu decisão que fixava alimentos em pecúnia, ao verificar que – apesar da separação judicial – os genitores permaneceram residindo com os filhos na mesma residência. Destarte, como o pai continuou a fornecer os alimentos *in natura* aos filhos como sempre procedeu durante o casamento, não há porque estipular alimentos *in pecúnia*, ante a inocorrência de mudança da situação de fato e de direito das partes (TJDFT – AC 20090110954176 – 1ª T. Cív. – Rel. Des. Lécio Resende – DJ 16.11.2010).

186 Art. 15. A decisão judicial sobre alimentos não transita em julgado e pode a qualquer tempo ser revista em face da modificação da situação financeira dos interessados.

187 Art. 19. O juiz, para instrução da causa, ou na execução da sentença ou do acordo, poderá tomar todas as providências necessárias para seu esclarecimento ou para o cumprimento do julgado ou do acordo, inclusive a decretação de prisão do devedor até 60 (sessenta) dias.

Já relação à possibilidade, pondera Pontes de Miranda que a questão pertine à possibilidade de o alimentante fornecer os alimentos, mas sem que isto resulte na privação dos meios de que necessita para o seu sustento. Contudo, "convém notar que não se trata de recursos que se requeiram para as despesas da lide e de representação, mas os estritamente necessários à mantença da vida".[188]

Some-se a isto o fato de que devem ser observados certos critérios na fixação da verba alimentar. No que respeita aos filhos, "o cálculo considera os custos médios, segundo sua condição social, de sustento, educação, lazer, quando não se tem como provar o que efetivamente despendiam os pais com eles, quando conviviam. As condições sociais são determinadas pelas condições financeiras dos pais; assim, filhos de pais abastados são favorecidos pelo custo de vida destes, mas isso não significa que a necessidade do filho alimentando aumente ilimitadamente com a melhoria de rendas do genitor alimentante".[189]

Mesmo entre ex-cônjuges, já decidiu o STJ que o estilo de vida do casal durante a união será considerado:

> o fator determinante para a fixação dos alimentos. Mesmo que se mitigue a regra inserta no art. 1.694 do CC/2002, de que os alimentos devidos, na hipótese, são aqueles compatíveis com a condição social do alimentando, não se pode albergar o descompasso entre o status usufruído na constância do casamento ou da união estável e aquele que será propiciado pela atividade laborativa possível (STJ, REsp 1025769/MG, (2008/0017342-0), Relª Min. Nancy Andrighi, 3ª Turma, julgado em 24.08.2010, DJe 01.09.2010).

A partir da avaliação da situação específica do alimentando, o juízo inclusive poderá ponderar sobre a utilização da técnica dos chamados alimentos transitórios. Neste caso, estamos diante de alimentos fixados a tempo certo, para pessoa em faixa etária, condições, escolaridade e habilitação adequadas a uma possível inserção no mundo do trabalho, "necessitando dos alimentos apenas até que atinja sua autonomia financeira, momento em que se emancipará da tutela do alimentante – outrora provedor do lar –, que será então liberado da obrigação, a qual se extinguirá

188 MIRANDA, Francisco Cavalcanti Pontes de. *Comentários ao código de processo civil*, tomo XII: arts. 796-889. Rio de Janeiro: Forense, 1976.

189 LÔBO, Paulo. *Direito Civil*: Famílias. São Paulo: Saraiva, 2008, p. 360.

automaticamente" (STJ – REsp 1.025.769/MG – (2008/0017342-0) – 3ª T. – Relª Min. Nancy Andrighi – DJe 01.09.2010).

O CPC, inclusive, contempla tal modalidade de alimentos, quando estabelece que o juízo poderá fazer constar no ofício dirigido à autoridade, empresa ou ao empregador do alimentante – que procederá com os descontos em folha de pagamento da quantia devida a título de prestação alimentícia -, "o tempo de sua duração" (art. 529, § 2º).

Quanto ao requisito da proporcionalidade na fixação dos alimentos, colhe-se da melhor doutrina que, normalmente, entende-se que o *quantum* a ser fixado a título de alimentos deve corresponder ao equivalente a um terço dos vencimentos do assalariado. Apesar de razoável, é de se considerar tal formulação enquanto proposição geral e abstrata, pelo que deve ser confrontada com os casos concretos, em relação aos quais não pode haver um rigor absoluto na fixação do *quantum debeatur*. Ademais, "é também sustentável que os alimentos devem manter, ao menos em lapso temporal equidoso, o padrão de vida até então existente previamente à condenação.[190]

De acordo com o magistério de Paulo Luiz Netto Lôbo, incumbe ao magistrado averiguar – além da presença da verdadeira necessidade do titular, especialmente quando não mais existe a convivência familiar -, e da possibilidade de o devedor prestar os alimentos; se a quantia exigida é razoável, bem como o grau de razoabilidade do limite oposto a este. O requisito da proporcionalidade (ou razoabilidade) está refletido no texto legal, quando menciona a "na proporção das necessidades". Deve-se ter em mente que a proporção a que se alude "não é mera operação matemática, pois tanto o credor quanto o devedor de alimentos devem ter assegurada a possibilidade de 'viver de modo compatível com a sua condição social'".[191]

8.4. Alimentos e guarda compartilhada

A Lei n. 13.058, de 22.12.2014, alterou o regime jurídico no Código Civil da guarda de filhos quando do divórcio. Essa lei trouxe, em síntese, duas grandes novidades. Em primeiro lugar, vê-se que, em sua nova redação, o art. 1.583, §2º, do Código Civil, passou a dispor que "na guarda com-

[190] FACHIN, Luiz Edson. *Direito de família*: elementos críticos à luz do novo código civil brasileiro. 2 ed. Rio de Janeiro: Renovar, 2003, p. 287.

[191] LÔBO, Paulo. *Direito Civil*: Famílias. São Paulo: Saraiva, 2008, p. 351.

partilhada, o tempo de convívio com os filhos deve ser dividido de forma equilibrada com a mãe e com o pai, sempre tendo em vista as condições fáticas e os interesses dos filhos". Além disso, o art. 1.584, §2º, CC, procurou deixar absolutamente claro que há uma preferência legal pelo regime da guarda compartilhada, pois passou a estabelecer que "quando não houver acordo entre a mãe e o pai quanto à guarda do filho, encontrando-se ambos os genitores aptos a exercer o poder familiar, será aplicada a guarda compartilhada, salvo se um dos genitores declarar ao magistrado que não deseja a guarda do menor".

Para bem compreender o regime jurídico da guarda no Código Civil, deve-se ter em mente que há uma razoável imprecisão na definição do conceito de guarda. Ora se trata como guarda o poder de ter consigo os filhos (guarda no sentido de custódia física dos filhos), ora como o poder-dever de decidir sobre a vida dos filhos (guarda no sentido de exercício de um poder decisório).

O art. 1.583, *caput*, CC, nos informa, primeiramente, que se entende por "guarda compartilhada a responsabilização conjunta e o exercício de direitos e deveres do pai e da mãe que não vivam sob o mesmo teto, concernentes ao poder familiar dos filhos comuns". Essa regra deixa transparecer a idéia de que o detentor da guarda está melhor posicionado para decidir sobre a criação dos filhos.

A definição da guarda e do regime de convivência familiar devem a levar em consideração (I) o melhor interesse da criança e do adolescente; e (II) os vínculos de afetividade entre cada um dos pais e seus filhos. Sem sombra de dúvida, não se deve olvidar que os filhos que ainda não atingiram a maioridade "têm direitos próprios e interesses que devem prevalecer sobre os de seus pais, em virtude do *princípio do superior interesse do menor*, que lhes proporcionará condições para que sua dignidade e seus direitos sejam respeitados".[192]

Como já afirmamos em outra oportunidade, a concretização do princípio do melhor interesse da criança e do adolescente resulta na obrigação:

> de buscar sempre o maior benefício possível para os seus filhos, que pode ser caracterizado como um dever geral de cuidado imposto no interesse da comunidade às pessoas que exercem a autoridade parental. Isto posto, carac-

[192] Diniz, Maria Helena. Guarda: novas diretrizes. *Revista de Direito Civil Contemporâneo*, vol. 3 (abr./jun. 2015). São Paulo: RT, p. 207-212.

teriza-se a autoridade parental como uma função social, informada que é pela ordem pública e pelos interesses sociais.[193]

Assim, o princípio do melhor interesse termina por pautar o direito protetivo da criança e do adolescente, de modo que "deve ser observado na aplicação de todas as regras a ele inerentes. Sua prevalência é tamanha que se confere ao juiz o poder geral de cautela de modificar procedimentos e ordens de preferência em nome do bem-estar do filho cuja guarda se disputa".[194] Contudo, tendo em vista a "absoluta prioridade" (art. 227 da Constituição de 1988) na proteção da criança e do adolescente, a guarda não é um direito conferido aos pais. Trata-se, na verdade, de "um complexo de deveres dos pais quanto à pessoa e aos bens dos filhos, inclusive em situações de aparente exercício de direito. Em todos os casos constituem deveres que devem ser cumpridos unicamente no interesse e em proveito dos filhos".[195]

O dever constitucional de realização do melhor interesse da criança e do adolescente é um correlato do direito fundamental ao livre desenvolvimento da personalidade conferido a criança e ao adolescente. Tal direito decorre do direito geral de personalidade, qual seja uma espécie de "direito-quadro" (*Rahmenrecht*) que autoriza o enfrentamento de "hipóteses não previamente reguladas em tipos legais específicos".[196]

Em Portugal, o Tribunal de Relação de Lisboa (Processo n. 7958/2003-1, de 17 de fevereiro de 2004) enfrentou a questão do suposto direito de visitas dos ascendentes e irmãos aos parentes menores de idade, a despeito da

[193] COSTA FILHO, Venceslau Tavares. Função social da autoridade parental: algumas considerações. *Revista Síntese Direito de Família*, a. XIII, n. 67 (ago./set. 2011). São Paulo: Síntese, p. 14.

[194] RODRIGUES JUNIOR, Otávio Luiz. Guarda compartilhada: discricionariedade, situação jurídico-física do menor, alimentos e modificação do regime de guarda pela alteração do Código Civil. *In:* DELGADO, Mário Luiz; COLTRO, Antonio Carlos Mathias. *Guarda compartilhada.* Rio de Janeiro: Forense, 2009, p. 289.

[195] BAPTISTA, Sílvio Neves. *A nova lei da guarda compartilhada* (anotações aos arts. 1.583, 1.584, 1.585 e 1.634 do Código Civil alterados pela Lei nº 13.058/2014). Recife: Bagaço, 2015, p. 20.

[196] MIRANDA, Jorge; RODRIGUES JUNIOR, Otavio Luiz; FRUET, Gustavo Bonato. Principais problemas dos direitos da personalidade e estado-da-arte da matéria no direito comparado. *In:* MIRANDA, Jorge; RODRIGUES JUNIOR, Otavio Luiz; FRUET, Gustavo Bonato (orgs.). *Direitos da personalidade.* São Paulo: Atlas, 2012, p. 17.

autorização dos pais. De acordo com o Tribunal português, os parentes dos menores não são titulares de um direito de visita em relação a eles e, por outro lado, os pais também não tem autonomia para proibir injustificadamente que os menores convivam com quem quer que seja. Pois, é de se reconhecer a "autonomia dos filhos menores na organização da própria vida de acordo com a sua maturidade, direito que ficou ainda mais claro após a consagração constitucional expressa do direito ao livre desenvolvimento da personalidade". Pois, os menores não são objetos de um direito de visita titularizado por terceiros, mas titulares do direito ao livre desenvolvimento da personalidade.[197]

O observador atento não olvida, no entanto, que o poder de decidir sobre a criação dos filhos é a essência do poder familiar, que não se extingue com o divórcio (art. 1.632, CC). Assim, o pai divorciado pode exercer o poder familiar, tanto quanto a mãe, independentemente de quem tenha a guarda. Nos termos do art. 1.634, CC, "compete aos pais, quanto à pessoa dos filhos menores: I – dirigir-lhes a criação e educação; II – tê-los em sua companhia e guarda; III – conceder-lhes ou negar-lhes consentimento para casarem; IV – nomear-lhes tutor por testamento ou documento autêntico, se o outro dos pais não lhe sobreviver, ou o sobrevivo não puder exercer o poder familiar; V – representá-los, até aos dezesseis anos, nos atos da vida civil, e assisti-los, após essa idade, nos atos em que forem partes, suprindo-lhes o consentimento; VI – reclamá-los de quem ilegalmente os detenha; VII – exigir que lhes prestem obediência, respeito e os serviços próprios de sua idade e condição".

Assim, enquanto o art. 1.634, CC, indica que ambos os pais têm o exercício do poder familiar, sendo a guarda das faculdades que lhe são inerentes (conf. Inc. II), o art. 1.583, CC, deixa transparecer que só aquele que tenha a guarda terá o exercício do poder familiar, como se o pai excluído da guarda também estivesse excluído do poder familiar.

Esse caráter assistemático da lei torna comum a confusão entre o exercício do poder familiar e o exercício da guarda física. É preciso, contudo, esclarecer que ambos os pais, independentemente de exercerem a guarda,

[197] Almeida, Kellyne Laís Laburú Alencar de. O direito ao livre desenvolvimento da personalidade – perspectiva do direito português. *In*: Miranda, Jorge; Rodrigues Junior, Otavio Luiz; Fruet, Gustavo Bonato (orgs.). Direitos da personalidade. São Paulo: Atlas, 2012, p. 98.

estão aptos ao exercício do poder familiar, com faculdades inerentes a isso. A perda da guarda só retira do genitor a custódia física dos filhos nos períodos ali estabelecidos.

Dito isso, é preciso esclarecer que o entendimento sobre o regime de custódia física dos filhos comuns parece ser relevante para a alocação de obrigações alimentares entre os genitores. Com efeito, quanto maior a custódia física, maiores os gastos diretos com os filhos. Por outro lado, o exercício do poder familiar pouco interfere na questão dos alimentos.

Ocorre que o regime da custódia física dos filhos não pode ser inferido da simples escolha por um regime de guarda específico. Para bem compreender essa afirmação, primeiramente é preciso ter em vista que os pais divorciados podem manter a guarda compartilhada, com divisão equânime do tempo de convivência, o que é raro, ou sem que o tempo de convivência com os filhos seja dividido em duas metades iguais, o que é mais comum. Com isso, em algumas situações, a guarda compartilhada pode aproximar-se da guarda unilateral, sobretudo quando há fixação de um lar de referência e quando a custódia dos filhos em favor de um dos genitores está adstrita, por exemplo, a finais de semana (próxima, portanto, ao simples exercício de direito de visita).

Com essa perspectiva em mente, fica claro perceber que, a depender da configuração familiar e do ajuste sobre a custódia física dos filhos, a manutenção da prestação alimentar pode revelar-se injusta. Tome-se, como hipótese, a situação de um pai que pagava alimentos aos filhos anteriormente mantidos sob a guarda unilateral da mãe. Com a adoção da guarda compartilhada e ampliação do tempo de convivência com a prole, é razoável admitir a revisão dos alimentos para baixo, pois é de se supor que os gastos diretos do genitor com alimentação, vestuário e recreação aumentem. Diante de situação semelhante, o e. TJMG concluiu que "reduzem-se os alimentos fixados na sentença, sobretudo porque estão presentes os requisitos para a guarda compartilhada do menor, o que implicará maiores gastos por parte do genitor" (TJMG – Apelação Cível 1.0231.12.007549-5/001, Relator Des. Alberto Vilas Boas, 1ª Câmara Cível, julgamento em 22/10/2013, publicação da súmula em 31/10/2013).

Em outras situações, apesar da guarda compartilhada, a manutenção do dever alimentar certamente será necessária. Como dito, a escolha da guarda compartilhada com um domicílio de referência e com custódia física episódica ao outro genitor, é situação que, de fato, aproxima-se da guarda unilateral. Nessa hipótese, é justo que o genitor que menos convive com a prole mantenha sua contribuição a título de alimentos, sobretudo se houver capacidade econômica que a justifique. Assim, a fixação do regime de guarda não é diretamente correlacionado ao problema das obrigações alimentares.

Por fim, deve-se ter em mente que, mesmo em situações em que os pais mantêm a custódia física dos filhos por períodos equivalentes, a obrigação de prestar alimentos em pecúnia pode remanescer. O e. TJRS asseverou, por exemplo, que "a forma de divisão estabelecida na sentença reconhece que ambos os genitores têm despesas com alimentação, moradia e transporte do filho. Reconhece também que os dois irão arcar com o pagamento de vestuário e lazer no exercício da guarda compartilhada. Apenas quanto a algumas despesas fixas do filho alimentado é que a sentença estabeleceu formalmente a divisão, o que evidencia que a fixação é apenas uma forma de organizar os pagamentos. Tal organização se mostra absolutamente necessária, ante as informações de que o pai, ora apelante, não estaria honrando a sua parte no pagamento das despesas fixas do filho, de modo que a mãe, ora apelada, precisaria suportar a integralidade e pedir, mês a mês, o ressarcimento da quota de responsabilidade do ex-cônjuge. A ideia de fixação é justamente evitar esse encargo extra para qualquer dos guardiões" (Apelação Cível Nº 70058323130/RS, Relator Alzir Felippe Schmitz, 8ª Câmara Cível, julgado em 16/10/2014).

De tudo o que foi dito, pode-se destacar que o genitor sem a guarda mantém o poder familiar, podendo decidir sobre a criação de seus filhos. Por outro lado, a escolha da guarda compartilhada pode ensejar, ou não, a revisão dos alimentos prestados por um genitor em favor de seus filhos.

8.5. A tutela provisória dos alimentos é cautelar ou satisfativa?

O Código de Processo Civil de 1973 previa a ação cautelar de alimentos, além de laborar com uma diferenciação entre a tutela cautelar e a tutela antecipada. Como elemento essencial à caracterização da tutela antecipada, faz-se necessária a verificação da existência da satisfatividade para tal. Diz-se que uma determinada tutela é satisfativa "no sentido de que o que se concede ao autor liminarmente coincide, em termos práticos e no plano dos fatos (embora reversível e provisoriamente), com o que está sendo pleiteado principaliter".[198]

[198] WAMBIER, Luiz Rodrigues (coord). *Curso Avançado de Processo Civil*, volume 1. 2 ed. São Paulo: RT, 1999, p. 348.

Contudo, verifica-se que o termo não tem significado único, comportando outros sentidos que não o indicado. Verifica-se a presença da satisfatividade, no plano empírico, quando da irreversibilidade da medida concedida ou, ainda, quando verificada a desnecessidade de ação principal ou de despacho posterior a referendar ou não a medida concedida.

Para Luiz Guilherme Marinoni, a tutela cautelar visa resguardar a viabilidade de um direito, e não a sua efetivação. Já a tutela antecipada – além de assegurar o direito-, o satisfaz, mesmo que lastreada em um juízo de aparência. Assim, a tutela antecipada realizaria um desiderato absolutamente distinto do pretendido com a tutela cautelar.[199]

Destarte, entende-se que "Cautelares, designação empregada, hoje, pelo Código de 1973, são os processos que tendem a assegurar pretensão, não a satisfazer e a liberar".[200]

Pode-se apontar como elemento diferenciador das tutelas em comento o fato de que, enquanto para a concessão da antecipação de tutela faz-se mister a apresentação de prova inequívoca, ou seja, "*a que, por si só ou em conexão necessária com outras também já existentes, pelo menos em juízo provisório, definir o fato, isto é, tê-lo por verdadeiro*"[201], no âmbito da tutela cautelar apresenta-se como pressuposto a presença do *fumus boni iuris*, o qual seria a simples probabilidade de existência do bom direito.

No que tange à análise da finalidade dos dois institutos, observa-se nítida diferença entre os mesmos. Enquanto que a cautelar fundamenta-se na obstrução ou proibição da perda de eficácia do processo em sua realidade prática (daí a sua instrumentalidade em relação ao processo), tem-se que a antecipação dos efeitos da tutela legal objetiva, primordialmente, a proteção de um direito subjetivo (o direito da parte; o direito material). Enquanto a tutela cautelar manifesta-se como forma de proteção do processo, ou seja, de um direito instrumental; observa-se que a tutela antecipada visa a proteção justamente do direito subjetivo.

No CPC atual, contudo, a tutela antecipada é alçada à condição de gênero de tutela, compreendendo duas espécies: a tutela antecipada de

[199] MARINONI, Luiz Guilherme. A Antecipação da Tutela na Reforma do Processo Civil. São Paulo: Malheiros, 1995, p. 45-46.

[200] MIRANDA, Francisco Cavalcanti Pontes de. Comentários ao código de processo civil, tomo XII: arts. 796-889. Rio de Janeiro: Forense, 1976, p. 07.

[201] SANTOS, Ernane Fidélis dos. Manual de direito processual civil, volume 1. 6 ed. São Paulo: Saraiva, 1998, p. 333.

natureza satisfativa e a tutela antecipada de natureza cautelar (art. 294). A tutela antecipada apresenta-se como uma espécie de tutela provisória, por ser aquela que empresta eficácia imediata à tutela definitiva, seja ela satisfativa ou cautelar. Por ser provisória, terminará por ser substituída por uma tutela definitiva "que a confirme, revogue ou modifique. (...). A tutela provisória, por excelência, é a tutela antecipada. É aquela que antecipa os efeitos da tutela definitiva, isto é, a satisfação ou a cautela do direito afirmado, (...)".[202]

O Código de Processo Civil de 1973 tratou da ação cautelar de alimentos provisionais, portanto. Mas, o novo CPC não tratou de regular tal tutela provisória enquanto ação específica, apenas se referindo à possibilidade de concessão de tutela antecipada cautelar ou tutela antecipada satisfativa. Então, a referida tutela provisória deverá ser considerada cautelar ou satisfativa sob o regime da nova lei processual?

Deve-se ter em mira que, mesmo sob o regime do Código de Processo Civil de 1973, o magistério de Ovídio Baptista da Silva já consignava que os alimentos provisionais visam satisfazer "necessidades existenciais primárias e urgentes do ser humano", de modo que não é adequado submeter a pretensão a alimentos à lenta marcha do procedimento comum. Caso a lei destine uma ação ordinária ao crédito alimentar, advém daí o dever de assegurar sem demora a necessidade alimentar, "antecipando-se a prestação, que haveria de ser concedida pela sentença, através dos provisionais".[203]

Ora, como se pode depreender da lição acima, os alimentos provisionais correspondem aos alimentos definitivos antecipados. Daí poder se afirmar a satisfatividade da tutela provisória dos alimentos. Ainda que se possa falar sob a chancela do Código de Processo Civil de 1973 de uma lide cautelar de alimentos e, também, de uma lide principal; é de se considerar que na verdade há uma modificação na estrutura de uma única lide de alimentos:

> que se altera, para permitir que parte da sentença de mérito se desloque para a fase liminar do procedimento. Não é o que ocorre com as autênticas medidas cautelares, que não fazem parte da demanda satisfativa ('principal').

[202] Didier Jr, Fredie; Braga, Paula Sarno; Oliveira, Rafael Alexandria de. Curso de Direito Processual Civil, volume 2: teoria da prova, direito probatório, ações probatórias, decisão, precedente,coisa julgada e antecipação dos efeitos da tutela. 8 ed. Salvador: Juspodivm, 2013, p. 516.

[203] Silva, Ovídio A. Baptista da. Curso de processo civil: processo cautelar (tutela de urgência), volume 3. 3 ed. São Paulo: RT, 2000, p. 322.

> O sequestro não integra a lide reivindicatória, ou qualquer outra concebida como demanda principal. O arresto tem suas questões próprias, que não se confundem e menos ainda se integram a lide a que ele se ligue, como demanda acessória. Aqui, quando se está em presença de uma lide cautelar, as demandas serão sempre duas: a demanda assegurativa e a satisfativa. Se a ação de pura asseguração não 'compõe definitivamente a lide' nem produz coisa julgada, quem ficará em dificuldade não será a teoria da ação cautelar, e sim os juristas que se mantêm fiéis ao pensamento dos processualistas italianos, especialmente a Carnelutti.[204]

Pontes de Miranda, ao que nos parece, já tinha uma intuição no sentido de considerar que a cautelar de alimentos não pode ser colocada na vala comum das ações preventivas. Para ele, no processo das ações preventivas "há um minus, e esse menos impede que a eficácia da sua sentença equivalha à eficácia da sentença no processo que se propuser principaliter".[205] Acrescente ainda que as medidas preventivas criam um vínculo efetivo (ou fático) e de direito obrigacional, mas não direito absoluto (real) a recair sobre as coisas arrestadas, sequestradas, apreendidas, etc.; "exceto no caso de prestação de alimentos provisionais, ou quando constituam documentos que tenham de pertencer ao assegurado provisionalmente e somente quanto aos documentos".[206]

Pontes de Miranda parece reafirmar esta intuição sobre a condição diferenciada da tutela provisória dos alimentos, quando ainda não havia previsão da tutela antecipada entre nós, ao afirmar que o *minus* das ações preventivas reside na distinção entre acautelar e satisfazer, mas que existem casos em que a cautela "não deixa de ser cautela", embora "pareça importar em satisfação". Entre estes casos especialíssimos, relaciona "o caso dos alimentos provisionais (*Venter non patitur dilationem*), segundo a regra de que por eles não se presta caução e, ainda se perde a ação, o alimentado não os restitui".[207]

[204] SILVA, Ovídio A. Baptista da. Curso de processo civil: processo cautelar (tutela de urgência), volume 3. 3 ed. São Paulo: RT, 2000, p. 324.

[205] MIRANDA, Francisco Cavalcanti Pontes de. Tratado das ações, tomo VI: ações mandamentais. São Paulo: RT, 1976, p. 344-345.

[206] MIRANDA, Francisco Cavalcanti Pontes de. Tratado das ações, tomo VI: ações mandamentais. São Paulo: RT, 1976, p. 345.

[207] MIRANDA, Francisco Cavalcanti Pontes de. Tratado das ações, tomo VI: ações mandamentais. São Paulo: RT, 1976, p. 345.

Assim, entendemos que a tutela provisória dos alimentos possui o caráter de tutela antecipada satisfativa, mesmo sob o regime do Código de Processo Civil de 1973 e especialmente sob a égide do CPC atual. Havendo substituição da tutela provisória por tutela definitiva na sentença observe-se que, regra geral, tal sentença começará a produzir efeitos logo após a sua publicação, nos termos do art. 1.012, § 1º, II, do novo CPC.

Caso o alimentante resolva insurgir-se contra a decisão com a interposição de recurso de apelação, ele poderá formular pedido de efeito suspensivo da sentença que condenou à prestação de alimentos (art. 1.012, § 3º). Isto porque o alimentando poderá promover o cumprimento provisório da sentença condenatória logo após a sua publicação (art. 1.012, § 2º). Contudo, a eficácia da sentença apenas "poderá ser suspensa pelo relator se o apelante demonstrar a probabilidade de provimento do recurso, ou, sendo relevante a fundamentação, houver risco de dano grave ou difícil reparação" (art. 1.012, § 4º).

Por fim, como se pode depreender das referências aqui feitas, o Novo CPC resulta em um aperfeiçoamento em relação aos alimentos, consolidando a jurisprudência sobre assunto e introduzindo meios mais adequados à satisfação de tal interesse existencial.

9
RESPONSABILIDADE CIVIL NAS RELAÇÕES DE FAMÍLIA

Durante muito tempo o direito de família permaneceu alheio à lógica da responsabilidade civil, havendo muita resistência quando o assunto era a aplicação dos princípios, regras e institutos da responsabilidade civil no âmbito das relações familiares.

Trata-se de um período superado. Hoje, não há dúvidas de que é cabível e adequado conceber uma intersecção entre o direito de família e a responsabilidade civil. Não há dúvidas que, havendo dano no contexto de uma relação jurídica familiar, é preciso que se desencadeiem os instrumentos jurídicos adequados ao restabelecimento do equilíbrio naquela relação, o que se opera nomeadamente pelo viés da reparação, cerne da responsabilidade civil.

De início, tratemos sobre a responsabilidade civil e a culpa no divórcio.

9.1. A culpa no divórcio e na separação

Tradicionalmente, as culturas jurídicas dos mais diversos países transitam entre diversas modalidades de divórcio conforme as suas causas. No artigo intitulado *Divórcio: causas, casos e tipos*, de 1978, Antônio Chaves faz referência a nada menos que cinco modalidades de divórcio, a saber: a) divórcio-sanção; b) divórcio-remédio; c) divórcio-constatação; d) divórcio-falência e e) divórcio-saturação ou resignação[208].

No cenário brasileiro, na sequência da Emenda Constitucional nº 9/1977 e da Lei nº 6.515/1977 (Lei do Divórcio), que instauraram, como vimos, a

[208] Antônio Chaves, Divórcio: causas, casos e tipos, p. 199.

sistemática do divórcio no Brasil, foram consagradas três daquelas modalidades: o divórcio-sanção, o divórcio-falência e o divórcio-remédio.

O divórcio-sanção era precedido de separação judicial amparada por pedido de um dos cônjuges que imputasse ao outro "conduta desonrosa ou qualquer ato que importe em grave violação dos deveres do casamento e tornem insuportável a vida em comum", a teor do art. 5º, *caput*, da Lei do Divórcio.

Por seu turno, o chamado divórcio-falência ocorria na sequência da separação judicial amparada por pedido de um dos cônjuges que provasse a "ruptura da vida em comum há mais de 5 (cinco) anos consecutivos, e a impossibilidade de sua reconstituição" (§1º do art. 5º).

Por fim, o dito divórcio-remédio estava previsto no §2º do art. 5º, ocorrendo quando o cônjuge pediu a separação judicial quando o outro estivesse "acometido de grave doença mental, manifestada após o casamento", que tornasse impossível a continuação da vida em comum, "desde que, após uma duração de 5 (cinco) anos, a enfermidade tenha sido reconhecida de cura improvável".

Atualmente, não mais se cogita dessas modalidades de divórcio. A maior consequência trazida pela EC nº 28/2009 foi a retirada dos requisitos que antes se impunham ao divórcio. O pedido que antes era feito nos estritos limites das hipóteses legalmente elencadas passou a basear-se tão somente na liberdade. Não houve uma ampliação das hipóteses, houve, pelo contrário, uma completa retirada dos requisitos. Assim, o divórcio passou a ser, no direito brasileiro, direito potestativo exercido mediante "denúncia vazia", tomando emprestado o termo consagrado na resilição contratual.

Mas entre *não precisar* apontar motivos e *não poder* apontar motivos há uma diferença substancial, o que nos traz o seguinte problema: pode o cônjuge requerer o divórcio alegando, por exemplo, a infidelidade do outro?

Aqui é preciso separar duas searas, o divórcio e a infidelidade. Ainda que conste das alegações das partes a suposta violação de deveres conjugais, o magistrado deve abster-se de julgá-las, já que, com a nova sistemática do divórcio, os motivos que ensejam o pedido são irrelevantes. Não há espaço, pois, para discussão da culpa no âmbito de um processo de divórcio.

Neste sentido, eventual pretensão de reconhecimento de violação de deveres conjugais enseja via processual própria, também de competência da vara de família. Reside aqui o ponto de partida para a responsabilidade civil por violação de deveres conjugais, que aprofundaremos mais à frente.

Mas há outra questão a resolver: o art. 1.572 do Código Civil trata sobre a separação judicial, elencando os fundamentos que podem embasar o pedido. O dispositivo corresponde diretamente ao que prelecionava o art. 5º da Lei 6.515/77, que tratamos há pouco. No *caput*, temos a separação-sanção, no §1º temos a separação-falência e no §2º a separação-remédio. Pelo menos nos dois primeiros casos há franco espaço para o debate em torno da culpa. Com justificar, assim, um sistema que rechaça a discussão sobre a culpa do âmbito do divórcio, mas a mantém no âmbito da separação?

Logicamente, este problema só existe se partirmos do pressuposto de que a separação não foi retirada da ordem jurídica brasileira por força da EC nº 66/2010. Sobre isto já nos posicionamos alhures.

Para a resolução do problema, abrem-se duas possibilidades interpretativas. A primeira delas, numa perspectiva mais literal, seria manter a dicção do art. 1.572, mantendo-se intacta a sistemática da separação e suas respectivas causas de pedir. No sentido desta orientação depõem outros dispositivos do Código Civil, que fazem expressa menção à declaração de culpa do cônjuge no âmbito da ação de separação judicial, a saber: i) o art. 1.578 assevera que o cônjuge culpado perde o direito de usar o sobrenome do outro, desde que o cônjuge inocente o requeira e se "a alteração não acarretar evidente prejuízo para a sua identificação" (inciso I), "manifesta distinção entre o seu nome de família e o dos filhos havidos da união dissolvida" (inciso II) ou "dano grave reconhecido na decisão judicial" (inciso III); e ii) o art. 1.704, que se refere à declaração do cônjuge culpado em ação de separação judicial, para fins de afastamento do dever do cônjuge não culpado de prestar alimentos.

Neste sentido, respeitável corrente doutrinária capitaneada por Regina Beatriz Tavares da Silva sustenta a pretensão indenizatória face à grave violação dos deveres conjugais, dentre esses o dever de fidelidade. Pois, "as regras gerais de responsabilidade civil aplicam-se às relações derivadas do casamento, sendo certo que 'a prática de ato ilícito pelo cônjuge, que descumpre dever conjugal e acarreta dano ao consorte, ensejando a dissolução culposa da sociedade conjugal, gera a responsabilidade civil e impõe a reparação dos prejuízos, com o caráter ressarcitório ou compensatório, consoante o dano seja de ordem material ou moral'"[209].

[209] RODRIGUES JUNIOR, Otávio Luiz. A doutrina do terceiro cúmplice nas relações matrimoniais. In: SILVA, Regina Beatriz Tavares da; CAMARGO NETO, Theodureto de Almeida (coords.). **Grandes temas de Direito de Família e das Sucessões**. São Paulo: Saraiva, 2011, p. 37.

A segunda possibilidade seria empreender uma interpretação sistemática, reconhecendo que não faz sentido, do ponto de vista da lógica do sistema e do ponto de vista prático, enxergar o pedido de divórcio como "denúncia vazia" e o pedido de separação como "denúncia cheia". Se é possível pôr termo ao casamento sem explicitar fundamentos, por que razão exigir, para pôr termo à sociedade conjugal, que se explicitem os fundamentos? Impor-se-ia, assim, o *argumentum a maiore ad minus.*

De *lege lata*, é preciso reconhecer que a culpa ainda ocupa importante espaço na sistemática da separação. No entanto, reconhecemos que a permanência da discussão em torno da culpa quando da separação traz inúmeros inconvenientes práticos, a começar pela dificuldade de aferição. Quando um casamento chega à ruína, isto se deve a uma complexa sucessão de causas que dificilmente se consegue conhecer e avaliar nos estreitos limites de um processo judicial. Normalmente, o que chega aos autos é tão somente a causa imediata, desprezando-se inúmeras outras causas que também contribuíram para o fim do relacionamento. Por isso mesmo, temos que os processos judiciais hábeis a pôr termo à sociedade conjugal (separação) e ao casamento em si (divórcio) não são vias adequadas para discussão e julgamento sobre a culpa, pelo que, *de lege ferenda*, é preciso retirar essa discussão do espectro de tais processos.

Mas retirar a culpa pelo fim do casamento não significaria retirar inteiramente a culpa do direito de família. A culpa permanece viva na responsabilidade civil no âmbito das relações familiares, sejam elas conjugais, sejam parentais.

Quanto à responsabilidade civil no âmbito das relações conjugais, há muito o que se discutir em torno da violação dos deveres do casamento e da união estável. Em relação ao casamento, os deveres dos cônjuges estão previstos no art. 1.566 do Código Civil, a saber: i) fidelidade recíproca, ii) vida em comum, no domicílio conjugal, iii) mútua assistência, iv) sustento, guarda e educação dos filhos; v) respeito e consideração mútuos.

O tema mais recorrente é a indenizabilidade da traição, ou seja, a responsabilidade civil decorrente da violação ao dever de fidelidade previsto no inciso I do referido artigo.

9.2. Infidelidade

Os casos de responsabilidade civil por infidelidade têm se tornado cada dias mais comuns. O Tribunal de Justiça do Estado de São Paulo, por exemplo, apenas entre os anos de 2010 e 2012, julgou procedentes 189 pedidos de indenização por danos morais em virtude de infidelidade[210].

A primeira questão que se coloca é a seguinte: a violação do dever de fidelidade, de *per si*, configuraria o dever de indenizar, transformando o dano traição em uma espécie de dano *in re ipsa*, ou a indenizabilidade da traição seguiria os mesmos parâmetros gerais da responsabilidade civil, nomeadamente no que se refere ao conceito e à aferição do dano moral?

A jurisprudência brasileira caminha claramente no segundo sentido. O Tribunal de Justiça do Distrito Federal e dos Territórios (TJDFT) consolidou o entendimento de que "a traição, ou seja, o descumprimento de dever marital de fidelidade, embora traga angústia e profunda tristeza ao cônjuge traído, por si só não é apto a ensejar reparação por danos morais porquanto habita na esfera das vicissitudes da vida conjugal"[211].

Perceba-se que esta orientação repercute no esvaziamento do dever de fidelidade contido no art. 1.566 do Código Civil, convertendo-o em espécie de "obrigação natural", em que não se verifica o *haftung*, a responsabilidade. Em última análise, a indenizabilidade não decorre da violação dos deveres conjugais, mas da violação de direitos absolutos, especificamente a honra objetiva do cônjuge traído. Esta, aliás, é a leitura que Carlos Pamplona Corte-Real faz do tema.

Interessante questão se coloca quanto à situação do dito "cúmplice do adultério". Sobre o tema, a 4ª Turma do STJ julgou o Recurso Especial nº 1122547/MG, interposto em face de acórdão do Tribunal de Justiça de Minas Gerais que julgou improcedente o pedido de indenização por danos morais em razão de adultério. O acórdão recorrido destacou que "em que pese a alta reprovabilidade social daquele que se envolve com pessoa casada, não constitui tal envolvimento qualquer ilícito de cunho cível ou penal em desfavor seu", e que "dever jurídico de fidelidade existe

[210] TJ condena 189 ex-cônjuges por infidelidade conjugal desde 2010. Ethos. Disponível em: <http://www.ethosonline.com.br/noticia/4405/tj-condenada-189-ex-conjuges-por-infidelidade-conjugal-desde-2010.html>

[211] JUIZADOS ESPECIAIS - CIVIL - CASAMENTO - O DESCUMPRIMENTO DO DEVER MATRIMONIAL DE FIDELIDADE POR SI SÓ NÃO É APTO A GERAR DANOS MORAIS PORQUANTO ESTÁ ENGLOBADO NAS VICISSITUDES DA VIDA CONJUGAL - SENTENÇA MANTIDA - RECURSO CONHECIDO IMPROVIDO. (Acórdão nº 631286, Relator José Guilherme, 2ª Turma Recursal dos Juizados Especiais do Distrito Federal, julgado em 09.10.2012, DJe 07.11.2012).

apenas entre os cônjuges e não se estende a terceiro que venha a ser cúmplice em adultério perpetrado durante o lapso de tempo de vigência do matrimônio".

Em seu voto, o relator, Min. Luis Felipe Salomão, consignou que "no caso tratado nos autos, não há como o Judiciário impor um "não fazer" ao réu, decorrendo disso a impossibilidade de se indenizar o ato por inexistência de norma posta – legal e não moral – que assim determine". Ademais, "o réu é estranho à relação jurídica existente entre o autor e sua ex-esposa, relação da qual se origina o dever de fidelidade mencionado no art. 1.566, inciso I, do Código Civil de 2002. O casamento, se examinado tanto como uma instituição, quanto contrato *sui generis*, somente produz efeitos em relação aos celebrantes e seus familiares, não beneficiando nem prejudicando terceiros".

Chancelando o entendimento insculpido no acórdão do TJMG, o STJ ementou a questão nos seguintes termos:

> RESPONSABILIDADE CIVIL. DANO MORAL. ADULTÉRIO. AÇÃO AJUIZADA PELO MARIDO TRAÍDO EM FACE DO CÚMPLICE DA EX-ESPOSA. ATO ILÍCITO. INEXISTÊNCIA. AUSÊNCIA DE VIOLAÇÃO DE NORMA POSTA. 1. O cúmplice de cônjuge infiel não tem o dever de indenizar o traído, uma vez que o conceito de ilicitude está imbricado na violação de um dever legal ou contratual, do qual resulta dano para outrem, e não há no ordenamento jurídico pátrio norma de direito público ou privado que obrigue terceiros a velar pela fidelidade conjugal em casamento do qual não faz parte. 2. Não há como o Judiciário impor um "não fazer" ao cúmplice, decorrendo disso a impossibilidade de se indenizar o ato por inexistência de norma posta – legal e não moral – que assim determine. O réu é estranho à relação jurídica existente entre o autor e sua ex-esposa, relação da qual se origina o dever de fidelidade mencionado no art. 1.566, inciso I, do Código Civil de 2002. 3. De outra parte, não se reconhece solidariedade do réu por suposto ilícito praticado pela ex-esposa do autor, tendo em vista que o art. 942, *caput* e § único, do CC/02 (art. 1.518 do CC/16), somente tem aplicação quando o ato do co-autor ou partícipe for, em si, ilícito, o que não se verifica na hipótese dos autos. 4. Recurso especial não conhecido. (REsp. nº 1122547/MG, Relator Min. Luis Felipe Salomão, 4ª Turma, julgado em 10.11.2009, DJe 27.11.2009).

No entanto, a orientação não afasta completamente a possibilidade de condenação do terceiro. Seguindo a mesma linha de raciocínio da responsabilidade civil do cônjuge adúltero, é plenamente possível que se verifique o dever de indenizar do terceiro, não pela violação de deveres do casamento, mas em virtude da causação de danos à esfera jurídica da pessoa traída, de modo a atingir a sua honra objetiva.

Por fim, destaquemos um interessante caso que foi julgado pelo TJDFT, em que a esposa traída dirigiu ofensas à amante, que buscou reparação por danos morais. Em primeiro grau, a magistrada consignou:

> (...) tendo interferido na relação conjugal alheia, não pode alegar que sofreu dano moral (...). Não se quer com isso dizer que o consorte traído esteja liberado para exceder-se sem nenhuma consequência jurídica. Todavia, embora o Direito não seja conivente com o ilícito, não pode punir quando o excesso das palavras resultar da surpresa e da grande perturbação de ânimo do consorte que descobre a traição.[212]

Em sede de apelação, a decisão foi integralmente mantida.

Na união estável, os deveres estão previstos no art. 1.724 do Código Civil, que preleciona: "as relações pessoais entre os companheiros obedecerão aos deveres de lealdade, respeito e assistência, e de guarda, sustento e educação dos filhos. Considerando o posicionamento do STJ no sentido de reconhecer que o dever de fidelidade está contido na epígrafe *lealdade*, todas as considerações que tecemos em relação à responsabilidade civil por infidelidade no casamento aplicam-se ao contexto da união estável.

9.3. Abandono afetivo

No que se refere à responsabilidade civil nas relações parentais, o foco está na violação dos deveres inerentes ao poder familiar, sendo o tema mais recorrente a indenizabilidade do chamado abandono afetivo. Os deveres inerentes ao poder familiar estão previstos no art. 1.634 do Código Civil, que assevera competirem a ambos os pais diversos deveres relativamente aos filhos, dentre os quais destacamos o de dirigir-lhes a criação e a educação (inciso I).

Reconhecendo a indenizabilidade do que se convencionou chamar abandono afetivo, há inúmeros precedentes, inclusive do STJ, dos quais

[212] TJDFT nega pedido de indenização de amante por ofensas que recebeu da esposa traída. Disponível em: <http://www.tjdft.jus.br/institucional/imprensa/noticias/2012/junho/tjdft-nega-pedido-de-indenizacao-de-amante-por-ofensas-que-recebeu-da-esposa-traida>.

destacamos o REsp. 1159242/SP[213]. De início, merece destaque a confirmação, constante da ementa, de que as regras da responsabilidade civil são plenamente aplicáveis no âmbito das relações familiares. Em seu voto, a relatora, ministra Nancy Andrighi aduziu que "aqui não se discute o amar e, sim, a imposição biológica e legal de cuidar, que é dever jurídico, corolário da liberdade das pessoas de gerarem ou adotarem filhos". Em seguida, registrou a aclamada frase: "amar é faculdade, cuidar é dever".

O ministro Massami Uyeda abriu a divergência, consignando que reconhecer a indenizabilidade do abandono afetivo representaria a quantificação das mágoas íntimas, abrindo precedente para que os filhos amparassem pedidos de indenização em negligências que, no exercício do "pátrio dever", sempre estão presentes.

Ao final, a divergência foi vencida, tendo os demais ministros da 3ª Turma votado com a relatora, reconhecendo o dever de indenizar do pai que negligenciou o dever de dirigir a criação da filha, descumprindo o disposto no art. 1.634 do Código Civil e, em última análise, o teor do art. 227 da CF/88, que impõe à família, à sociedade e ao Estado o dever de colocar crianças e adolescentes a salvo de toda forma de negligência.

[213] CIVIL E PROCESSUAL CIVIL. FAMÍLIA. ABANDONO AFETIVO. COMPENSAÇÃO POR DANO MORAL. POSSIBILIDADE. 1. Inexistem restrições legais à aplicação das regras concernentes à responsabilidade civil e o consequente dever de indenizar/compensar no Direito de Família. 2. O cuidado como valor jurídico objetivo está incorporado no ordenamento jurídico brasileiro não com essa expressão, mas com locuções e termos que manifestam suas diversas desinências, como se observa do art. 227 da CF/88. 3. Comprovar que a imposição legal de cuidar da prole foi descumprida implica em se reconhecer a ocorrência de ilicitude civil, sob a forma de omissão. Isso porque o *non facere*, que atinge um bem juridicamente tutelado, leia-se, o necessário dever de criação, educação e companhia – de cuidado – importa em vulneração da imposição legal, exsurgindo, daí, a possibilidade de se pleitear compensação por danos morais por abandono psicológico. 4. Apesar das inúmeras hipóteses que minimizam a possibilidade de pleno cuidado de um dos genitores em relação à sua prole, existe um núcleo mínimo de cuidados parentais que, para além do mero cumprimento da lei, garantam aos filhos, ao menos quanto à afetividade, condições para uma adequada formação psicológica e inserção social. 5. A caracterização do abandono afetivo, a existência de excludentes ou, ainda, fatores atenuantes – por demandarem revolvimento de matéria fática – não podem ser objeto de reavaliação na estreita via do recurso especial. 6. A alteração do valor fixado a título de compensação por danos morais é possível, em recurso especial, nas hipóteses em que a quantia estipulada pelo Tribunal de origem revela-se irrisória ou exagerada. 7. Recurso especial parcialmente provido. (REsp. 1159242/SP, Relatora Ministra Nancy Andrighi, 3ª Turma, julgado em 24.04.2012, DJe 10.05.2012)

Estava aberto o caminho para uma sucessão de pleitos indenizatórios por abandono afetivo em todo o Brasil, chegando-se ao ponto de, em 2015, os ministros da mesma 3ª Turma do STJ recomendarem prudência ao magistrado no julgamento de demandas que versem sobre o abandono afetivo. No REsp 1557978, em que se manteve a improcedência de pedido de indenização por abandono afetivo, destacou-se que, "considerando a complexidade dos temas que envolvem as relações familiares e que a configuração de dano moral em hipóteses de tal natureza é situação excepcionalíssima". Ademais, registrou-se a preocupação no sentido de "evitar que o Poder Judiciário seja transformado numa indústria indenizatória"[214].

Para arrematar a análise do tema, destacamos decisão de primeiro grau da 1ª Vara Cível de Ceilândia – DF, que negou julgou improcedente pedido de indenização por abandono afetivo e inaugurou resistência à orientação dos tribunais pátrios. O magistrado asseverou que "em casos de abandono afetivo, se o sujeito que se sente abandonado busca, em verdade, a demonstração do afeto e a presença da outra parte, dificilmente, esta aproximação ocorrerá no decurso de um processo judicial"[215].

Enfim, assim como a infidelidade conjugal, o afastamento de pai e filho reside nas vicissitudes típicas das relações familiares. A causalidade por trás dessas rupturas beira a incognoscibilidade, pelo que devem permanecer fora das disputas judiciais.

[214] REsp. 1557978/DF, Relator Ministro Moura Ribeiro, 3ª Turma, julgado em 03.11.2015, DJe 17.11.2015.

[215] Sentença disponível em <http://www.migalhas.com.br/arquivos/2017/2/art20170220-10.pdf>

10
USUCAPIÃO POR ABANDONO DO LAR CONJUGAL

10.1. Usucapião e prescrição

A usucapião consiste em forma de aquisição do direito de propriedade em razão do exercício da posse protraída no tempo e a verificação de outros requisitos legais; sem qualquer relação com eventual direito do proprietário anterior. Como se pode inferir da própria etimologia da expressão, a usucapião se traduz na aquisição pelo uso, *usus capere*. A usucapião é expediente valioso para a manutenção da paz social ao permitir a definição da titularidade do direito de propriedade em razão consolidação de uma situação fática. Ademais, a usucapião também evita que, para se comprovar a titularidade do direito de propriedade, "que se tenha de retroagir ad infinitum no passado do bem. Desse modo, tem um efeito fixador". [216]

Trata-se de modo originário de aquisição do direito de propriedade, pois "o domínio adquirido começa de existir com o ato, de que diretamente resulta, sem relação de causalidade com o estado jurídico de coisa anterior".[217] Em razão da usucapião, não se obtém a propriedade do antigo proprietário, e sim a despeito dele. A propriedade obtida mediante a usucapião é recebida livre de quaisquer ônus reais ou gravames, "porventura existentes, frente à relação jurídica pregressa do bem, recebendo o usucapiente, a propriedade de forma límpida, ou seja, abstraída de qualquer óbice".[218]

[216] PENTEADO, Luciano de Camargo. Manual de direito civil: coisas. São Paulo: RT, 2013, p. 127.

[217] PEREIRA, Lafayette Rodrigues. Direito das Coisas – Vol. I. 5 ed. Rio de Janeiro: Livraria e Editora Freitas Bastos, 1943, p. 129.

[218] ALMEIDA, Rodolfo Felix. Da aquisição por usucapião. In: ALBUQUERQUE JUNIOR, Roberto Paulino de; CAMPOS, Alyson Rodrigo Correia (orgs.). Dos Direitos Reais. Recife: Nossa Livraria, 2014, p. 230.

O usucapião, contudo, não consiste em modalidade de prescrição; de modo que é equivocado denominá-lo prescrição aquisitiva.[219] No direito civil alemão, tanto se fala em prescrição extintiva (*Verjährung*), como também em prescrição aquisitiva (*Ersitzung*).[220] A idéia de uma prescrição aquisitiva (ou usucapião), de clara inspiração romanística, não parece ser adequada entre nós. Não nos parece apropriado considerar a usucapião como espécie de prescrição. Isto porque, a despeito do decurso do tempo enquanto elemento comum entre a prescrição dita aquisitiva e a usucapião, cada um dos institutos tem uma estrutura própria, e também cumpre funções próprias, além de possuir características específicas. Ademais, enquanto o alcance do instituto da dita prescrição aquisitiva é amplíssimo, o usucapião (ou prescrição extintiva) encontra-se adstrito ao âmbito do direito das coisas. Some-se a isto o fato de que o usucapião é oponível *erga omnes*, enquanto a alegação da prescrição dá-se apenas em relação a certo credor ou certos credores.[221]

Este caráter absoluto da usucapião é o que justifica a necessidade de publicação de editais na ação de usucapião (art. 259, I, do Código de Processo Civil de 2015), a fim de dar conhecimento do pedido para todos os interessados.[222] Tal imposição da publicação de edital também se verifica no usucapião extrajudicial (art. 216-A, § 4º, da Lei n. 6.015/1973), que foi introduzido recentemente no ordenamento jurídico pelo Código de Processo Civil de 2015 (art. 1.071).[223] Destarte, a aquisição do direito à usucapião verifica-se em relação a todos, ou seja, é dotada de eficácia *erga omnes*.

219 Cf.: Costa Filho, Venceslau Tavares. Breves reflexões sobre a prescrição no código de processo civil de 2015. In: Didier Jr, Fredie; Macêdo, Lucas Buril de; Peixoto, Ravi; Freire, Alexandre. (Org.). Novo CPC Doutrina Selecionada: procedimento comum.2ed. Salvador: Juspodivm, 2016, v. 2, p. 111-121.

220 Levano, Yves. La prescription extinctive en droit allemand après la réforme du droit des obligations. Revue international de droit comparé, a. 56, n. 4 (Octobre-Décembre 2004). Paris: CNRS/Société de législation comparée, p. 947.

221 Messineo, Francesco. Disposizioni in tema di prescrizione applicabili o inapplicabili all'usucapione. *In*: Studi in memoria di Andrea Torrente, volume II. Milano: Giuffrè, 1968, p. 687.

222 É este o entendimento de Pontes de Miranda: "Na ação de usucapião, são partes o autor (legitimado ativo) e todos. (...) O procedimento edital é pressuposto necessário da relação jurídica processual da ação de usucapião: somente por ele se pode completar a angularidade da relação jurídica processual: autor, Estado; Estado, todos interessados. A propriedade é direito com sujeito passivo total; as ações declarativas só podem ter eficácia sentencial entre as partes" (Tratado das ações. São Paulo: RT, 1971. t. 2, p. 258-259)

223 Cf: Costa Filho, Venceslau Tavares. Breves reflexões sobre a prescrição no código de processo civil de 2015. In: Didier Jr, Fredie; Macêdo, Lucas Buril de; Peixoto, Ravi;

Não se pode afirmar o mesmo em relação à prescrição. O art. 204 do Código Civil vigente esclarece que o devedor pode ter adquirido o direito de alegar a prescrição em relação a certo credor, sem que isto implique na possibilidade de opor tal direito a todos os credores.[224] Isto porque, se um dos credores agiu no sentido de interromper o curso do lapso prescricional, pode acontecer da prescrição continuar a correr em relação aos credores que não praticaram atos capazes de interromper a prescrição.

O Código Civil brasileiro, contudo, estende certos aspectos da prescrição para institutos que não se confundem com ela. Nesta linha, o art. 1.244 do CC, por exemplo, socorre-se de certas normas pertinentes à prescrição no disciplinamento do usucapião.[225] O Código Civil italiano possui uma disposição similar ao nosso em seu artigo 1.165, estendendo ao usucapião as causas suspensivas e interruptivas da contagem do prazo prescricional.[226] Tal norma de reenvio, contudo, deve ser compreendida como taxativa, de modo que é de interpretação restrita, pois o legislador indicou especificamente até que ponto o reenvio pode e deve operar, sem que o intérprete possa ultrapassar tal limite, inserindo critérios particulares, para além daquele indicado pela própria norma.[227]

10.2. A "usucapião" por abandono do lar conjugal (usucapião familiar) e questão da mancomunhão

Por força da Lei n. 12.424/2011, restou introduzido em nosso ordenamento uma nova espécie de usucapião, por muitos denominada de usucapião familiar ou (como preferimos) usucapião por abandono do lar conjugal. O texto do dispositivo relacionado ao novo tipo de usucapião é o seguinte:

FREIRE, Alexandre. (Org.). Novo CPC Doutrina Selecionada: procedimento comum.2ed. Salvador: Juspodivm, 2016, v. 2, p. 111-121.

224 Art. 204. A interrupção da prescrição por um credor não aproveita aos outros; semelhantemente, a interrupção operada contra o co-devedor, ou seu herdeiro, não prejudica aos demais coobrigados.

225 Art. 1.244. Estende-se ao possuidor o disposto quanto ao devedor acerca das causas que obstam, suspendem ou interrompem a prescrição, as quais também se aplicam à usucapião.

226 Art. 1.165. Le disposizioni generali sulla prescrizione (2934 e seguenti), quelle relative alle cause di sospensione e d'interruzione (2941 e seguenti) e al computo dei termini (2962 e seguenti) si osservano, in quanto applicabili, rispetto all'usucapione.

227 MESSINEO, Francesco. Disposizioni in tema di prescrizione applicabili o inapplicabili all'usucapione. *In*: Studi in memoria di Andrea Torrente, volume II. Milano: Giuffrè, 1968, p. 687-688.

> Art. 1.240-A. Aquele que exercer, por 2 (dois) anos ininterruptamente e sem oposição, posse direta, com exclusividade, sobre imóvel urbano de até 250m² (duzentos e cinquenta metros quadrados) cuja propriedade divida com ex-cônjuge ou ex-companheiro que abandonou o lar, utilizando-o para sua moradia ou de sua família, adquirir-lhe-á o domínio integral, desde que não seja proprietário de outro imóvel urbano ou rural.

Assim, podem-se apontar os elementos necessários à verificação do suporte fático do supracitado artigo, quais sejam: I) não ser o pretendente ao usucapião proprietário de outro imóvel urbano ou rural; II) imóvel urbano que não tenha área superior a 250 m², que seja objeto de propriedade em comunhão ou condomínio com o ex-cônjuge ou ex-companheiro; e III) posse exclusiva exercida por dois anos, para moradia própria e da família, sem interrupção ou oposição.

Entre as supostas vantagens da nova espécie de usucapião, pode-se destacar a facilitação da titulação formal sobre o imóvel como um todo para o cônjuge ou companheiro que eventualmente permanecer residindo nele com os filhos, bem como expediente que evita a procrastinação da partilha dos bens do casal.[228] Assim, a novel regra permitirá a aquele que permanece no imóvel a aquisição da "fração ideal que pertencia ao outro"; de modo que esta regra "consagra uma espécie de consolidação ou direito de acrescer, tornando-se o remanescente proprietário exclusivo".[229]

Se o imóvel pertencia aos cônjuges ou companheiros em regime de comunhão (também chamada de mancomunhão), é de se estranhar a referência a "frações ideais" de quem quer que seja. Comunhão e condomínio não são expressões sinônimas em direito civil. No condomínio, verifica-se uma concorrência de pretensões, ou poderes sobre um certo bem. Já a comunhão supõe universalidade de direito, e, em direito de família, "implica patrimônio comum, que integra as esferas jurídicas individuais e, em certos casos pode-se, logicamente, distinguir do patrimônio de cada consorte"; constituindo-se em um "conjunto unitário de situações jurídi-

[228] Penteado, Luciano de Camargo. Manual de direito civil: coisas. São Paulo: RT, 2013.

[229] Albuquerque Junior, Roberto Paulino de; Gouveia Filho, Roberto Campos. Usucapião familiar: estudo sobre o novo artigo 1.240-A do Código Civil brasileiro. In: Costa Filho, Venceslau Tavares; Castro Junior, Torquato da Silva (orgs.). A modernização do Direito Civil – Volume II. Recife: Nossa Livraria, 2012, p. 176.

cas pertencentes no mesmo polo a sujeitos distintos, mas unidos por uma causa preexistente (casamento, contrato social)".[230]

Neste sentido, nos autos do Recurso Especial n. 1.537.107/PR, a 3ª Turma do STJ enfrentou questão acerca da divisão de bens anos depois da separação de fato.[231] No caso em tela, o casamento foi dissolvido em 2007, mas o pleito pela partilha do acervo comum verificou-se somente em 2012. Discutia-se se se deveria levar em consideração ou não a variação patrimonial da empresa pertencente ao casal após a separação de fato. A Turma entendeu que a partilha deve levar em consideração o valor atual das quotas, por se tratar de uma situação de mancomunhão que não se extingue simplesmente pela separação de fato. Destaque-se, a manifestação da Relatora, Ministra Nancy Andrighi:

> 1. Rompida a sociedade conjugal sem a imediata partilha do patrimônio comum, ou como ocorreu na espécie, com um acordo prévio sobre os bens a serem partilhados, verifica-se – apesar da oposição do recorrente quanto a incidência do instituto – a ocorrência de mancomunhão. 2. Nessas circunstâncias, não se fala em metades ideais, pois o que se constata é a existência de verdadeira unidade patrimonial, fechada, e que dá acesso a ambos ex-cônju-

[230] Penteado, Luciano de Camargo. Manual de direito civil: coisas. São Paulo: RT, 2013, p. 227-228.

[231] Cf.: "CIVIL. PROCESSUAL CIVIL. RECURSO ESPECIAL. CASAMENTO EM REGIME DE COMUNHÃO PARCIAL DE BENS. PARTILHA DE BENS. MOMENTO DE AVALIAÇÃO DA EXPRESSÃO ECONÔMICA DAS COTAS DE SOCIEDADE. Diploma legal incidente: Código Civil de 2002. Controvérsia: dizer, para efeitos de partilha, se o valor de cotas de sociedade médica, da qual um dos ex-cônjuges é sócio, e que foi constituída na constância do casamento, devem coincidir com o seu valor histórico da data da ruptura do relacionamento, ou terem os valores fixados, em data posterior, quando da efetiva apuração dos valores atribuídos às cotas e o pagamento do quinhão à ex-cônjuge, não-sócia. A participação em sociedade não constitui um patrimônio partilhável, automaticamente, no rompimento de uma relação conjugal, detendo o ex-cônjuge sócio, a singular administração da integralidade das cotas do ex-casal. Essa circunstância, que deprime, em nome da preservação da sociedade empresarial, o pleno direito de propriedade do ex-cônjuge, não sócio, pode dar ensejo a manipulações que afetem, ainda mais o já vulnerado direito à propriedade.Nessa linha, verifica-se a existência de mancomunhão sobre o patrimônio, ou parte dele, expresso, na hipótese, em cotas de sociedade, que somente se dissolverá com a partilha e consequente pagamento, ao cônjuge não sócio, da expressão econômica das cotas que lhe caberiam por força da anterior relação conjugal.Sob a égide dessa singular relação de propriedade, o valor das cotas de sociedade empresaria deverá sempre refletir o momento efetivo da partilha.Recurso não provido".(REsp 1537107/PR, Rel. Ministra Nancy Andrighi, 3ª Turma, julgado em 17.11.2016, DJe 25.11.2016)

ges, à totalidade dos bens. 2. Nessas circunstâncias, não se fala em metades ideais, pois o que se constata é a existência de verdadeira unidade patrimonial, fechada, e que dá acesso a ambos ex-cônjuges, à totalidade dos bens.

Atualmente, é bem verdade, considera-se que a separação de fato suspende a eficácia do regime de bens do casamento. Neste caso, os bens adquiridos após a separação de fato não integrarão a comunhão. Entretanto, enquanto não se fizer a partilha, os bens adquiridos na constância do casamento e em momento anterior à separação de fato permanecerão integrando a comunhão patrimonial. O Superior Tribunal de Justiça proferiu uma decisão muito interessante neste sentido, no caso de um casal que adquiriu dois imóveis na constância do casamento e depois veio a separar-se de fato. O cônjuge varão foi residir em um dado imóvel, e a esposa permaneceu residindo no outro imóvel com os filhos. Eles desejavam que a proteção da impenhorabilidade do bem de família se estendesse aos dois imóveis, ao argumento da cessação do regime de bens pela separação de fato, e da extensão da proteção da lei 8.009/90 ao devedor solteiro. Observe-se a ementa da decisão:

> DIREITO CIVIL. BEM DE FAMÍLIA. CARACTERIZAÇÃO. HIPÓTESE DE DÍVIDA DOS CÔNJUGES QUE, APÓS A PROPOSITURA DA AÇÃO VISANDO AO SEU RECEBIMENTO, PROMOVEM SUA SEPARAÇÃO DE FATO, PARTINDO, CADA UM DELES, PARA RESIDIR EM UM DOS IMÓVEIS INTEGRANTES DO PATRIMÔNIO DO CASAL. PRETENSÃO AO RECONHECIMENTO DA QUALIDADE DE BEM DE FAMÍLIA ÀS DUAS RESIDÊNCIAS. IMPOSSIBILIDADE.- O Superior Tribunal de Justiça já consolidou seu entendimento no sentido de que a proteção ao bem de família pode ser estendida ao imóvel no qual resida o devedor solteiro e solitário. Esse entendimento, porém, não se estende à hipótese de mera separação de fato entre cônjuges, com a migração de cada um deles para um dos imóveis pertencentes ao casal, por três motivos: (i) primeiro, porque a sociedade conjugal, do ponto de vista jurídico, só se dissolve pela separação judicial; (ii) segundo, porque antes de realizada a partilha não é possível atribuir a cada cônjuge a propriedade integral do imóvel que reside; eles são co-proprietários de todos os bens do casal, em frações-ideais; (iii) terceiro, porque admitir que se estenda a proteção a dois bens de família em decorrência da mera separação de fato dos cônjuges-devedores facilitaria a fraude aos objetivos da Lei. Recurso especial não conhecido.(REsp 518.711/RO, Rel. Ministro Ari

Pargendler, Rel. p/ Acórdão Ministra Nancy Andrighi, 3ª Turma, julgado em 19.08.2008, DJe 05.09.2008).

A Ministra Nancy Andrighi, em lúcida manifestação no bojo do voto-vista argumenta que:

> é comum, em execução proposta contra um dos cônjuges, que o outro apresente embargos de terceiro para proteger sua meação (ou seja, a fração ideal que lhe compete em eventual imóvel penhorado). Nessas hipóteses, não se cogita que todo aquele imóvel, que foi penhorado, deva ser considerado de propriedade do cônjuge executado, e que a compensação da perda experimentada pelo outro cônjuge deva ser feita com outros bens do casal, em eventual partilha futura. Da mesma forma, não há como se considerar, na hipótese dos autos, antes de feita a partilha dos bens, que cada cônjuge será proprietário do imóvel no qual atualmente reside.

Observe-se que no suporte fático da norma que decorre da interpretação do art. 1.240-A do CC/2002 faz-se uso da expressão "ex-cônjuge ou ex-companheiro". A separação de fato é suficiente para mudar o estado civil de alguém, de modo a permitir qualificar uma pessoa casada como ex-cônjuge? Para a dissolução da união estável basta a separação de fato, mas para a dissolução do casamento civil faz-se necessário a decretação do divórcio, ou ainda a escritura pública de distrato (divórcio extrajudicial). Respeitável doutrina assevera que a separação de fato passou a ser dotada de um novo efeito com o advento desta nova modalidade de usucapião: "que é o da contagem do prazo de usucapião bienal, se acompanhada pela cessação da composse e estabelecimento de posse exclusiva de um dos cônjuges".[232]

Ora, verificada apenas a separação de fato no casamento, parece sem sentido admitir o exercício a pretensão a usucapião para a aquisição de direito sobre o bem usucapiendo que já pertence em sua integralidade ao cônjuge que permaneceu no imóvel, como também pertence em sua integralidade ao outro cônjuge. Assim, enquanto a separação de fato na união estável é suficiente para a verificação do suporte fático da norma sob aná-

[232] ALBUQUERQUE JUNIOR, Roberto Paulino de; GOUVEIA FILHO, Roberto Campos. Usucapião familiar: estudo sobre o novo artigo 1.240-A do Código Civil brasileiro. In: COSTA FILHO, Venceslau Tavares; CASTRO JUNIOR, Torquato da Silva (orgs.). A modernização do Direito Civil – Volume II. Recife: Nossa Livraria, 2012.

lise, o mesmo não se aplica à separação de fato em relação ao casamento. Porquanto a mera separação de fato dissolva a união estável, mas não dissolva o casamento civil.

Ademais, a separação de fato não está arrolada entre as hipóteses de dissolução da sociedade conjugal previstas no art. 1.571 do CC/2002.[233] Tendo em vista a aplicação das regras de contagem dos prazos da prescrição a usucapião, verifica-se a situação prevista no inciso I do art. 197 do CC/2002[234], a obstar ou suspender a fluência do prazo que constitui um dos elementos do suporte fático deste modo de aquisição do direito de propriedade. Destarte, impõe-se a exigência da separação judicial ou do divórcio para a fluência do prazo bienal desta nova hipótese de usucapião.

10.3. O caráter urbano do imóvel objeto desta modalidade de "usucapião" e a caracterização do abandono

De outra banda, tal modalidade de usucapião visa exclusivamente a aquisição do direito de propriedade sobre imóveis qualificados como "urbanos", com extensão de até 250 m^2. De *lege ferenda*, Roberto Paulino Junior e Roberto Gouveia Filho já afirmavam que a caracterização do imóvel como urbano não depende do localização do bem (se em área urbana ou rural), ou de questões tributárias (incidência de IPTU ou ITR); pugnando pela utilização do critério da destinação do bem, utilizado pelo direito agrário: "Logo, se o imóvel se localiza na zona rural mas não é explorado em atividade agrária, servindo à moradia da família, deve ser aplicável o usucapião familiar".[235]

Ocorre que a Medida Provisória n. 759, de 22 de Dezembro de 2016; que dispõe sobre regularização fundiária urbana e rural, terminou por adotar tal critério da destinação para a qualificação do imóvel como urbano, conforme prescreve a alínea "b" do inciso I do art. 9º desta Medida Provisória.[236]

[233] Art. 1.571, CC/2002. A sociedade conjugal termina:I – pela morte de um dos cônjuges; II – pela nulidade ou anulação do casamento; III – pela separação judicial; IV – pelo divórcio.

[234] Art. 197. Não corre a prescrição: I – entre os cônjuges, na constância da sociedade conjugal.

[235] ALBUQUERQUE JUNIOR, Roberto Paulino de; GOUVEIA FILHO, Roberto Campos. Usucapião familiar: estudo sobre o novo artigo 1.240-A do Código Civil brasileiro. In: COSTA FILHO, Venceslau Tavares; CASTRO JUNIOR, Torquato da Silva (orgs.). A modernização do Direito Civil – Volume II. Recife: Nossa Livraria, 2012, p. 179.

[236] Art. 9º Para fins desta Medida Provisória, consideram-se: I – núcleos urbanos – os adensamentos com usos e características urbanas, ainda que situados: a) em áreas qualificadas como rurais; ou b) em imóveis destinados predominantemente à moradia de seus ocupantes, sejam eles privados, públicos ou em copropriedade ou comunhão com ente público ou privado;

Talvez, a maior polêmica introduzida pelo instituto sob análise resida na questão do abandono do lar conjugal. Ressalte-se que o abandono do lar aludido no art. 1.240-A do CC/2002 não se confunde com o ato ilícito decorrente da infração ao dever de vida comum no domicílio conjugal, nos termos do inciso II do art. 1.566 do CC/2002. Tal interpretação do abandono do lar conjugal como infração a tal dever não está em harmonia com a doutrina contemporânea de direito de família:

> Atualmente, aliás, salvo os deveres de mútua assistência e guarda, sustento e educação dos filhos, tem-se sustentado que os demais não são cogentes, tendo sido afastada pela jurisprudência, há anos, a função da culpa na dissolução do casamento. Além disso, o instituto, como já referido, se aplica igualmente à união estável, entidade familiar em cuja dissolução nunca se observaram as causas culposas, o que geraria anomalia difícil de compatibilizar. Logo, não há por que duvidar de que o abandono previsto no art. 1.240-A do CC/2002 seja recepcionado como ato-fato lícito caducificante.[237]

Tal modalidade de usucapião, portanto, não se traduz em uma espécie de sanção pela saída de um dos cônjuges ou conviventes do domicílio conjugal. O ex-cônjuge ou ex-companheiro não pode ser punido em razão do exercício regular de direito; quais sejam o direito fundamental de ir e vir, bem como o direito de mudar de domicílio.

Para Luciano Penteado, não é necessário demonstrar que a conduta do ex-cônjuge ou ex-companheiro configura prática de delito de abandono de lar; bastando para a comprovação do abandono a "prova de que não se trata mais do domicílio do ex-cônjuge ou ex-companheiro de forma cabal".[238] Em nosso sentir, o abandono a que se refere o art. 1.240-A consiste no abandono do imóvel, o que demanda a comprovação da cessação dos atos de posse sobre bem e a intenção de abandonar, de modo semelhante ao da situação prevista no caput do art. 1.276 do CC/2002.[239] Assim, poderiam indicar a intenção de abandonar o bem a recusa do ex-cônjuge ou ex-companheiro

[237] Albuquerque Junior, Roberto Paulino de; Gouveia Filho, Roberto Campos. Usucapião familiar: estudo sobre o novo artigo 1.240-A do Código Civil brasileiro. In: Costa Filho, Venceslau Tavares; Castro Junior, Torquato da Silva (orgs.). A modernização do Direito Civil – Volume II. Recife: Nossa Livraria, 2012, p. 184.

[238] Penteado, Luciano de Camargo. Manual de direito civil: coisas. São Paulo: RT, 2013, p. 133.

[239] Art. 1.276. O imóvel urbano que o proprietário abandonar, com a intenção de não mais o conservar em seu patrimônio, e que se não encontrar na posse de outrem, poderá ser

em concorrer com as despesas necessárias à conservação do bem, ou para a satisfação dos tributos incidentes sobre o bem.

Em verdade, parece-nos que a hipótese sob análise se traduz muito mais em uma hipótese de perda da propriedade sobre o bem imóvel, e não de aquisição. Como já afirmamos antes, em razão da mancomunhão, o imóvel já pertence em sua totalidade ao cônjuge ou companheiro que nele permaneceu residindo. Neste sentido, já se manifestou o Superior Tribunal de Justiça pela impossibilidade de cobrança de aluguéis em relação ao cônjuge que permanece no imóvel não partilhado na separação judicial:

> CASAMENTO. REGIME DE COMUNHÃO UNIVERSAL DE BENS. DIREITO AO USO DESTES. - A COMUNHÃO RESULTANTE DO MATRIMÔNIO DIFERE DO CONDOMÍNIO PROPRIAMENTE DITO, PORQUE NELA OS BENS FORMAM A PROPRIEDADE DE MÃO COMUM, CUJOS TITULARES SÃO AMBOS OS CÔNJUGES. - CESSADA A COMUNHÃO UNIVERSAL PELA SEPARAÇÃO JUDICIAL, O PATRIMÔNIO COMUM SUBSISTE ENQUANTO NÃO OPERADA A PARTILHA, DE MODO QUE UM DOS CONSORTES NÃO PODE EXIGIR DO OUTRO, QUE ESTIVER NA POSSE DE DETERMINADO IMÓVEL, A PARTE QUE CORRESPONDERIA A METADE DA RENDA DE UM PRESUMIDO ALUGUEL, EIS QUE ESSA POSSE, POR PRINCÍPIO DE DIREITO DE FAMÍLIA, ELE EXERCE EX PROPRIO JURE. - RECURSO CONHECIDO PELA LETRA "C" E PROVIDO. (REsp 3.710/RS, Rel. Ministro Antônio Torreão Braz, 4ª Turma, julgado em 21/06/1995, DJ 28/08/1995, p. 26636)

O Código de Processo Civil de 2015 parece reafirmar este entendimento ao permitir a realização do divórcio ou separação judicial sem a imposição da partilha dos bens comuns, que serão partilhados segundo o rito próprio para a partilha dos bens em razão do inventário.[240] Ora, se tais bens restassem sob a propriedade comum dos ex-cônjuges sob o regime do condomínio, adequada seria a aplicação das regras pertinentes à ação de divisão, nos termos do inciso II do art. 569 do CPC/2015.[241] O direito dos cônju-

arrecadado, como bem vago, e passar, três anos depois, à propriedade do Município ou à do Distrito Federal, se se achar nas respectivas circunscrições.

240 Art. 731, CPC/2015. Parágrafo único. Se os cônjuges não acordarem sobre a partilha dos bens, far-se-á esta depois de homologado o divórcio, na forma estabelecida nos arts. 647 a 658.

241 Art. 569, CPC/2015. Cabe: II – ao condômino a ação de divisão, para obrigar os demais consortes a estremar os quinhões.

ges em relação aos bens em comunhão é indivisível até que sobrevenha a partilha, a semelhança do direitos dos herdeiros em relação a herança. Por esta razão, o legislador indicou o rito da partilha no inventário como o adequado para a partilha dos bens comuns em momento posterior ao divórcio ou à separação judicial.

A nova hipótese é criticável, sem dúvida, tendo em vista a dogmática consolidada em matéria de usucapião; além de contribuir para o aumento da litigiosidade na dissolução do casamento civil e da união estável. O direito brasileiro adotou diversos expedientes no sentido de facilitar o divórcio e a separação judicial. Assim, além de dispensar a prévia separação de fato ou de direito para a concessão do divórcio, também facultou a realização da partilha em momento posterior (conforme consagrado no enunciado n. 197 da Súmula do STJ, antes do CC/2002)[242], e admitiu o divórcio extrajudicial e a separação extrajudicial. O novo instituto pode ser um fator de pressão para que se realize logo a partilha dos bens, pelo temor da eventual perda do direito após o curto lapso de dois anos.

Ademais, um dos requisitos da ação de usucapião diz respeito à individualização do objeto da demanda, tanto que o legislador exige a juntada da planta baixa do imóvel para este mister (tendo em vista a viabilização da abertura de nova matrícula e do cancelamento da anterior). Ora, se os bens do casal permanecem em um estado de indivisão, como poderá se dar esta individualização? O cônjuge vai pedir para usucapir um imóvel que já lhe pertence? Lembremos, pois, que não se trata de propriedade em regime de condomínio, em que previamente se fixou as frações ideais pertencentes a cada um dos condôminos, quais as partes exclusivas, etc. A nosso sentir, trata-se pois de hipótese de verificação do abandono do imóvel por ex-cônjuge ou ex-companheiro, de modo a fazer desaparecer qualquer pretensão dele em relação ao bem que já é da propriedade do cônjuge ou companheiro que permaneceu residindo no bem.

10.4 A questão do caráter liberatório da usucapião (*usucapio libertatis*)

A nova modalidade de "usucapião" também é criticável em razão do caráter liberatório da usucapião, ou seja, da *usucapio libertatis*. Por ser forma de aquisição originária do direito de propriedade, entende-se que a usucapião

[242] Súmula 197 – O divórcio direto pode ser concedido sem que haja prévia partilha dos bens. (Súmula 197, SEGUNDA SEÇÃO, julgado em 08/10/1997, DJ 22/10/1997)

extingue os ônus reais que gravavam a coisa antes do seu reconhecimento. Assim, caso o bem objeto da usucapião encontre-se hipotecado, diante da inexistência de relação negocial entre o usucapiente e o antigo proprietário do imóvel, "por coerência do sistema, todas as hipotecas registradas sobre o imóvel deveriam ser extintas com a declaração da usucapião, sejam as constituídas antes ou após o início da posse pelo usucapiente, pois, volta-se a repisar, 'a usucapião cria originariamente direito de propriedade'".[243] Por diversas vezes, manifestou-se o STJ pela recepção da tese da *usucapio libertatis*, lastreado no argumento que afirma ser a usucapião "forma de aquisição originária da propriedade, de modo que não permanecem os ônus que gravavam o imóvel antes da sua declaração" (AgRg no REsp 647.240/DF, Rel. Ministro RICARDO VILLAS BÔAS CUEVA, TERCEIRA TURMA, julgado em 07/02/2013, DJe 18/02/2013). Neste caso, deve ser citado o credor hipotecário na ação de usucapião, a fim de assegurar a efetividade do contraditório e do devido processo legal.[244]

Entretanto, causa estranheza, ante a possibilidade de fraude, a utilização desta suposta modalidade de usucapião de modo a permitir a aquisição de imóvel livre do ônus real de hipoteca que foi prestada pelo ex-cônjuge com a autorização do usucapiente! Não se pode afirmar, neste caso, o caráter originário da aquisição pela ausência de vínculo anterior entre o usucapiente e o antigo proprietário; o que se traduziria em uma estranha hipótese de usucapião destituído de caráter liberatório. Parece ser mais adequada, portanto, interpretar o art. 1.240-A do CC/2002 como hipótese de perda da propriedade em comunhão pelo abandono; mas que permanece na esfera jurídica no cônjuge usucapiente que permaneceu residindo no bem, com os mesmos ônus que gravavam o bem antes do reconhecimento desta situação jurídica.

Por fim, há que se analisar interessante questão de direito transitório. Indaga-se sobre a possibilidade de aproveitamento do tempo de posse (ou de abandono) anterior ao início da vigência da lei que instituiu a regra con-

[243] Bufulin, Augusto Passamani. Usucapio libertatis. Revista de Direito Privado, a. 12, v. 48 (out.-dez./2011). São Paulo: RT, p. 119-120.

[244] Cf.: "Assegurada ao primitivo credor hipotecário participação na posterior ação de usucapião, não se pode ter como ilegal a decisão que reconhece ser a usucapião modo originário de aquisição da propriedade e, portanto, prevalente sobre os direitos reais de garantia que anteriormente gravavam a coisa" (REsp 620.610/DF, Rel. Ministro Raul Araújo, 4ª Turma, julgado em 03/09/2013, DJe 19/02/2014).

tida no art. 1.240-A do CC/2002. Respeitável corrente doutrinária advoga tal possibilidade, ao argumento de que a "imediata aplicação dos prazos de prescrição e usucapião reduzidos por lei superveniente só se afasta se presente regra excepcional que estabeleça uma solução de transição". [245]

Entretanto, em relação ao termo inicial do prazo deste tipo de "usucapião", o Supremo Tribunal Federal firmou entendimento de que o tempo de posse anterior à vigência da nova norma não deve ser computado:

> Usucapião especial (CF, art. 183): firmou-se a jurisprudência do STF, a partir do julgamento do **RE 145.004** (Gallotti, *DJ* de 13-2-1997), no sentido de que o tempo de posse anterior a 5-10-1988 não se inclui na contagem do prazo quinquenal estabelecido pelo art. 183 CF (*v.g.* RE 206.659, Galvão, *DJ* de 6-2-1998; RE 191.603, **Marco Aurélio**, *DJ* de 28-8-1998; RE 187.913, Néri, *DJ* de 22-5-1998; RE 214.851, **Moreira Alves**, *DJ* de 8-5-1998.)" (RE 217.414, Rel. Min. **Sepúlveda Pertence**, julgamento em 11-12-1998, Primeira Turma, *DJ* de 26-3-1999.)

Assim, se se procedeu desta forma em relação as modalidades de usucapião introduzidas pela Constituição Federal de 1988, a mesma lógica deve ser aplicada também à regra infra-constitucional mencionada no art. 1.240-A do Código Civil. Destarte, o prazo bienal que se exige junto a outros requisitos para a produção dos efeitos almejados pela aplicação da mencionada regra só deve ser considerado para tais efeitos a partir da vigência da Lei que a introduziu.

[245] Albuquerque Junior, Roberto Paulino de; Gouveia Filho, Roberto Campos. Usucapião familiar: estudo sobre o novo artigo 1.240-A do Código Civil brasileiro. In: Costa Filho, Venceslau Tavares; Castro Junior, Torquato da Silva (orgs.). A modernização do Direito Civil – Volume II. Recife: Nossa Livraria, 2012, p. 187.

11
OS ANIMAIS, A ORDEM JURÍDICA E O DIREITO DE FAMÍLIA

Antes que possamos tratar dos animais no contexto do direito de família, é imprescindível tecer considerações acerca do estatuto jurídico dos animais, em linhas panorâmicas.

Na atualidade, o debate em torno da posição dos animais na ordem jurídica assumiu grandes proporções em todo o mundo. Basicamente, a alocação tradicional dos animais na categoria das coisas passou a ser profundamente criticada, nomeadamente por reunir em uma mesma categoria realidades naturalmente tão diversas como objetos inanimados e animais. Contudo, como veremos, este incômodo é fruto de um olhar míope a respeito do significado das categorias fundamentais do direito, nomeadamente a das pessoas e a das coisas.

O ponto de partida e de chegada do Direito é o homem, dado ontológico prévio por excelência, ao qual se submete toda a ordem jurídica. Desde Roma, já se consignou que *hominum causa omne ius constitutum est* – todo o direito é constituído à causa do homem[246]. As pessoas são protagonistas da ordem jurídica. Não por acaso, são criador (o homem) e criatura (a ordem jurídica).

No âmbito das relações jurídicas, as pessoas compõem o viés subjetivo, sendo sujeitos de direito. São as únicas realidades suscetíveis de titularizar direitos e suportar obrigações. No âmbito do direito de propriedade, que não se explica pela teoria da relação jurídica germinada no direito alemão[247], também a pessoa, e somente ela, assume o polo subjetivo.

[246] Aurelius Hermogenianus, Digesta 1, 5. Tradução livre.

[247] Não faz sentido, como demonstrou José de Oliveira Ascensão, falar em uma relação jurídica absoluta (*absolutes Rechtsverhältnis*).

Como objetos das relações jurídicas e do direito de propriedade, temos as coisas, que compõem uma categoria jurídica bem mais ampla do que se costuma julgar. É aqui que enquadramos os animais.

Ocorre que, principalmente quando o assunto são animais de estimação, costumamos fazer valer a afeição e repudiamos a sua *coisificação*, o que não passa de um olhar leigo sobre o tema. Para bem compreender a categoria, propomos, na esteira de José de Oliveira Ascensão, a via negativa: *coisa é tudo que não é humano*. Para o autor, "coisa, como conceito pré-legal, é uma realidade exterior ao homem e dele independente na sua subsistência, que tem individualidade e utilidade e é suscetível de apropriação"[248]. Daqui, retiramos os três pilares que conformam a categoria das coisas: a *individualidade*, a *utilidade* e a *suscetibilidade de apropriação*.

Dito isto, é preciso refletir a respeito do significado dos termos *coisas* e *bens*. No Brasil, há pouco investimento no tema, o que resulta muitas vezes em confusão. Segundo Caio Mário da Silva Pereira, "os bens, especificamente considerados, distinguem-se das coisas, em razão da materialidade destas: as coisas são materiais ou concretas, enquanto que se reserva para designar os imateriais ou abstratos o nome de bens, em sentido estrito"[249]. O sistema alemão é preciso ao adotar como gênero os objetos de direito (*Rechtsobjekte* ou *Rechtsgegenstände*) dos quais são espécies as coisas (*Sachen*) e os bens imateriais (*Immaterialgüter*).

O Código Civil brasileiro acabou não se debruçando sobre a distinção. No entanto, é possível perceber que incidiu na confusão habitual: na parte geral, sob a epígrafe *bens*, trata sobre uma classificação que é típica das coisas: móveis e imóveis, fungíveis e consumíveis, divisíveis, singulares e coletivos, principais e acessórios, públicos e privados. No entanto, acaba abrangendo, na mesma categoria, os bens em sentido estrito, aqueles marcados pela imaterialidade, tais como os direitos. Isto nos leva, então, à compreensão de que o legislador brasileiro adotou uma noção ampla de bens, que engloba tanto os materiais (as coisas) quanto os imateriais (bens em sentido estrito). No livro dedicado ao direito das coisas, debruça-se, de fato, sobre os objetos materiais de direitos, no que caminha bem.

No Código Civil, a teor do art. 82, os animais receberam a epígrafe de *bens suscetíveis de movimento próprio*, o que a doutrina convencionou chamar de *semoventes*.

[248] Ascensão, José de Oliveira. Direito civil: teoria geral, v. I, p. 279.

[249] Pereira, Caio Mário da Silva. Instituições de direito civil, p. 336.

Diante destas primeiras noções, já conseguimos rechaçar os movimentos que propõem a *personificação* dos animais[250], chegando a falar-se em *direitos dos animais*, o que é uma imprecisão, na medida em que apenas as pessoas, os seres humanos, podem titularizar direitos. Em uma posição intermediária, que julgamos ser tendência no mundo todo, os animais passaram a ser reconhecidos como seres *sencientes*. Ao contrário da noção de *semovente*, ou seja, ser suscetível de movimento próprio, propõe-se o reconhecimento da noção de senciente, ou seja, ser suscetível de sensibilidade (dor, prazer, angústia etc.).

Com um histórico de gradativa ampliação da tutela jurídica dos animais, a França coroaria a senciência no art. 515-14 do seu Código Civil, incluído pela Lei nº 2015-177, de 16 de fevereiro. O dispositivo preleciona que os animais são seres vivos dotados de sensibilidade, que estão sujeitos às leis que os protegem e submetidos ao regime dos bens[251].

Em que pese o movimento pelo reconhecimento dos animais como seres sencientes não exigir necessariamente uma recategorização jurídica dos animais – perceba-se o exemplo francês –, há iniciativas neste sentido, a exemplo do que ocorreu com o Código Civil alemão, que incluiu o §90a para referir-se aos animais, afirmando peremptoriamente não serem coisas e serem protegidos por legislação especial[252]. No entanto, em que pese o afastamento dos animais em relação à categoria das coisas, o dispositivo faz remissão ao regime jurídico das coisas, "quando não houver disciplina específica".

De fato, o reconhecimento da senciência parece-nos imperativo, mas isto pode ser empreendido sem que se crie um *tertium genus*. Neste aspecto, o exemplo francês parece-nos modelar.

Feito este panorama, passemos à inserção da figura dos animais no âmbito do direito de família. Em 2009, Dimitre Soares publicava o pioneiro "Animais de Estimação e Direito de Família"[253], destacando a escalada do

[250] Por todos, cfr. as obras de Steven Wise, Rattling the cage: Toward Legal Rights for Animals e Drawing the line: Science and the Case for Animal Rights.

[251] *Article 515-14. Les animaux sont des êtres vivants doués de sensibilité. Sous réserve des lois qui les protègent, les animaux sont soumis au régime des biens.*

[252] *§90a. Tiere sind keine Sachen. Sie werden durch besondere Gesetze geschützt. Auf sie sind die für Sachen geltenden Vorschriften entsprechend anzuwenden, soweit nicht etwas anderes bestimmt ist.*

[253] Disponível em: <http://www.dimitresoares.com.br/2009/07/animais-de-estimacao-e-direito-de.html?m=1>. Acesso em: mar. 2017.

fenômeno social dos animais de estimação no cotidiano das famílias brasileiras, e como este contexto exigia reflexões sérias no âmbito do direito de família. O autor apontava dados de pesquisa da Revista Veja[254]: à época, 30% dos donos de animais de estimação não os viam como meros animais, mas como verdadeiros membros da família; o número de animais de estimação crescendo vertiginosamente em paralelo à redução do número de filhos; a presença de animais de estimação em 45% dos lares brasileiros. Neste contexto, o autor propõe alguns pontos de reflexão:

> O afeto distribuído pelos donos aos seus animais é proporcional ao afeto recíproco entre familiares? Numa ação de separação/divórcio, dissolução de união estável caberia o pedido para ficar com a "guarda" do bichinho tão amado? A perda/morte de um animal de estimação geraria indenização por dano moral? Na fixação do valor da pensão alimentícia, caberia a inclusão das despesas com o animal de estimação da família? É legítima a afirmação de muitos donos de que os bicho são como "filhos" e , portanto, fazem mesmo parte da família?

Oito anos depois, este panorama só se consolidou. Atalá Correia confirma este panorama, destacando que "a relação dos homens com os animais está, mais do que nunca, no centro de diversas controvérsias"[255]. E o direito de família, na esteira da maior preocupação em torno do estatuto jurídico dos animais em todo o mundo, volta-se para estas delicadas questões, chegando ao ponto de alguns autores reconhecerem uma *família multiespécie*[256]. Apesar de reconhecermos que a figura dos animais de estimação repercute seriamente na seara do direito de família, não chegamos a este extremo, o que nos parece mais um passo rumo à indevida *humanização*, à *personificação* dos animais.

Aqui, há dois temas que têm despertado maior interesse: a guarda e os alimentos.

254 "Nossa família animal", Edição de 22 de julho de 2009. Disponível em: <http://veja.abril.com.br/tecnologia/nossa-familia-animal/>. Acesso em: mar. 2017.

255 CORREIA, Atalá. É possível falar em direitos dos animais? (Parte 1). Conjur. Disponível em: <http://www.conjur.com.br/2015-abr-27/direito-civil-atual-possivel-falar-direitos-animais-parte>. Acesso em: mar. 2017.

256 Cfr. CHAVES, Marianna. Disputa de guarda de animais de companhia em sede de divórcio e dissolução de união estável: reconhecimento da família multiespécie? Disponível em: <http://www.revistas.unifacs.br/index.php/redu/article/view/4066/2788>. Acesso em: mar. 2017.

11.1. "Guarda"

Sobre a aproximação dos animais do instituto da guarda, dividiremos a abordagem em dois prismas, o jurisprudencial e o legislativo. De antemão, destacamos que o recurso ao instituto da guarda em relação a animais nos parece, no mínimo, temerário. Mas há quem o faça, começando pela jurisprudência.

Em 2015, a 22ª Câmara Cível do Tribunal de Justiça do Estado do Rio de Janeiro julgou a Apelação Cível nº 0019757-79.2013.8.19.0208, em que se discutia a situação da "cachorrinha Dully" diante da dissolução de união estável entre seus proprietários[257]. Ao final, decidiu-se por uma posse com vestes de guarda compartilhada, o que a imprensa especializada logo batizou de "posse compartilhada"[258], de "guarda alternada"[259] ou de "guarda compartilhada"[260], já na sequência de outra decisão da justiça carioca. A decisão é cautelosa em relação a alguns aspectos, ao consignar, por exemplo, que a solução empreendida não conferia direitos subjetivos ao animal, e ao centrar-se no rótulo da posse, em que pese, na essência, ter utilizado explicitamente a lógica da guarda.

Aspecto deveras negativo da decisão é a afirmação de que "cotejado o 'ambiente normativo' constata-se que não existe legislação pátria que disciplina de modo satisfatório e específico a questão". É importante destacar que não existe lacuna normativa. A existência de propostas acadêmicas e legislativas de aperfeiçoamento do sistema não depõem no sentido da existência de lacunas. Em última análise, só há falar-se em lacunas em relação ao direito atual, *de lege lata*. Segundo Karl Engisch, "falaremos em lacuna da lei sempre que desta se não consegue retirar, através da interpretação,

[257] Cfr. Leal, Adisson; Santos, Victor Macedo dos. Decisão comentada. Revista IBDFAM Famílias e Sucessões, Edição 09, 2015.

[258] Homem obtém posse compartilhada de cão de estimação. Conjur. Disponível em: <http://www.conjur.com.br/2015-fev-05/homem-obtem-posse-compartilhada-cao-estimacao>. Acesso em: mar. 2017.

[259] "Justiça carioca fixa guarda alternada de cachorro após dissolução conjugal". IBDFAM. Disponível em: <http://www.ibdfam.org.br/noticias/5593/Justi%C3%A7a+carioca+fixa+guarda+alternada+de+cachorro+ap%C3%B3s+dissolu%C3%A7%C3%A3o+conjugal>. Acesso em: mar. 2017.

[260] "Após separação dos donos, cão terá guarda compartilhada no Rio". Folha. Disponível em: <http://www1.folha.uol.com.br/cotidiano/2015/04/1613657-apos-separacao-dos-donos-cao-tera-guarda-compartilhada-no-rio.shtml>. Acesso em: mar. 2017.

qualquer resposta para uma questão jurídica que temos de pôr"[261]. As chamadas lacunas *de lege ferenda* não são propriamente lacunas no sentido técnico-jurídico do termo, mas lacunas político-jurídicas. Engisch destaca, ainda, que "uma lacuna *de lege ferenda* pode motivar o Poder Legislativo a uma reforma do Direito, mas não o juiz a um preenchimento da dita lacuna. A colmatação judicial de lacunas pressupõe uma lacuna *de lege lata*"[262]. Enfim, a existência de propostas acadêmicas e legislativas de aperfeiçoamento do sistema não depõe no sentido da existência de lacunas, sendo indevida, neste ponto, a atuação criativa e ativista do julgador. Em casos tais, o instituto jurídico que está em causa é a composse, que pode muito bem ser manejado de modo a atender às particularidades do caso.

Partindo para o plano legislativo, a própria decisão do TJRJ, em mais uma clara investida no sentido da confusão entre os institutos da guarda e da posse, faz alusão ao Projeto de Lei nº 1.058/2011[263], iniciado na Câmara dos Deputados, que "dispõe sobre a guarda dos animais de estimação nos casos de dissolução litigiosa da sociedade e do vínculo conjugal entre seus possuidores". O PL lança mão da lógica da guarda para a aplicá-la à realidade dos animais, promovendo praticamente uma equiparação em relação à figura dos filhos. Na justificativa do autor do PL, Dep. Dr. Ubiali, consta: "não são poucos os casos em que esses animais de estimação são criados quase como filhos pelo casal".

Quanto à estruturação do tema segundo a lógica da guarda, apenas a título exemplificativo, cite-se o art. 4º do PL:

> Art. 4º A guarda dos animais de estimação classifica-se em:
>
> I – Unilateral: quando concedida a uma só das partes, a qual deverá provar ser seu legítimo proprietário, por meio de documento de registro idôneo onde conste o seu nome;
>
> II – Compartilhada, quando o exercício da posse responsável for concedido a ambas as partes.

A confusão entre posse e guarda, seja no campo da proposição legislativa ou no âmbito da jurisprudência, é temerária:

261 ENGISCH, Karl. Introdução ao pensamento jurídico, p. 277.

262 ENGISCH, Karl. Introdução ao pensamento jurídico, p. 282.

263 Disponível em: <http://www.camara.gov.br/proposicoesWeb/fichadetramitacao?idProposicao=498437>. Acesso em: mar. 2017.

A guarda é um *munus* exercido no interesse tanto do(s) pai(s) quanto (principalmente do filho); diversamente, ainda que se possa falar em uma função social da posse, esta é exercida primordialmente no interesse do seu titular. A proteção da posse é, antes de tudo, uma proteção dos interesses do possuidor.[264]

Por fim, cumpre destacar que o distanciamento entre os institutos da guarda e da composse – e, por conseguinte, da propriedade – traz também consequências processuais. É que, findo o casamento ou a união estável, os bens que não forem partilhados ficam sob regime de condomínio. E a discussão em torno do modo de exercício da composse é de competência da vara cível. Ou seja, empreendida a partilha pelo juízo de família, eventuais questões relativas ao condomínio e, neste caso, principalmente quanto ao exercício da composse, devem ser dirimidas pelo juízo cível.

Em 2018, o Superior Tribunal de Justiça se debruçou sobre controvertido caso de regulamentação de direito de visitas envolvendo animal de estimação adquirido na constância de união estável e em relação ao qual os ex-companheiros teria desenvolvido intenso afeto. Naquela ocasião, a Quarta Turma reconheceu, no caso concreto, o direito de visitas ao animal, mas consignou:

O Código Civil, ao definir a natureza jurídica dos animais, tipificou-os como coisas e, por conseguinte, objetos de propriedade, não lhes atribuindo a qualidade de pessoas, não sendo dotados de personalidade jurídica nem podendo ser considerados sujeitos de direitos. Na forma da lei civil, o só fato de o animal ser tido como de estimação, recebendo o afeto da entidade familiar, não pode vir a alterar sua substância, a ponto de converter a sua natureza jurídica.[265]

De todo modo, a decisão acaba reconhecendo que "o regramento jurídico dos bens não se vem mostrando suficiente para resolver, de forma satisfatória, a disputa familiar envolvendo os pets, visto que não se trata de simples discussão atinente à posse e à propriedade".

[264] LEAL, Adisson; SANTOS, Victor Macedo dos. Reflexões sobre a posição jurídica dos animais de estimação perante o direito das família. Decisão comentada. *Revista IBDFAM Famílias e Sucessões*, Edição 09, 2015, p. 175.

[265] REsp 1.713.167/SP, Quarta Turma, rel. Min. Luis Felipe Salomão, DJe 09/10/2018.

Feitas estas considerações em relação à composse de animais de estimação e suas implicações, passemos à questão dos alimentos.

11.2. "Alimentos"

De antemão, reiteramos a classificação dos animais, de estimação ou não, como coisas. Isto implica afastar, de plano, o direito do animal de figurar na condição de alimentando, já que coisas não podem titularizar direitos. Não significa, reitere-se, que os animais não possam receber tutela jurídica: podem-no, mas como objetos de direito, não como sujeitos de direito. É preciso que se tenha em mente que negar aos animais o *status* de pessoa, de sujeito de direito, não é negar-lhes a incidência de normas jurídicas de proteção. A primeira premissa fica, assim, fixada: não são devidos alimentos a animais de estimação.

Em segundo lugar, é preciso destacar que o debate em torno dos animais de estimação no contexto dos alimentos só tem algum sentido se estivermos diante de animal não partilhado. Na partilha, sendo fixada a propriedade do animal a um dos litigantes, caberá a ele arcar com os respectivos custos. Assim, fixamos uma segunda premissa: só há falar-se em repercussão dos animais de estimação na sistemática dos alimentos se se tratar de condomínio.

Dito isto, vejamos de que modo os animais de estimação podem impactar a sistemática dos alimentos devidos entre cônjuges ou companheiros quando do divórcio ou da dissolução da união estável.

Os alimentos encontram previsão legal no art. 1.694 do CC, que preleciona: "podem os parentes, os cônjuges ou companheiros pedir uns aos outros os alimentos de que necessitem para viver de modo compatível com a sua condição social, inclusive para atender às necessidades de sua educação". Os alimentos destinam-se ao sustento pessoal do alimentando, seja para cobrir "o necessário à manutenção da vida de uma pessoa – o *necessarium vitae* –, como a alimentação, os tratamentos de saúde, o vestuário, a habitação" (*alimenta naturalia*), seja para garantir "outras necessidades intelectuais e morais – o *necessarium personae* –, como o lazer e a educação"[266].

Sendo os alimentos destinados exclusivamente à mantença pessoal do alimentando, não engloba despesas que não estejam diretamente relacio-

[266] Monteiro, Washington de Barros; Silva, Regina Beatriz Tavares da. Curso de Direito Civil, v. II, p. 564.

nadas com ela. Por exemplo, na definição do montante devido a título de alimentos, não deverá ser considerada a despesa que o alimentando tem com medicamentos comprados para os seus pais. Isto extrapolaria a destinação *intuito personae* dos alimentos.

No âmbito de um divórcio, de uma separação ou de uma dissolução de união estável, não havendo partilha dos bens (em razão da indivisibilidade, por exemplo), estabelece-se condomínio. Tratando-se, por exemplo, de um imóvel, o ex-cônjuge que faz uso exclusivo do mesmo deverá pagar ao seu ex-consorte valor correspondente a este benefício, o que tem caráter indenizatório, não alimentar (REsp 983.450/RS, Rel. Min. Nancy Andrighi, 3ª Turma, julgado em 02.02.2010, DJe 10.02.2010).

No caso dos animais de estimação a questão se inverte, já que a posse implica despesas decorrentes do cuidado que demandam. Neste caso, aplica-se o teor do art. 1.315 do CC, que aduz: "o condômino é obrigado, na proporção de sua parte, a concorrer para as despesas de conservação ou divisão da coisa, e a suportar os ônus a que estiver sujeita". Sendo as despesas com o animal de estimação custeadas exclusivamente por um dos cônjuges, este fará jus à respectiva indenização, de modo a devolver o devido equilíbrio à complexa e delicada situação jurídica estabelecida pelo condomínio. Reitere-se: trata-se de pretensão indenizatória, não de alimentos.

Confirmando esta orientação, aliás, o STJ já reconheceu que as despesas com animais de estimação não têm natureza alimentar (REsp 1510612, Relator Ministro Ricardo Villas Bôas Cueva, 3ª Turma, julgado em 26.04.2016, DJe 12.05.2016). Não devem, pois, ser computadas no cálculo dos alimentos.

12
VIOLÊNCIA DOMÉSTICA E AÇÕES DE FAMÍLIA

12.1. Razão de ser da especialização procedimental das ações de direito de família

No intuito de realizar sua função jurisdicional, o Estado se vale de órgãos especializados. Entretanto, tais órgãos não podem atuar arbitrariamente ou livremente, tendo em vista a natureza das responsabilidades a eles atribuídas. Por isso, submetem-se "a um método ou sistema de atuação, que vem a ser o processo".[267] O procedimento, por outro lado, diz respeito ao modo como se dá a "costura cronológica dos atos que dão forma ao processo".[268] Destarte, o procedimento compreende um conjunto de atos realizados em juízo. Em suma, o procedimento é a forma de agir em juízo que tem como objeto o processo.

A exigência de uma forma para a atuação do Estado-Juiz é uma garantia oferecida aos cidadãos em face do arbítrio estatal. Não se pode olvidar que o Estado é detentor do monopólio da violência legítima no Estado de Direito. A atribuição de tamanho poder exige a imposição de limites ao poder estatal, para que não redunde em arbítrio. Daí a exigência da forma.

[267] THEODORO JR, Humberto. **Curso de Direito Processual Civil, volume I**: teoria geral do direito processual civil e processo de conhecimento. 55 ed. Rio de Janeiro: Forense, 2014 (e-book), p. 61.

[268] WAMBIER, Luiz R. Notas sobre algumas tendências que se concretizam no projeto do Código de Processo Civil. In: FREIRE, Alexandre; DANTAS, Bruno; NUNES, Dierle; DIDIER JR, Fredie; MEDINA, José Miguel Garcia; FUX, Luiz; CAMARGO, Luiz Henrique Volpe; OLIVEIRA, Pedro Miranda de. (orgs.). **Novas tendências do processo civil – volume III**: estudos sobre o projeto do novo código de processo civil. Salvador: juspodivm, 2014, p. 314.

Rudolf von Ihering, por exemplo, apesar de ser comumente associado com a crítica ao formalismo na atualidade, defendia que a forma era a "irmã gêmea da liberdade" (*Zwillingsschwester der Freiheit*).[269]

O procedimento pode seguir diversas "cadências", ou diversos modos previstos na legislação processual, destinados a conferir forma a cada uma das diversas espécies de processos e tendo em vista a miríade de matérias que podem ser levadas a conhecimento do poder judiciário. Atualmente, o processo de conhecimento segue sua marcha de acordo com as regras previstas para o procedimento comum, que serve para os casos em geral, ou de acordo com as regras previstas para os juizados especiais cíveis (o denominado procedimento "sumaríssimo", segundo parcela dos processualistas).

O procedimento comum encerra o procedimento padrão, do qual se serve a parte autora para levar ao conhecimento do Estado-Juiz a maior parte de seus pedidos. Trata-se do procedimento básico aplicável aos casos comuns. Entretanto, as especificidades verificadas no direito material foram levadas em consideração e devidamente selecionadas pelo legislador "para compor o estreito elenco de hipóteses a que se destinaram alguns procedimentos 'fora do padrão', isto e, procedimentos especiais, previstos em livro próprio do Código de Processo Civil ou em leis avulsas".[270] É o caso, por exemplo, do procedimento previsto na Lei brasileira de violência doméstica e familiar contra a mulher (Lei Maria da Penha).

Para consolidar o rol dos procedimentos especiais, o legislador fez uso de diversos critérios: históricos, políticos, religiosos, morais, etc. Com a adoção dos procedimentos especiais permite-se a exclusão do procedimento comum em determinados casos previamente indicados pelo legislador. Isto se dá em razão do imperativo de adequação do processo ao direito material que se pretende ver tutelado: "valendo dizer que o procedimento previsto em lei para determinado processo deve atender às finalidades e

[269] Rückert, Joachim. Der Geist des Rechts in Jherings "Geist" und Jherings "Zweck". *Rechtsgeschichte*, n. 5 (2004). Frankfurt am Main: Max-Planck-Institut für Europäische Rechtsgeschichte, p. 129.

[270] Wambier, Luiz R. Notas sobre algumas tendências que se concretizam no projeto do Código de Processo Civil. In: Freire, Alexandre; Dantas, Bruno; Nunes, Dierle; Didier Jr, Fredie; Medina, José Miguel Garcia; Fux, Luiz; Camargo, Luiz Henrique Volpe; Oliveira, Pedro Miranda de. (orgs.). *Novas tendências do processo civil – volume III:* estudos sobre o projeto do novo código de processo civil. Salvador: juspodivm, 2014, p. 314.

à natureza do direito tutelado. É preciso, enfim, haver uma *adequação* do processo às particularidades do caso concreto".[271]

Os procedimentos especiais, portanto, foram estruturados levando em consideração a influência das especificidades do direito material. Em razão disto, dá-se o afastamento do procedimento comum em determinadas situações. Em determinados casos, verifica-se uma dada limitação na cognição, ou numa mescla de atividades que normalmente deveriam ser realizadas, respectivamente, em procedimentos autônomos; ou ainda na inserção de uma nova fase, na necessidade de apresentação de certas provas ou no encurtamento do procedimento. Assim, pode-se dizer que os procedimentos especiais apresentam-se, geralmente, como "variações do procedimento comum, concebidos para *adequar-se* o processo àquelas realidades específicas".[272]

A especialização procedimental das ações de direito de família dá-se, portanto, em virtude da necessidade de adequação do procedimento às peculiaridades desta seara do direito material. Cenário de conflitos, a família será palco da oposição de diversos interesses de seus membros.

O conflito surge justamente quando existe oposição de interesses. Tal antagonismo normalmente se evidencia devido ao fato da quantidade limitada de bens disponíveis, enquanto as necessidades humanas podem ser ilimitadas. O interesse, contudo, não se reduz a um mero juízo humano acerca de determinado bem da vida, mas se manifesta objetivamente na relação entre o homem – exposto a uma série de necessidades -, e os bens – aptos a satisfazê-las. Destarte, verifica-se que a existência de um dado interesse não depende necessariamente da manifestação da vontade do interessado; e que o juízo pode evidenciar a existência de um interesse, mas isto não significa que o interesse é uma consequência necessária do juízo.[273]

[271] Cunha, Leonardo Carneiro da. Procedimento especial para as ações de família no projeto do novo código de processo civil. In: Freire, Alexandre; Dantas, Bruno; Nunes, Dierle; Didier Jr, Fredie; Medina, José Miguel Garcia; Fux, Luiz; Camargo, Luiz Henrique Volpe; Oliveira, Pedro Miranda de. (Orgs.). *Novas tendências do processo civil:* estudos sobre o projeto do novo código de processo civil. Salvador: Juspodivm, 2013, p. 25.

[272] Cunha, Leonardo Carneiro da. Procedimento especial para as ações de família no projeto do novo código de processo civil. In: Freire, Alexandre; Dantas, Bruno; Nunes, Dierle; Didier Jr, Fredie; Medina, José Miguel Garcia; Fux, Luiz; Camargo, Luiz Henrique Volpe; Oliveira, Pedro Miranda de. (Orgs.). *Novas tendências do processo civil:* estudos sobre o projeto do novo código de processo civil. Salvador: Juspodivm, 2013, p. 27.

[273] Rosa, Conrado Paulino da. **Mediação**: uma nova alternativa no tratamento dos conflitos familiares. Disponível em: http://www.ambito-juridico.com.br/site/index.php?n_link=revista_artigos_leitura&artigo_id=6116 Acesso em: 20 de agosto de 2013.

Na seara dos conflitos familiares haverá uma preocupação central com a continuidade das relações após a intervenção profissional. Pois, nestes conflitos as pessoas devem formular soluções e gerenciar os conflitos de modo a permitir que as pessoas continuem a se relacionar entre si mesmo após a resolução do litígio. Até mesmo porque a solução do litígio não implicará necessariamente na dissolução dos vínculos familiares. O ideal, portanto, é que as partes possam equacionar o conflito com uma relativa rapidez, com transparência e visando a preservação de uma boa convivência entre os membros da família.[274]

É diante desta necessidade de preservação dos vínculos familiares que há como que uma imposição da mediação e da conciliação neste setor. O recurso a tais expedientes na resolução de conflitos não visa somente eliminar o conflito aparente, mas busca trabalhar a partir do conflito real, desconstruindo-o de modo a proporcionar uma efetiva solução para o problema, fazendo com que as partes encontram as reais motivações de suas disputas e as solucionem. Além disso, busca-se a valorização do ser humano e a igualdade entre as partes. Portanto, nos conflitos familiares, que muitas vezes são marcadas pela desigualdade entre homens e mulheres, a conciliação e a mediação promovem o equilíbrio entre os gêneros, na medida em que ambos possuem as mesmas oportunidades dentro do procedimento.[275]

O ideal da solução consensual de conflitos não se cinge aos litígios de direito de família, mas é apresentado como um princípio geral para o direito processual civil brasileiro no Novo Código de Processo Civil, que prescreve ao judiciário o dever de promover, "sempre que possível, a solução consensual dos conflitos" (art. 3º, § 2º), e de estimular a "conciliação, a mediação e outros métodos de solução consensual de conflitos" (art. 3º, § 3º). Tal dever de estimular a solução consensual de conflitos é aplicável não apenas aos magistrados, mas também aos advogados, defensores públicos e membros do Ministério Público, até mesmo na pendência de processo judicial (art. 3º, § 3º).

A intervenção do Estado nas relações familiares, contudo, só deve acontecer em vista da proteção dos membros da família e da concessão de garantias quanto ao livre desenvolvimento da personalidade de cada um deles.

[274] Rosa, Conrado Paulino da. *Mediação:* uma nova alternativa no tratamento dos conflitos familiares. Disponível em: http://www.ambito-juridico.com.br/site/index.php?n_link=revista_artigos_leitura&artigo_id=6116 Acesso em: 20 de agosto de 2013.

[275] Idem.

Assim, busca-se harmonizar a liberdade do indivíduo ao relevante papel desempenhado pela família em relação à sociedade e ao Estado. Busca-se com isto evitar a anulação do indivíduo e da sua dignidade dentro da família, de modo a garantir "a sua existência como célula mantenedora de uma sociedade democrática".[276]

Ademais, as regras e princípios de direito de família (material ou processual) são fixadas em prol da liberdade e do desenvolvimento da personalidade individual no seio das famílias. Assim, cabe ao Estado assegurar condições mínimas de realização da autonomia necessária à vida em família como grupo e às iniciativas individuais de seus membros.[277] A mediação e a conciliação podem ser tomados como expedientes que visam a realização desta garantia de liberdade ou de autonomia no seio das famílias. Questiona-se, contudo, os limites desta liberdade na autocomposição de conflitos; pois o paradigma da liberdade passa por um profundo questionamento diante da proposta de extensão do Estado de Direito para o direito privado, no sentido de impor limites à liberdade e aos poderes privados.[278]

A especialização procedimental também deve observar aquilo que se convencionou chamar de "julgamento com perspectiva de gênero". Julgar com perspectiva gênero signfica dizer que os magistrados não podem decidir questões de violência doméstica e familiar contra a mulher como tradicionalmente procedem quando decidem litígios entre dois homens ou entre duas empresas. Assim, se ao julgar uma situação específica de violência sexual contra uma mulher, que a suporta há pelo menos seis anos, um determinado Tribunal considera que a mulher não denunciou imediatamente tais violações na verdade consentiu com elas, abstraindo as especiais características da vítima de violência, isto resulta em um julgamento injusto que evidencia a insuficiência das leis diante de um julgamento feito sem que os julgadores possuíssem uma adequada formação sobre questões de gênero.[279]

[276] PEREIRA, Rodrigo da Cunha. *Princípios Fundamentais norteadores do Direito de Família*. Belo Horizonte: Del Rey, 2006, p. 158.

[277] BARCELLONA, Pietro; CAMARDI, Carmelita. *Le istituzioni del diritto privato contemporaneo*. Appendice (Persona, Famiglia, Successioni). Napoli: Jovene Editore, 2005, p. 28.

[278] FERRAJOLI, Luigi. Il diritto privato del futuro: liberta, poteri e garanzie. *In*: PERLINGIERI, Pietro (org.). **Il diritto privato futuro**. Napoli: Edizioni Scientifiche Italiane, 1993, p. 15.

[279] MEDINA, Graciela. Juzgar com perspectiva de género. ¿Porque juzgar con perspectiva género? y ¿Cómo juzgar com perspectiva de género? *Justitia Familiae – Revista de las Comisiones*

Esta decisão não será injusta apenas para as pessoas envolvidas no caso concreto, posto que termina por contribuir ao aumento da violência contra as mulheres; pois este cenário de ineficiência do poder judiciário cria um cenário favorável a violência doméstica e familiar contra a mulher ao passar ao público a mensagem de que não existem reais evidências da vontade e da ação do Estado para prevenir, punir e reprimir estes atos em nome da sociedade civil.[280]

12.2. O princípio da unidade de convicção e a competência dos juizados especiais de violência doméstica e familiar contra a mulher

A lei Maria da Penha é um importante instrumento de combate a violência doméstica e familiar contra a mulher. Tal lei é deveras conhecida por haver agravado as penas criminais para uma série de ilícitos penais cometidos contra as mulheres. Contudo, a violência doméstica e familiar também pode resultar na prática de ilícitos civis, aptos a gerar efeitos na órbita civil das pessoas, a exemplo da responsabilidade civil por danos morais e materiais, a obrigação de prestar alimentos, a separação do casal, etc.[281]

A lei Maria da Penha realiza uma especialização procedimental em relação ao regime destas tutelas provisórias de urgência na órbita civil. A especialização procedimental dá-se em razão das especificidades de algumas espécies de pretensões de direito material, "capazes de justificar, segundo critérios escolhidos pelo legislador, suas respectivas indicações a obtenção de tratamento procedimental diferenciado".[282]

Nacionales PpR Familia y de Implementacion de la Ley nº 30364 de la Suprema Corte de Justicia de la República del Perú, a. 1, n. 1 (2016). Lima: Corte Suprema de Justicia de la República del Perú, p. 17-18.

280 MEDINA, Graciela. Juzgar com perspectiva de género. ¿Porque juzgar con perspectiva género? y ¿Cómo juzgar com perspectiva de género? *Justitia Familiae – Revista de las Comisiones Nacionales PpR Familia y de Implementacion de la Ley nº 30364 de la Suprema Corte de Justicia de la República del Perú*, a. 1, n. 1 (2016). Lima: Corte Suprema de Justicia de la República del Perú, p. 18.

281 DIDIER JR, Fredie; OLIVEIRA, Rafael Alexandria de. A Lei Maria da Penha e o novo CPC. In: COSTA, Eduardo Fonseca da; SICA, Heitor Vitor Mendonça (coords.). *Legislação processual extravagante*. Salvador: juspodivm, 2016, p. 137-138.

282 WAMBIER, Luiz R. Notas sobre algumas tendências que se concretizam no projeto do Código de Processo Civil. In: FREIRE, Alexandre; DANTAS, Bruno; NUNES, Dierle; DIDIER JR, Fredie; MEDINA, José Miguel Garcia; FUX, Luiz; CAMARGO, Luiz Henrique Volpe; OLIVEIRA, Pedro Miranda de. (orgs.). *Novas tendências do processo civil – volume III:* estudos sobre o projeto do novo código de processo civil. Salvador: juspodivm, 2014, p. 314.

A lei Maria da Penha determina a criação de juizados especiais de violência doméstica (ou varas especializadas). Contudo, até a criação de tais juizados, a Lei Maria da Penha atribuiu competência às varas criminais para conhecer das questões cíveis e criminais decorrentes da violência doméstica, nos termos do art. 33.[283]

A Ley n. 30364 da República del Perú (Ley para prevenir, sancionar y erradicar la violencia contra las mujeres y los integrantes del grupo familiar), por outro lado, atribui competência aos juízos da família para conhecer das denúncias contra atos de violência contra a mulher ou contra os integrantes do grupo familiar (art. 14). A Lei Peruana, a semelhança da Lei brasileira, também prevê medidas protetivas de urgência, tais como o afastamento do suposto agressor do lar. Contudo, vincula a vigência de tais medidas concedidas pelos juízos de família no Peru até a prolação de decisão absolutória pelo juízo penal, ou pelo pronunciamento da Fiscalía Penal no sentido de não apresentar denúncia (art. 23). No Peru, portanto, as questões relacionadas a violência doméstica e familiar contra a mulher podem ser submetidas ao crivo do juízo penal e também do juízo de família daquele país.

Em tom de crítica a lei peruana, o ilustre Professor Alex Plácido Vilcachahua defende a criação de tribunais específicos para o julgamento destas questões, a fim de favorecer a perspectiva de gênero: "En este sentido, la importância de crear tribunales específicos como tribunales para violencia familiar, intrafamiliar o doméstica, violencia sexual y trata de personas, lo que permitirá no solo brindar un tratamiento especializado al tema, sino también más expedito".[284]

Em diversas localidades do Brasil, antigas varas criminais ou juizados especiais criminais foram transformados em juizados especiais de violên-

[283] "Art. 33. Enquanto não estruturados os Juizados de Violência Doméstica e Familiar contra a Mulher, as varas criminais acumularão as competências cível e criminal para conhecer e julgar as causas decorrentes da prática de violência doméstica e familiar contra a mulher, observadas as previsões do Título IV desta Lei, subsidiada pela legislação processual pertinente. Parágrafo único. Será garantido o direito de preferência, nas varas criminais, para o processo e o julgamento das causas referidas no caput".

[284] VILCACHAHUA, Alex Placido. *El control de convencionalidad del modelo de intervención contra la violencia de gênero de la ley 30364. Justitia Familiae – Revista de las Comisiones Nacionales PpR Familia y de Implementacion de la Ley nº 30364 de la Suprema Corte de Justicia de la República del Perú*, a. 1, n. 1 (2016). Lima: Corte Suprema de Justicia de la República del Perú, p. 197.

cia doméstica contra a mulher. A transformação de antigas varas criminais em Juizados da Violência contra a Mulher parece ter sido um procedimento adotado em todo o território nacional. Contudo, tal concentração da competência nos juízos criminais ou em antigos juízos afeitos ao julgamento de matéria criminal é criticada devido a pouca experiência dos juízes criminais com as questões pertinentes ao direito de família e a responsabilidade civil.[285]

A ideia de atribuir competência aos Juizados da Violência contra a Mulher para o julgamento de ações de divórcio ou de dissolução da união estável parece inspirar-se na Lei espanhola de combate a violência de gênero (Ley Orgánica 1/2004, de 28 de diciembre, de Medidas de Protección Integral contra la Violencia de Género), que atribui tal competência aos juizados nos termos do seu art. 44.[286]

Neste sentido, foi sancionada a Lei n. 13.894/2019; que atribui aos juizados de violência doméstica e familiar contra a mulher competência para a decretação do divórcio da mulher vítima de tal violência. Entretanto, a atribuição desta competência para a decretação do divórcio e da separação, ou ainda para o reconhecimento e dissolução da união estável, não parecem ser adequados ao sistema jurídico brasileiro.

Além das dificuldades inerentes a atribuição de competência para julgamento de ações próprias do juízo de família para um juízo mais habituado a matéria criminal, também não se pode olvidar um eventual malferimento ao princípio da unidade de convicção. Tal princípio foi examinado no julgamento do Recurso Extraordinário n. 438.639-9, proveniente de Minas Gerais (RE 438.639-9/MG) perante o Supremo Tribunal Federal (STF) do Brasil. Neste recurso se discutiu se cabia a justiça do trabalho ou a justiça estadual a competência para o julgamento de demandas que visassem a obtenção de indenização do empregador em razão de acidente de trabalho sofrido por um de seus empregados.

Para o Ministro Cezar Peluso, designado como relator para o Acórdão proferido no RE 438.639-9/MG, há grave risco de prolação de decisões contraditórias se considerarmos que a ação de indenização baseada na

285 Didier Jr, Fredie; Oliveira, Rafael Alexandria de. A Lei Maria da Penha e o novo CPC. In: Costa, Eduardo Fonseca da; SICA, Heitor Vitor Mendonça (coords.). *Legislação processual extravagante*. Salvador: juspodivm, 2016, p. 159-160.

286 Cf.: https://www.boe.es/buscar/pdf/2004/BOE-A-2004-21760-consolidado.pdf Acesso em: 09 de junho de 2019.

legislação acidentária é da competência da Justiça estadual; e ao mesmo tempo reputar competente a justiça do trabalho a competência para a ação indenizatória baseada no direito comum, mas oriunda do mesmo fato histórico. Daí o risco de contradição: "sendo o mesmo fato histórico, com duas pretensões e duas qualificações jurídicas diferente, pode suceder – e não raro sucede, por isso o perigo de uma construção nesse sentido – que uma justiça considere o fato provado, e a outra negue a existência do mesmo fato". Em casos tais, deve atuar o princípio da unidade de convicção, ainda segundo o Ministro Cezar Peluso: "quando o mesmo fato deva ser apreciado mais de uma vez, deve sê-lo pela mesma justiça". Em razão disto, o Supremo Tribunal Federal concluiu pela competência da justiça estadual para as ações decorrentes de acidente de trabalho.

Este entendimento foi revisto depois no julgamento do Conflito de Competência n. 7.204-1/MG, sob a relatoria do Ministro Carlos Ayres de Brito. Mas, também com base no princípio da unidade de convicção, o pleno do Supremo Tribunal Federal entendeu pela competência da Justiça do Trabalho para o julgamento das ações que tem por origem um acidente de trabalho.

Assim, a atribuição de competência ao Juizado Especial da Violência contra a mulher para conhecer dos pedidos de divórcio ou de dissolução da união estável parece vulnerar o princípio da unidade de convicção, conforme a jurisprudência do Supremo Tribunal Federal. Alexandre Freitas Câmara, processualista e membro da comissão de juristas que colaborou na redação do texto final da Lei Maria da Penha, assevera que:

> Não parece adequado, em um modelo afinado com o processo civil de resultados, que a um juízo (o criminal) caiba apreciar uma parte da causa e a outro, (o de família), aspecto distinto. Afinal, é difícil explicar para o jurisdicionado porque, por exemplo, o juízo de família considerou o demandado culpado pela separação tendo em vista a violência do cônjuge, a tornar insuportável a vida em comum, enquanto outro juízo, criminal, profere sentença absolutória. Ou vice-versa.[287]

Observe-se que, diferentemente da supramencionada lei espanhola, o texto da lei sob análise não atribui competência exclusiva ao Juizado da

[287] CÂMARA, Alexandre Freitas. A violência doméstica e familiar contra a mulher e o processo civil. *Revista de Processo*, v. 168 (fev./2009). São Paulo: RT, p. 255-265.

Violência contra a Mulher para o julgamento das ações de divórcio ou de dissolução da união estável. Imagine-se, portanto, que determinada mulher vítima de violência doméstica ajuíze ação de alimentos perante a vara de família e ação de reconhecimento e dissolução da união estável perante o juizado da violência doméstica. O reconhecimento incidental da união estável é questão prejudicial em relação ao pedido de alimentos. Em uma situação como esta, não seria possível descartar a possibilidade do juízo da vara de família reconhecer incidentalmente a união estável e conceder os alimentos, enquanto a decisão proferida no juizado da violência doméstica contra a mulher é no sentido de não reconhecer a união estável.

A prolação de decisões contraditórias naturalmente deixa perplexo o homem comum do povo. É isto o que justifica a concentração da cognição sobre todos os elementos da causa em um determinado órgão, como preconiza o princípio da unidade de convicção.

Ademais, nos termos da lei n. 13.894/2019, o juiz titular do juizado da violência contra a mulher teria competência para decretar o divórcio, mas careceria de idêntica competência para resolver sobre a partilha de bens (art. 14-A, § 1º). Ora, dentre as modalidades de violência contra a mulher previstas na Lei n. 11.340/2006 (Lei Maria da Penha) está a violência patrimonial, nos termos do inciso V do art. 7º desta lei: "Art. 7º São formas de violência doméstica e familiar contra a mulher, entre outras: V – a violência patrimonial, entendida como qualquer conduta que configure retenção, subtração, destruição parcial ou total de seus objetos, instrumentos de trabalho, documentos pessoais, bens, valores e direitos ou recursos econômicos, incluindo os destinados a satisfazer suas necessidades".

Tal fragmentação da cognição, neste caso, pode potencialmente expor a mulher vítima de violência doméstica a uma situação de violência patrimonial; tendo em vista aos eventuais lapsos de comunicação entre a vara de família e o juizado.

Resta evidenciado, portanto, que a concentração da cognição quanto aos fatos relevantes para a dissolução de uma união conjugal não deve se dar nos moldes da legislação espanhola; tendo em vista as especificidades da experiência jurídica brasileira. Por outro lado, a atribuição de idêntica competência para o julgamento a diversos órgãos pode resultar em graves prejuízos à realização do julgamento sob perspectiva de gênero. É preferível, a partir de uma análise do contexto brasileiro, concentrar a cognição no juízo da vara de família, por ser mais habituado no enfrentamento das causas de dissolução do casamento e da união estável, bem como em relação a causas conexas tais como as ações de alimentos, guarda, regulamentação de visitas, reconhecimento de paternidade, etc. Neste caso, a concentração também visa dar cumprimento ao princípio da unidade de convicção, evitando a prolação de decisões contraditórias.

Entretanto, tendo em vista a necessidade de emprestar uma proteção adequada à mulher vítima de violência doméstica, reputamos adequada a alteração do projeto de lei no sentido de conceder ao juízo da vara de família a possibilidade de concessão de liminar de separação judicial, divórcio, ou de dissolução da união estável.

12.3. Sobre as formas de dissolução das uniões conjugais no contexto do enfrentamento da violência doméstica e familiar contra a mulher

O texto da lei n. 13.894/2019 situa o divórcio, a separação judicial e a dissolução da união estável entre os expedientes colocados a disposição para a proteção da mulher vítima de violência doméstica e familiar. A proposta proporciona a estas mulheres a possibilidade de romperem tais vínculos conjugais com os parceiros que as agrediram, permitindo que reiniciem suas vidas livres de tais vínculos.

Ademais, como já pudemos afirmar noutra oportunidade: "O direito ao divórcio, contudo, não depende de comprovação da separação (judicial ou de fato). Remanesce, contudo, a separação judicial como uma faculdade conferida ao casal. Foi neste sentido o entendimento esposado em enunciado aprovado na V Jornada de Direito Civil do Conselho da Justiça Federal: 'A EC 66/2010 não extinguiu a separação judicial e extrajudicial'"[288]

Como já explicamos anteriormente, o direito a separação judicial ou extrajudicial remanesce em nosso sistema. Por outro lado, a concessão liminar da separação judicial e do divórcio são medidas que permitem a pronta regularização do estado civil da mulher vítima de violência doméstica e familiar e que ampliam o acesso a justiça. Em relação a união estável, a concessão da medida protetiva da separação de corpos por si só já é suficiente para promover a dissolução desta espécie de sociedade conjugal, tendo em vista a cessação da convivência *more uxorio* no plano dos fatos.

[288] Costa Filho, Venceslau Tavares; Castro Jr, Torquato. *Ao regular separação judicial, novo CPC tira dúvidas sobre instituto.* Disponível em: https://www.conjur.com.br/2014-nov-30/regular-separacao-judicial-cpc-tira-duvidas-instituto Acesso em: 09 de junho de 2019.

Tais regras permissivas da concessão liminar da separação judicial, do divórcio não afrontam o princípio da inércia, pois dependem de provocação da ofendida.

Ademais, tendo em vista a regra do inciso I do art. 15 da Lei Maria da Penha, que confere a ofendida a prerrogativa de propor as ações cíveis regidas por esta Lei no foro do seu domicílio ou de sua residência; a lei n. 13.894/2019 resultou na alteração na redação do Código de Processo Civil no sentido de permitir à mulher vítima de violência doméstica e familiar o ajuizamento das ações de divórcio, separação, anulação de casamento e reconhecimento ou dissolução de união estável perante o foro do seu domicílio ou de sua residência (art. 53, d).

Não se trata aqui de retrocesso frente ao princípio constitucional da igualdade de direitos e deveres entre homem e mulher no exercício dos deveres conjugais e parentais, mas sim do reconhecimento da vulnerabilidade da mulher vítima de violência doméstica e familiar, que é merecedora de "tratamento especial, e isso legitima a especial regra de fixação da competência territorial insculpida no art. 15, I, da Lei 11.340/2006".[289]

É esta vulnerabilidade decorrente da violência doméstica e familiar que também determinará a intervenção obrigatória do Ministério Público enquanto fiscal da lei, conforme determina o art. 26 da Lei n. 11.340/2006. Daí porque a necessidade de previsão de exceção a regra do Código de Processo Civil segundo a qual o Ministério Público só intervirá quando houver interesse de incapaz (art. 698).

Nas ações de família em que figure como parte a vítima de violência doméstica e familiar contra a mulher, a intervenção do Ministério Público deve ser obrigatória. Daí o acerto da lei n. 13.894/2019 que acrescentou tal hipótese de intervenção do Ministério Público no parágrafo único do art. 698 do Código de Processo Civil.

289 CÂMARA, Alexandre Freitas. A violência doméstica e familiar contra a mulher e o processo civil. *Revista de Processo*, v. 168 (fev./2009). São Paulo: RT, p. 255-265.

REFERÊNCIAS

ALBUQUERQUE, Fabíola Santos; EHRHARDT JR., Marcos; OLIVEIRA, Catarina Almeida de Oliveira. **Famílias no Direito Contemporâneo**: Estudos em homanagem a Paulo Luiz Netto Lôbo. Salvador: JusPodivm, 2010.

ALEXY, Robert. **Teoria Discursiva do Direito**. Trad. Alexandre Trivisonno. Rio de Janeiro: Forense Universitária, 2014.

ALVES, Leonardo Barreto Moreira. **Direito de Família Mínimo**. Rio de Janeiro: Lúmen Juris, 2010.

ARNAUD, Raphael. **O Negócio Jurídico e a União de Facto/Estável**. Relatório de Mestrado. Universidade de Lisboa, 2013.

ASCENSÃO, José de Oliveira. **Direito civil**: teoria geral. v. I. 3 ed. São Paulo: Saraiva, 2010.

BAUMAN, Zygmunt. **Liquid times: living in an age of uncertainty**. Cambridge: Polity Press, 2007.

BOBBIO, Norberto. **Teoria do Ordenamento Jurídico**. 4ª Ed. Brasília: EdUnB, 1994.

CALDERON, Ricardo Lucas. **O percurso construtivo do princípio da afetividade no direito de família brasileiro contemporâneo**: contexto e efeitos. Curitiba: Dissertação de Mestrado, Universidade Federal do Paraná, 2011.

CASTRO VIEIRA, Danilo Porfírio de. **Definição e Natureza Jurídica do Princípio da Afetividade**. *Revista Crítica do Direito*. N. 4, vol. 64. Disponível em https://sites.google.com/a/criticadodireito.com.br/revista-critica-do-direito/todas-as-edicoes/numero-4-volume-63/danilo, acesso em 15.9.2015.

CHAVES, Antônio. **Divórcio: causas, casos e tipos**. Revista de informação legislativa. v. 15, nº 57, p. 193-204, jan./mar. 1978. Disponível em: <http://www2.senado.leg.br/bdsf/handle/id/181056>. Acesso em: 14 mar. 2017.

CHAVES, Marianna. **Disputa de guarda de animais de companhia em sede de divórcio e dissolução de união estável**: reconhecimento da família multiespécie? Disponível em: http://www.revistas.unifacs.br/index.php/redu/article/view/4066/2788. Acesso em: mar. 2017

CORREIA, Atalá. Reflexões sobre a laicidade legal no direito de família. **Revista de Direito de Família e das Sucessões**. São Paulo: Thomson Reuters/RT, Ano 1, vol. 1, jul-set/2014, p. 13-42.

_______. **É possivel falar em direitos dos animais?** (Parte 1). Conjur. Disponível em:http://www.conjur.com.br/2015--abr-27/direito-civil-atual-possivel-

-falar-direitos-animais-parte. Acesso em: mar. 2017.

D'Aguano, Giuseppe. **La Genesi e L'evoluzione Del Diritto Civile Secondo Le Risultanze delle Antropologiche e Storico-sociali.** Turim: Fratelli Bocca Ed., 1890.

Dias, Maria Berenice. **Amor não tem sexo.** Disponível em: <http://www.mariaberenice.com.br/uploads/10_-_amor_n%E3o_tem_sexo.pdf> Acesso em: 26 mai. 2013.

________. **Manual de Direito das Famílias**. 10 ed. São Paulo: Editora Revista dos Tribunais, 2015.

Diniz, Maria Helena. **Curso de Direito Civil Brasileiro: Direito de Família**. 22a. Ed. São Paulo: Saraiva, 2007.

Dworkin, Ronald. **Levando os Direitos a Sério**. Trad. Nelson Boeira. São Paulo: Martins Fontes, 2002.

Engels, Friedrich. **A origem da família, da propriedade privada e do Estado.** Trad. Leandro Konder. Rio de Janeiro: Editora Civilização Brasileira, 1984.

Engisch, Karl. **Introdução ao pensamento jurídico**. 10 ed. Trad. João Baptista Machado. Lisboa: Fundação Calouste Gulbenkian, 2008.

Fachin, Luiz Edson. **Da paternidade**: relação biológica e afetiva. 1. ed. Belo Horizonte: Del Rey, 1996. v. 1.

Fachin, Luiz Edson. **Estabelecimento da Filiação e Paternidade Presumida.** Porto Alegre: Sergio Antônio Fabris Editor, 1992.

Farias, Cristiano Chaves; e Rosenvald, Nelson. **Curso de Direito Civil:** Famílias. 7ª Ed. São Paulo: Atlas, 2015.

Gagliano, Pablo Stolze e Pamplona Filho, Rodolfo. **Novo Curso de Direito Civil**. Vol. VI. São Paulo: Saraiva, 2014.

Ghilardi, Dóris. Reflexões sobre o direito de família no século XXI: o discurso do afeto em cotejo com o discurso econômico. **Revista Eletrônica Direito e Política,** Programa de Pós-Graduação *Stricto Sensu* em Ciência Jurídica da UNIVALI, Itajaí, v.8, n.1, 1o quadrimestre de 2013. Disponível em: www.univali.br/direitoepolitica - ISSN 1980-7791, acesso em 18.9.2015.

Gonçalves, Carlos Roberto. **Direito Civil Brasileiro**. Vol. 6. *Direito de Família.* 11ª Ed. São Paulo: Saraiva, 2014.

Gilissen, John. **Introdução Histórica ao Direito**. 7 ed. Trad. António Manuel Hespanha. Lisboa: Fundação Calouste Gulbenkian, 2013.

Groeninga, Giselle Câmara. **A função do 'afeto' nos contratos familiares.** In: *Afeto e Estruturas Familiares.* Dias, Maria Berenice, Bastos, Eliene Ferreira e Martins, Naime Márcio (Coord.). Belo Horizonte: Del Rey, 2009, p. 201-216.

Hart, H.L.A., **The Concept of Law.** 3ª Ed. Oxford: Oxford University Press, 2012.

Hironaka, Giselda Fernandes Novaes. **Famílias paralelas**. Revista da Faculdade de Direito da Universidade de São Paulo. v. 108. jan./dez. 2013. p. 199-219.

Hume, David. **Investigações Sobre o Entendimento Humano**. São Paulo: Ed. UNESP, 2004

Kaufmann, Arthur. **Filosofia do Direito**. Trad. António Ulisses Cortês. 4 ed. Lisboa: Fundação Calouste Gulbenkian, 2010.

Kelsen, Hans. **Teoria Pura do Direito**. 6ª. Ed. Trad. João Baptista Machado. São Paulo: Martins Fontes, 1999.

Leal, Adisson. Reflexões sobre a posição sucessória de padrastos e enteados. **Revista de Direito Privado**. Ano 17. vol 71. novembro/2016. São Paulo: Revista dos Tribunais, 2016.

Leal, Adisson; Santos, Victor Macedo dos. **Reflexões sobre a posição jurí-**

dica dos animais de estimação perante o direito das família. Decisão Comentada. Revista IBDFAM Famílias e Sucessões, Edição 09, 2015

LEITE, Eduardo de Oliveira. **União estável, fidelidade e o STJ**. Disponível em: <http://www.adfas.org.br/busca/conteudo.aspx?ti=Uni%C3%A3o%20Est%C3%A1vel,%20Fidelidade%20e%20o%20STJ&id=429>.

LISBOA, Roberto Senise. **Manual de Direito Civil**: direito de família e sucessões. 8ª Ed. São Paulo: Saraiva, 2013.

LÔBO, Paulo. **Direito Civil:** Sucessões. eBook. São Paulo: Saraiva, 2013.

________. **Direito Civil:** Famílias. 5ª Ed. São Paulo: Saraiva, 2014.

MADALENO, Rolf. **Curso de Direito de Família**. 5 ed. Rio de Janeiro: Forense, 2013.

MALUF, Carlos Alberto Dabus; e MALUF, Adriana Caldas do Rego Freitas Dabus. **Curso de Direito de Família.** São Paulo: Saraiva, 2013.

DINIZ, Maria Helena. **Código civil anotado.** 16ª ed. São Paulo: Saraiva, 2012.

MARMOR, Andrei. **Philosophy of Law**. Princeton: Princeton University Press, 2011.

MELLO, Celso Antônio Bandeira de. **Curso de Direito Administrativo.** 24ª Ed. São Paulo: Malheiros, 2007.

MELLO, Marcos Bernardes de. **Teoria do fato jurídico**: plano da existência. 20 ed. São Paulo: Saraiva, 2014.

MONTEIRO, Washington de Barros. **Curso de Direito Civil**. v. II. Direito de Família. 43 ed. São Paulo: Saraiva, 2016.

MORAU, Caio. **Casamento e afetividade no direito brasileiro**. São Paulo: Editora Liberars, 2020.

NADER, Paulo. **Curso de Direito Civil**: Direito de Família. Vol. 5. 5a Ed. Rio de Janeiro: Forense, 2011.

PEREIRA JUNIOR, Antonio Jorge. **Da afetividade à efetividade do amor nas relações de família.** In: *Afeto e Estruturas Familiares.* DIAS, Maria Berenice, BASTOS, Eliene Ferreira e MARTINS, Naime Márcio (Coord.). Belo Horizonte: Del Rey, 2009, p. 57-78.

PEREIRA, Caio Mário da Silva. **Instituições de Direito Civil.** Vol. V. 18ª Ed. Rio de Janeiro: Forense, 2010.

________. **Instituições de direito civil.** Vol I. 24 ed. Rio de Janeiro: Forense, 2011.

PEREIRA, Rodrigo da Cunha. **Tratado de direito das famílias.** Belo Horizonte: IBDFAM, 2016.

PIANOVSKI, Carlos Eduardo. **Famílias simultâneas e monogamia.** Disponível em: <http://www.ibdfam.org.br/_img/congressos/anais/9.pdf>.

PLASTINO, Carlos Alberto. **O primado da afetividade**: a crítica freudiana ao paradigma moderno. Rio de Janeiro: relume Dumará, 2001.

POPPER, Karl R. **The Open Society and its Enemies.** Single Volume. Princeton: Princeton University Press, 2013.

RIZZARDO, Arnaldo. **Os deficientes e a tomada de decisão apoiada.** Gen Jurídico. Disponível em: <http://genjuridico.com.br/2015/10/21/os-deficientes-e-a-tomada-de-decisao-apoiada/>. Acesso em: mar. 2017.

ROCHA, Marco Túlio de Carvalho. **O conceito de família e suas implicações jurídicas**: teoria sociojurídica do direito de família. Rio de Janeiro: Elsevier, 2009.

RODRIGUES JUNIOR, Otavio Luiz. **A paternidade na visão do Superior Tribunal de Justiça.** Disponível em http://www.conjur.com.br/2012-set-05/direito-comparado-paternidade-visao-superior-tribunal-justica, acesso em 16.10.2016.

RODRIGUES JUNIOR, Otavio Luiz. **As linhas que dividem amor e Direito nas**

constituições. Disponível em http://www.conjur.com.br/2012-dez-27/direito-comparado-linhas-dividem--amor-direito-constituicoes, acesso em 16.10.2016.

________. **Estatuto epistemológico do Direito Civil contemporâneo na tradição de civil law em face do neoconstitucionalismo e dos princípios**. *O Direito* (Lisboa), v. 143, p. 43-66, 2011.

RODRIGUES, Silvio. **Direito Civil**: Direito de Família. Vol. VI. São Paulo: Saraiva, 1999.

ROSSOT, Rafel Bucco. **O afeto nas relações familiares e a faceta substancial no Princípio da convivência familiar**. *Revista Brasileira de direito da família e das sucessões*, Porto Alegre, IBDFAM/Magister, n. 9, p. 5-24, abr. Maio 2009.

SANTOS, Romualdo Batista. **A Tutela jurídica da afetividade**: os laços humanos como valor jurídico na pós-modernidade. Curitiba: Juruá, 2011.

SHAPIRO, Scott J. **The "Hart-Dworkin" Debate**: *A Short Guide for the Perplexed*. Disponível em http://ssrn.com/abstract=968657 or http://dx.doi.org/10.2139/ssrn.968657, acesso em 15.9.2015.

SILVA, Virgílio Afonso da. **A constitucionalização do direito**: os direitos fundamentais nas relações entre particulares. São Paulo: Malheiros, 2014.

SIMÃO, José Fernando; BELTRÃO, Silvio Romero (coord.). **Direito Civil:** Estudos em homenagem a José de Oliveira Ascensão. v. 2. São Paulo: Atlas, 2015.

SIMÃO, José Fernando. Afetividade e responsabilidade. **Revista Direito UNIFACS.** nº 168. Salvador, 2014.

________. **Estatuto da Pessoa com Deficiência causa perplexidade** (Parte I). Disponível em: <http://www.conjur.com.br/2015-ago-06/jose-simao-estatuto-pessoa-deficiencia-causa-perplexidade>. Acesso em: mar. 2017.

STRECK, Lenio Luiz. **Verdade e Consenso**: Constituição, Hermenêutica e Teorias Discursivas. São Paulo: Saraiva, 2014.

________. **As várias faces da discricionariedade no Direito Civil Brasileiro**: o 'reaparecimento' do Movimento do Direito Livre em *terrae brasilis*. *Revista de Direito Civil Contemporâneo*, n. 3, v. 8, p. 37-48. São Paulo: Ed. RT, jul-set, 2016.

TARTUCE, Flávio. **Manual de Direito Civil**: volume único. 5a ed. São Paulo: Método, 2015.

TEUBNER, Gunther. **Contracting worlds: the many autonomies of private law**. Disponível em: https://www.jura.uni-frankfurt.de/42852689/contracting_worlds.pdf. Acesso em: ago. 2021.

URLIN, Ethel. **A short history of marriage**. Londres: William Rider and Son, 1913.

VILAS-BOAS, Renata Malta. **A inconstitucionalidade da parte final do artigo 1.636 do Código Civil**: a autoridade parental nas famílias mosaicas. *Revista Síntese*: direito de família, São Paulo, v. 15, n. 79, p. 94-114, ago.set. 2013.

VILLELA, João Baptista. **As novas relações de família**. Anais da XV Conferência Nacional da OAB. Foz do Iguaçu, set. 1994.

________. **Desbiologização da paternidade**. *Revista da Faculdade de Direito da UFMG*, Belo Horizonte, v. 27, n. 21, maio de 1979, p. 400-418, disponível em http://www.direito.ufmg.br/revista/index.php/revista/article/view/1156, acesso em 21.9.2015

WALD, Arnoldo e FONSECA, Priscila M.P. Corrêa da. **Direito Civil**: Direito de Família. Vol. V. 19ª Ed. São Paulo: Saraiva, 2015.